이미 개인 및 단체, 학교, 공무원 등 교재로 활용되어 검증된

발명특허 성공비결

감수 김인석
저자 왕연중

사) 한국과학저술인협회
사) 한국대학발명협회
사) 한국발명교육학회
사) 한국청소년과학기술진흥회
한국발명문화교육연구소 추천도서

과학사랑
science book

머리글

'1국민 1발명 시대'를 열자

우리는 지금 창조적 지식과 정보가 경쟁력인 지식기반사회에 살고 있습니다. 지식기반사회에서 살아남기 위해서는 발명을 생활화하고, 지식재산권에 관한 성공전략을 세우는 것이 무엇보다 중요합니다. 정부는 물론 기업과 개인까지 지식재산권을 소중하게 생각하는 이유도 바로 여기에 있습니다.

이 책은 누구나 아이디어에서 사업화까지 발명으로 성공하는 길을 가장 쉽고 재미있게 안내하고 있습니다. 특히 내용 모두가 이미 개인·학교·기업·단체 등의 교재로 활용되어 많은 호평을 받기도 했습니다.

'발명'이란 무엇입니까? 국어사전에는 '전에 없던 것을 새로 생각해 내거나 만들어 내는 것'으로 기록하고 있으나, 그렇게 받아들이면 발명처럼 어려운 것도 없게 되어버립니다. 유사 이래 인류가 사용한 수많은 물건들이 모두 발명품인데 보통사람이 어떻게 전에 없던 것을 새로 생각하고 만들 수 있겠습니까?

요즘의 발명품은 지금 이 순간 사용하는 물건을 '보다 편리하게, 보다 아름답게' 하는 것만으로도 가능합니다. 실제로 세계 각국의 특허청에서는 '보다 편리하게' 하면 특허나 실용신안 등록을 해주고, '보다 아름답게' 하면 디자인 등록을 해주고 있습니다. 그리고 그 등록을 받는 순간 세계가 인정하는 발명가가 되는 것입니다.

'누구나 발명가가 될 수 있다.'고 말하는 것도 바로 이 때문입니다.

그러나 아직도 개인과 중소기업은 지식재산권 창출활동이 미흡한 실정입니다. 또한 대부분이 지식재산권의 개요조차 제대로 배우지 못하고 있는 실정입니다.

기업은 물론 개인의 성패여부가 발명에서 좌우되고 있는 것은 이미 오래전부터의 일이고 보면, 이제 스스로 발명하는 자세를 터득하여야 치열한 경쟁에서 승자가 될 수 있을 것입니다. 그리할 때 '1국민 1발명시대'도 열리게 될 것이고, 누구나 발명으로 성공하는 시대가 열릴 것입니다. 아무쪼록 이 책이 전 국민이 읽고 발명을 생활화하는데 보탬이 되기를 기대해 봅니다.

끝으로 부족한 원고를 감수해주시고 격려해주신 저자가 평소 존경하는 원로발명기업인 김인석 회장님과 좋은 책을 만들어주신 과학사랑 유광종 회장님에게 하늘같은 감사를 드립니다.

2013년 2월 봄이 오는 길목에서
왕 연 중 올림

차 례

머리글

제1부 아이디어 발상 및 발명기법

1. 21세기의 주역이 되자 •012
2. 아이디어란 무엇인가? •013
3. 발명이란 무엇인가? •014
4. 지금은 발명의 시대이다 •016
5. 아이디어맨과 발명가의 기본사고 •018

   1) 아이디어맨의 기본사고 •018

   (1) 사고방식을 바꾸어라 / (2) 고정관념을 버려라 / (3) 상상의 나래를 가져라
   (4) 풍부한 상상력을 가져라 / (5) 어릿광대에게도 배워라 / (6) 규칙에 얽매이지 마라
   (7) 비논리도 무시하지 마라 / (8) 휴식도 생산적으로 하라
   (9) 곤란한 일도 피하지 마라 / (10) 실수와 실패를 두려워 말라

   2) 발명가의 기본자세 •030

   (1) 끈질기게 노력하라 / (2) 기록을 생활화하라 / (3) 자료 수집을 소홀히 말라
   (4) 알맞은 시간과 장소를 택하라 / (5) 발명의 순서를 지켜라 / (6) 히트 상품을 응용하라
   (7) 소비자를 만족시켜라 / (8) 기업의 요구에 도전하라
   (9) 색깔의 특성도 응용하자 / (10) 한발 앞선 출원이 중요하다.

   3) 아이디어 발상과 발명의 장애 •041

   (1) 감정의 장애를 극복하라 / (2) 인식의 장애를 극복하라 / (3) 태도의 장애를 극복하라
   (4) 교육의 장애를 극복하라 / (5) 문화의 장애를 극복하라

   4) 사고의 3단계 •050

   (1) 수직적 사고 / (2) 수평적 사고 / (3) 입체적 사고

6. 발명의 지름길 •056

   1) 발명의 3단계 •056

   (1) 비분할 결합 / (2) 분할 결합 / (3) 비약 결합

2) 발명의 얼굴 ·061
      (1) 착상발명 / (2) 과학적 발명 / (3) 응용발명 / (4) 얼굴의 선택

   3) 발명의 10계명(1987년 왕연중 창안) ·063
      (1) 더해(+)보자 / (2) 빼(-)보자 / (3) 모양을 바꾸어 보자 / (4) 용도를 바꾸어 보자
      (5) 크게 또는 작게 해보자 / (6) 반대로 해보자 / (7) 아이디어를 빌려보자
      (8) 재료를 바꿔보자 / (9) 불가능한 발명은 피하라 / (10) 폐품도 이용해보자

   4) 브레인스토밍 ·074
      (1) 기원 / (2) 활용범위 / (3) 정의 / (4) 규칙 / (5) 4가지 규칙을 둔 이유
      (6) 방법 / (7) 리더의 자격 및 유의사항 / (8) 개발전략

   5) 고든법 ·084
   6) 시네틱스 ·085
   7) 체크리스트법 ·088
   8) 입출법 ·092
   9) 형태분석법 ·096
   10) 초점법 ·095

7. 발명의 성공사례 ·096
   1) 홀의 알루미늄 제련법 ·096
   2) 휴그무어의 종이컵 ·097
   3) 스텐서의 전자레인지 ·099
   4) 돌의 접착테이프 ·100
   5) 실버의 포스트 잇 ·101
   6) 홍려의 깎지 않는 연필 ·102
   7) 베어의 비디오 게임기 ·103

제2부 지식재산권과 산업재산권

1. 지식재산권제도 ・106

   1) 주요 용어 정의 ・106

      (1) 지식재산권 / (2) 산업재산권 / (3) 특허 / (4) 실용신안 / (5) 디자인 / (6) 상 표

   2) 지식재산권제도의 개요 ・107

      (1) 지식재산권제도의 의의 및 목적 / (2) 지식재산권제도의 중요성 / (3) 지식재산권의 종류

2. 산업재산권제도 ・110

   1) 산업재산권의 의의 및 목적 ・110

   2) 산업재산권의 중요성 ・110

   3) 산업재산권 출원의 중요성 ・111

   4) 산업재산권의 확보의 필요성 ・112

   5) 산업재산권의 종류 ・113

   6) 세계특허(산업재산권)제도의 뿌리 ・114

   7) 우리나라의 특허제도의 역사 ・115

   8) 산업재산권 도서발간 ・116

3. 특허제도 ・117

   1) 특허제도의 의의 ・117

   2) 특허제도의 목적과 발명의 의의 ・117

   3) 발명과 발견의 차이 ・117

   4) 특허를 받을 수 있는 발명 ・118

      (1) 특허의 요건 / (2) 객체적 요건(특허를 받을 수 있는 발명)
      (3) 주체적 요건(특허를 받을 수 있는 자)

   5) 특허를 받을 수 없는 발명 ・120

      (1) 일반적 불 특허 대상 발명

   6) 산업재산권 관련 주요 원칙 ・120

      (1) 선출원주의 / (2) 속지주의 / (3) 1발명 1출원주의 / (4) 출원공개제도
      (5) 심사주의 / (6) 등록주의

7) 특수한 출원 ・122
       (1) 분할출원 / (2) 변경출원 / (3) 특허권 존속기간 연장등록 출원 / (4) 우선권주장 출원

   8) 심사 및 등록 ・124
       (1) 심사청구제도 / (2) 방식심사 / (3) 실체심사 / (4) 심사결정 및 등록
       (5) 등록공고 / (6) 특허권 등록

   9) 등록절차 ・125
       (1) 특허료 납부

4. 실용신안제도 ・126
   1) 실용신안제도의 의의 ・126
   2) 실용신안제도의 목적 ・126
   3) 보호의 대상 ・127
       (1) 물품성 유무 / (2) 실용신안법상의 물품의 범위
   4) 실용신안의 성립요건 ・127
       (1) 물품의 형상, 구조, 조합
   5) 실용신안의 등록요건 ・127
       (1) 등록요건 / (2) 부 등록 사유
   6) 심사절차 ・129
   7) 실용신안권 ・129
       (1) 권리존속기간 / (2) 권리의 효력 및 제한

5. 디자인제도 ・130
   1) 디자인의 의의 ・130
   2) 디자인제도의 목적 ・130
   3) 디자인의 중요성 ・131
   4) 디자인등록을 받을 수 있는 자 ・132
   5) 디자인의 성립요건 ・132
       (1) 물품성 / (2) 형태성 / (3) 시각성 / (4) 심미성
   6) 디자인 등록요건 ・134

　　　　(1) 공업상 이용가능성 / (2) 신규성 / (3) 창작성

　　7) 부 등록 사유 ・136

　　8) 출원 심사 및 등록 ・136
　　　　(1) 출원 일반 / (2) 심사 / (3) 등 록

　　9) 디자인권 ・137
　　　　(1) 존속기간

　　10) 디자인법상 특유의 제도 ・138
　　　　(1) 유사디자인제도 / (2) 한벌물품디자인제도 / (3) 비밀디자인제도
　　　　(4) 디자인무심사등록제도 / (5) 복수디자인등록출원제도

6. 상표제도 ・140

　　1) 상표의 의의 ・140

　　2) 상표제도의 목적 ・140

　　3) 상표의 중요성 ・140

　　4) 상표의 종류 ・142
　　　　(1) 서비스표 / (2) 단체표장 / (3) 업무표장

　　5) 상표의 기능 ・143
　　　　(1) 자타상품 식별 기능 / (2) 출처표시 기능 / (3) 품질보증 기능
　　　　(4) 광고 선전 기능 / (5) 재산적 기능

　　6) 상표의 등록요건 ・144
　　　　(1) 등록요건 / (2) 인적요건(상표등록을 받을 수 있는 자) / (3) 상표의 절차적 요건

　　7) 심사 및 등록 ・146
　　　　(1) 심사 / (2) 등록 / (3) 상표권 발생

　　8) 상표법상 특유제도 ・148
　　　　(1) 존속기간갱신등록제도 / (2) 지정상품 추가등록제도

7. 특허출원과 특허료의 감면 ・149

　　1) 출원서류 작성 ・149
　　　　(1) 출원인(대리인) 등록 / (2) 출원인 코드 등록 시 출원인 란 작성방법

(3) 전자문서 이용신고 / (4) 출원서 등 각종 서류작성

2) 출원방법 • 150

(1) 전자출원 / (2) 서면출원

3) 구비서류 • 151

4) 출원하는 곳 • 151

(1) 온라인 출원 시 / (2) 방문 접수 시 / (3) 우편접수 시
(4) 출원번호통지서 수령 / (5) 수수료 납부

5) 특허료의 감면 • 152

6) 학생 무료 변리 제도 • 152

(1) 목적 / (2) 지원범위 및 내용 / (3) 지원 절차 / (4) 필요한 서류
(5) 수행기관 및 문의처 / (6) 무료변리 절차 / (7) 학생 무료 변리 제도 각종 서식

8. 브랜드란 무엇인가? • 159

1) 브랜드의 정의 • 159

2) 브랜드의 역할 • 160

3) 브랜드의 중요성 • 160

4) 브랜드의 법률적 보호 • 161

5) 브랜드네이밍 • 162

부록 관련 법률 • 162

Ⅰ. 발명진흥법 • 162

1. 발명진흥법 시행령 • 187

Ⅱ. 공무원 직무발명의 처분·관리 및 보상 등에 관한 규정 • 202

1. 공무원 직무발명의 처분·관리 및 보상 등에 관한 규정 시행규칙 • 213

※참고자료 : 발명특허 자료 글이 올려져있는 사이트 주소

제1부

아이디어 발상 및 발명기법

1 21세기의 주역이 되자

21세기를 이끌 원동력은 무엇일까? 정치인의 뛰어난 정책? 아니면 세계적 석학의 경제논리? 물론 이들도 다가올 미래의 중요한 요소이긴 하나 진정한 미래를 이끌 견인차는 창조적 정신에 의해 창출된 아이디어와 발명, 바로 그것이다.

현대 사회에 있어 발명의 힘은 한 국가의 힘을 상징하는 지표이다. 전문가들은 원자폭탄 투하로 잿더미로 변했던 일본이 세계적인 부국으로 성장하게 된 것은 모두 들불처럼 일어난 발명의 힘 덕분이라고 분석한다. 어린아이부터 노인에 이르기까지 셀 수 없을 정도로 쏟아져 나온 아이디어들은 남과 다른 상품을 만드는 데 기여했고, 이것을 무기로 일본이 세계시장을 파고들 수 있었다.

최대강국으로 세계 질서를 좌지우지하는 미국 또한 실용주의를 바탕으로 한 국민정신에 에디슨과 같은 발명가들의 힘을 더해, 오늘과 같은 경쟁력과 힘을 얻을 수 있었다.

많은 경제 분석가들은 한 국가의 경쟁력을 알려면 그 국가가 가진 특허권 수와 발명에 대한 국민의 인식을 살피라고 했다. 특허권 건수는 국가의 기술력을 그대로 증명하는 것이고, 발명에 대한 국민의 인식은 창의력과 앞으로의 발전 가능성을 점칠 수 있는 주요인이기 때문일 것이다.

새로운 아이디어의 개발은 기업에 있어서는 더욱 중요하다. 현대 사회에서 하나의 아이디어가 벌어들일 수 있는 돈은 일반의 상식을 뛰어넘을 정도로 크다. 이젠 제품의 크기나 규모는 그리 문제가 되지 않는다. 손톱크기만한 첨단기술 부품 한 개가 자동차 한 대분의 몫을 충분히 하고도 남는 시대이다. 아이디어 자체가 힘이 되고, 돈이 되는 세상인 것이다.

요즘 그 중요성이 새삼 강조되고 있는 소프트웨어 산업만을 보더라도, 이 사실을 보다 명확히 알 수 있다. 소프트웨어 산업은 누가 먼저 새로운 아이디어를 내놓느냐에 승부가 갈린다. 적은 자본과 번뜩이는 아이디어가 결합된, 그야말로 새 세기의 황금인 것이다.

아이디어 폭풍이 영향을 미치는 영역은 소프트웨어나 컴퓨터 같은 첨단 산업뿐이 아니다. 가전제품은 하루가 다르게 새로운 기능을 장착한, 보다 편하고, 보다 아름답고, 보다 튼튼한 상품들이 쏟아져 나온다.

　가장 변화가 더딘 1차 산업에도 어김없이 아이디어 전쟁은 이어진다. 농장주는 자신의 이름을 표기해 소비자에게 믿음을 주는 전략상의 아이디어를 이용하기도 하고, 유통 과정에서 보다 신선하게 보일 수 있도록 색다른 포장 법을 개발하기도 한다. 또 생산성을 향상시키기 위해 로봇을 동원하는 방법도 개발되고 있다. 아이디어 없이는 도태되고 마는 시대를 맞이하게 된 것이다.

　남과 같아서는 무한경쟁에서 이길 수 없다. 좀 더 다른 것, 좀 더 새로운 것을 위해 아이디어를 개발하자.

2 아이디어란 무엇인가?

　'아이디어란 무엇인가' 라는 질문을 받으면 대부분 바로 대답하지 못하고, 머뭇거리게 된다. 그리곤 '좀 색다른 생각' 이라든가 '쓸모 있는 생각' 등 틀에 박힌 대답을 한다. 돌아오는 답변이 신통치 않은 것은 갑작스런 질문을 받은 탓도 있겠지만 '아이디어' 에 대해 사람들이 진지하게 생각하지 않는 것이 더 큰 이유일 것이다.

　그렇다면 정말 '아이디어' 란 무엇인가?

　아이디어가 뭔지 알기 위해서는 먼저 그 뿌리부터 살펴보는 것이 좋다. 아이디어는 인간의 사고 영역 중 상상력의 지배를 가장 강하게 받는 분야이다. 물론 판단력이나 추리력, 분석력 등 상상력을 제외한 인간의 사고 능력의 영향을 함께 받기도 하지만 가장 중요하게 기여하는 것은 뭐니 뭐니 해도 상상력이다.

　상상력은 판단력이나 추리력, 분석력과는 약간 다른 성격을 가진, 판단력 등이 논리적인 체계를 가지고 있다면 상상력은 비논리적 성향이 강하다. 또 판단력 등이 존재하고 있는 것을 다루고 있다면, 상상력은 당장 존재하지 않는 것도 포함된다.

　물론 상상의 재료들은 대부분 과거나 현재에 경험한 것을 토대로 하게 마련이다. 그러나 상상력은 과거의 경험을 그대로 활용하는 판단력 등과 달리 머릿속에서 자르고 붙이면서 가공을 하는 것이다.

한 번도 가보지 못한 남극이나 아마존을 머릿속으로 그리고, 존재 여부도 확실치 않은 외계인의 모습을 만들어 내기도 하는 것이다.

이와 같이 복잡하고 다양한 특징을 가진 상상력에 뿌리를 두고 있으므로 아이디어의 의미를 따지는 것은 결코 쉬운 일이 아닌 것이다. 다만 한 가지 유추할 수 있는 것은 아이디어도 상상력만큼이나 자유롭고 색다른 세계일 것이라는 것이다.

아이디어가 가지는 사전적 의미는 '생각·관념', '인식·이해·견해' 등과 함께 '단순히 떠오르는 생각' 또는 '상상'으로 정리되어 있다. 또 관용적으로 '착상'이라는 뜻도 포함하고 있다. 이를 분석하면, 아이디어는 계획적이고 논리적으로 정리된 생각이라기보다는 순간적으로 번뜩이는 '재치' 쪽에 더 가까운 것 같다. 아이디어라는 단어와 반짝이는 전구를 결부시키는 것도 바로 이런 이유 때문으로 풀이된다.

이를 바탕으로 발명의 세계에서 아이디어가 가지는 의미를 정리해 보자.

'번뜩이는 재치'

'발명으로 이어지는 힌트·열쇠'

'문제의 해결책'

'상상력의 열매'

이 밖에도 많은 의미를 달 수 있겠지만 대충 '인간이 문제에 부딪쳤을 때, 상상력을 동원해 만든 해답'이라고 축약할 수 있을 것이다. 즉, 아이디어란 인간이 문제 해결의 도구로 사용한 정신 활동의 산물이라는 것이다.

이 모두를 종합할 때, 우리는 인간이 과거와 현재에 이르기까지 문제 해결책으로 아이디어를 활용해 왔고, 이것은 인간만이 가진 상상력에 의해 만들어진 것이란 것을 알았다. 이러한 진리는 앞으로 다가올 미래에도 변함없을 것이다.

아이디어에는 진취성과 창의성, 그리고 미래가 함께 담겨 있다.

3 발명이란 무엇인가?

발명이란 무엇인가? 국어사전에서는 '전에 없던 것을 새로 생각해 내거나 만들어 내는 것'으로 정의하고 있다.

그러나 산업 현장에서는 '보다 아름답게, 보다 편리하게'로 정의하고 있다. 실제로 보다 아름답게 하면 디자인 출원이 가능하고, 보다 편리하게 하면 특허 및 실용실안 출원이 가능하다.

그러면, 사람들이 온갖 고난을 겪으면서도 발명이나 발견을 하려 하는 이유는 무엇일까? 문제가 있기 때문이다. 우리 인간은 매일같이 크고, 작은 문제에 부딪치며 살고 있다.

문제도 크게 구분하자면 두 가지 종류가 있다. 하나는 생활 속에서 벌어지는 일이나 과정 등에 의해 그 날 그 시간에 해결해야 할 문제이고, 다른 하나는 굳이 문제를 만들어 풀어내는 문제이다.

작게는 나 개인을 시작으로, 부부와 이웃 그리고 사회 문제나 정치·경제문제처럼 당면한 과제가 있고, 무언가를 찾아내 더욱 편리하거나, 아름다움의 추구를 위한 본능의 욕구를 채우기 위해 발전적으로 나아가는 문제이다.

인류의 역사는 발견과 발명의 역사라고 해도 좋을 것이다. 좀 더 편해지고 싶고, 좀 더 아름다운 것을 갖고 싶은 자연스런 발상과 욕망이 오늘날의 문명사회를 이루어 낸 것이 이를 입증한다.

미국 듀퐁사의 가로자스 박사는 지금까지의 분자보다도 더 큰 분자를 찾아내고 싶다는 생각에서, 폴리에스텔과 폴리아미드를 발명해 낼 수 있었다. 외부로부터의 요구나 자극이 없고, 내적 욕망이나 욕구가 없는 사람에게서는 아이디어가 나올 수 없다.

발명이나 발견은 만들어진 문제 속에서 해결의 실마리를 찾아가는 과정에서만 이루어질 수 있는 결과이기 때문이다. 지구전체를 보더라도 문화는 주로 북반구에서 발달하였다. 남반구는 북반구에 비해 뒤떨어지고 있다. 그것은 남반구는 북반구에 비하여, 문제에 부딪치는 기회가 적었기 때문이다.

인간은 태어나면서부터 편안한 것을 좋아한다. 그렇기 때문에 문제가 없고, '생각할 필요가 없다면 복잡하게 생각하지 않고 적당히 넘어가려 한다. 그런 가운데서는 아무런 진보도 기대할 수 없을 것이다.

발명이란 무언가 '하고 싶은 마음'이 없이는 할 수 없다. 무엇이든 하고자 하는 마음이 없다면 설령 문제가 다가와도 보이지 않으며, 문제점이 주어져도 생각해 보기도 전에 불가능한 일이라고 단정 지어 버린다.

전형적인 샐러리맨 토마스 캐리한은 어느 날, 같은 사무실에서 근무하는 타이피스트가 내용이 똑같은 것을 두 번씩이나 치는 것을 보고, 문제를 발견했다.

'똑같은 내용을 두 번씩이나 타이핑하는 것은 비생산적인 일이야.'

타이피스트는 편지의 내용물에 수신인의 주소와 이름을 타이핑하고, 또 봉투에도 똑같은 내용을 되풀이하고 있었지만 일을 시키는 상관도, 지시를 받는 타이피스트도 당연한 것처럼 생각하고 있었던 것이다.

그런데 오직 캐라한 만이 '개선해야한다'고 생각했다. 뾰족한 방법이 없어, 반복되는 일을 바라보며 답답해하던 캐리한은 어느 날, 손수건을 사러 갔다가 해결점을 찾아냈다.

봉투 안에 셀로판을 붙여 내용물이 훤히 보이도록 한, '창 봉투'는 이렇게 해서 태어난 것이다. 그의 발명품은 불과 한 시간 만에 태어났지만, 세계적인 특허품이 되어 상업용으로 이용되고 있다.

우리들은 논리적인 문제가 주어지면 곧잘 풀어내지만, 상상력의 문제에는 저항을 느끼고 안주하려는 자세가 문제다. 아직도 대부분의 사람들이 곳곳에서 문제를 안고 있지만, 창의성은 가둬 놓고 신이 주신 기막힌 두뇌 세포의 몇 분의 일도 쓰지 못하고 생을 마감한다는 것이 실로 안타까운 일이 아닐 수 없다.

진정 값지고, 보람 있는 인생설계를 위해, 나 자신과, 가족과, 사회에 유익을 주는 발명으로 두뇌의 녹을 닦아내자.

지금은 발명의 시대이다

현대를 살아가는 우리에게 있어, 개인의 일상생활이나 사회생활을 살펴보면 발명의 혜택을 받지 않은 분야가 거의 없고, 발명의 힘을 빌리지 않고 움직이는 분야도 거의 없다.

특히 세계화, 정보화를 맞고 있는 우리에게 국제경쟁력을 높이고, 다가올 미래사회에 대비하기 위해서는 지금까지의 지식 위주의 전통적인 교육방법만으로는 안 된다는 사실을 누구나 동감할 것이다.

경쟁력 있는 사회를 만들어 국력을 신장시키고, 나아가서 국제 사회와 어깨를 나란히 하려면 어떻게 해야 할까?

끊임없이 새로운 아이디어를 창출하고, 창의력을 통한 발명 문화 창달에 전력투구해야할 것이다.

인간은 태어나면서부터 발명으로 시작되어졌고, 발명에 힘입어 살다가 발명에 묻혀 죽는다고 해도 과언이 아닐 것이다. 왜냐하면 모방을 통한 창조에 의해 인간이 탄생되었음을 성경의 창세기서는 시사하고 있기 때문이다.

하나님은 흙으로 모양을 빚으시고, 생기를 불어넣어, 자신의 형상대로 사람을 만드셨다. 그것이 바로 발명의 시초가 된 셈이다. 어쩌면 발명으로 인간의 운명이 결정되어졌는지도 모를 일이다.

우리의 생활주변을 살펴보면, 온 우주가 발명으로 꽉 차 있음을 깨닫게 될 것이다. 깊은 잠에서 깨어난 뒤에 자신의 주의를 한 번 둘러보라. 우선 자신이 누워있는 침대, 베개, 이불, 그리고 머리맡에 놓여있는 전등, 전화, 화병, 시계, 메모지, 볼펜, 리모컨 등의 발명품들이 죽 놓여있을 것이다.

자리에서 일어나면 제일 먼저 볼 수 있는 것이 거울이나, 옷장 혹은 커튼이 드리워진 창문과 창틀, 그리고 책상, 컴퓨터, 오디오세트, TV, 액자들일 수도 있을 것이다.

방문을 나서서 욕실로 가면 치약, 칫솔, 세면대, 면도기, 비누, 타월, 세탁기 등이 있고, 세면을 한 뒤에 옷을 갈아입고 주방으로 가면 식탁, 밥솥, 냉장고를 비롯하여 어느 것 하나 발명품이 아닌 것이 없다.

출근이나 학교에 가기 위해 거리를 나서보자. 책가방 속에든 필통, 공책, 자, 지우개, 연필 심지어 입고 있는 신발, 옷들에 이르기까지 발명천국이라는 사실에 새삼 놀라게 될 것이다.

이처럼 발명은 우리의 생활 사회 그리고 세계와 우주에 깊고 밀접하게 관련되어 있으며, 커다란 영향을 미치고 있다. 인간에 역사는 곧 발명의 역사인 셈이다. 한 장의 종이나 활자 한 개에 이르기까지 그것이 만들어진 과정을 살펴보면 발명가들이 일구어낸 공헌에 그저 감사와 감격이 따를 뿐이다.

그런데 역사에 빛을 남긴 유용한 발명을 했던 사람들이라고 해서 모두 특별한 사람은 아니었다. 특수한 몇몇 경우를 제외하고는 대부분 보통 사람들이다. 누구든지 할 수 있었던 일을 다만 먼저 했을 따름이다.

따라서 누구나 발명가가 될 수 있다. 아니, 사실 우리 인간은 모두 발명가인 셈인데, 그것을 인식하지 못하고 있을 뿐이다.

실을 여러 겹 묶어 노끈으로 사용해 보고, 종이를 접어 부채나 모자를 만들어 본 경험이 있다면, 그리고 못 쓰는 타이어를 유원지의 모래시설 경계선으로 사용했거나, 빈 깡통에 예쁜 그림을 넣어 연필꽂이나 액세서리 상자로 사용해 보았다면 이미 그는 발명가인 셈이다.

발명은 생활을 편리하게 하고, 돈과 명예와 지위, 그리고 행복을 안겨주는 행운의 전령사이기도 하다.

아이디어는 시간과 때와 장소를 가리지 않고 우리들 주변에서 주인을 기다리고 있다. 눈을 크게 뜨고, 조금만 생각해 보면 발명이라는 보물을 찾을 수 있을 것이다.

발명이 없는 기업, 아이디어가 개발되지 않는 사회, 창의성이 없는 백성은 원시인으로 밀려나는 것이 현대다.

우리 모두 발명가가 되자.

 ## 5 아이디어맨과 발명가의 기본사고

─── 1) 아이디어맨의 기본사고

(1) 사고방식을 바꾸어라

파리의 한 신발회사에서는 아프리카에 신발을 수출하기 위하여, 시장조사를 해 오라며 두 청년을 파견했다. 한 청년은 논리적인 계산을 잘 하는 똑똑한 사람이었고, 또 한 청년은 창의력이 뛰어난 피엘 이라는 보통사람이었다. 얼마 후 시장조사를 마친 두 청년에게서 각각 결과가 보고되었다.

똑똑하고 논리적인 청년의 보고서에는 "아프리카에 와 보니 신발을 신은 사람은 한 사람도 없고, 모두 맨발로 생활하는데 익숙해 있으며, 미개하여 앞으로도 신발을 신을 가망성은 전혀 보이지 않습니다." 라고 적혀있었다.

반대로 피엘의 보고서에는 "아프리카에는 한 사람도 신발을 신은 사람은 없으니, 신발을 팔 수 있는 시장이 무궁무진합니다." 라는 요지와 함께 '우선 500켤레만 보내주십시오.' 라는 주문이 들어 있었다.

회사에서는 질 좋은 신발 500켤레를 피엘에게 즉시 우송했고, 피엘은 그 신발을 추장들에게 한 켤레씩 선물하며, 신어보라고 했다. 신발을 신어본 추장들은 맨발로 다닐 때보다 발이 훨씬 덜 아프고, 위험한 곳도 자유스럽게 다닐 수 있어 신발의 편리함을 알게 되었다. 그 결과, 피엘의 말대로 무궁무진한 신발시장을 개척하게 되었다.

이 세상에는 두 가지 유형의 사람이 있다. 하나는 '할 수 있다.' 형이고, 또 하나는 '할 수 있을까?' 형이다.

할 수 있다고 믿는 사람과, 할 수 있을까? 의심하거나 할 수 없다는 부정적인 사람 사이에는 엄청난 차이가 있다. 망설이고 의심하는 동안 그 사람은 그만큼의 가능성과 기회를 잃게 되기 때문이다.

발명의 세계에서는 특히 이 사고 방식의 차이가 성패를 좌우하는 결정적 요인으로 작용할 때가 많다.

"나에게 그런 능력이 있을까? 창작이란 특별한 사람만 할 수 있는 특별한 행위가 아닐까?"

그렇게 자신을 스스로 무력하게 만들고, 창작은 남의 일쯤으로 여기는 사람에게 발전이란 있을 수 없다. 문제가 되는 것은 창의적 능력이 있느냐, 없느냐가 아니라 이를 끄집어내는 훈련과 노력인 것이다. 아무리 흔한 돌멩이라도 관심이 없는 사람에겐 무용지물일 수밖에 없고, 관심이 있는 사람에게는 요긴하게 쓰이는 자료가 된다.

창의적인 사람이 되는 일은 쉽고도 간단한 일이다. '안 된다' '할 수 없다' 는 등의 부정적인 사고방식을 '할 수 있다' 라는 긍정적 사고방식으로 바꾸면 모든 것은 가능하다.

(2) 고정관념을 버려라

우리는 오랜 세월 애매한 것에 접근하지 않도록 배워왔기 때문에 고정관념에 매어왔다. 애매한 태도나 말들은 용납되지 않았고, 오로지 '흑이냐, 백이냐. 분명히 해라.' 하고 독촉을 받으며, 답안지에도 확실한 답 하나 만을 골라 넣도록 교육을 받아왔다. 그래서 자신이 빠져있는 고정의 틀에 테두리를 그어놓고, 약간만 벗어나면 큰일 나는 줄 알고 살아왔다.

그러나 고정관념에서 조금만 벗어난다면 애매한 전제나, 답이 확실한 논리를 바탕으로 태어난다는 것을 알 수 있다.

예를 들어 '바닷물은 가장 깨끗하면서 또한 가장 더럽다.' 라고 전제했을 때 어떤 사람은 눈살을 찌푸리며 이렇게 빈정거릴 것이다.

"깨끗하면서 더럽다니? 그런 애매한 답이 어디 있어. 깨끗한지 더러운지 확실하게 결론을 내."

그런데 이런 논리는 어떨까?

"바닷물은 물고기가 마실 수 있어서 생명의 원천이 되지만, 사람은 마실 수 없기 때문에 파괴적인 것일 뿐이다."

바닷물은 당연히 깨끗함과 더러움을 동시에 갖는 양면적인 것이 되는 것이다. 이것은 인간의 입장에서 보는 바닷물에 대한 고정관념을 깸으로써 가능한 생각일 것이다.

고정관념을 깨면 시야는 단연코 넓어진다.

100여 년 전 까지만 해도 여자가 바지를 입는 것은 상상도 못할 일이었다. 또한 마차의 천막 덮개와 같이 무겁고 투박한 천으로는 옷을 만들 수 없다는 것이 하나의 고정관념이었고, 이런 상식들이 깨지리라고 예측한 사람도 없었다. 여자는 영원히 치마를 입는 사람이며, 천막천은 오로지 천막을 만드는데 사용되는 것으로 생각했었을 것이다. 그러나 천막으로 만든 청바지는 100여 년 동안 최정상의 의복으로 자리 잡고, 바지를 입은 여자는 이제 당연한 것으로 생각한다.

실제로 많은 사람들이 고정관념을 알게 모르게 깨고 있고, 깰 능력을 갖고 있다. 송곳이 아닌 볼펜으로 종이에 구멍을 뚫었거나, 가로로 줄이 쳐진 공책을 세워서 써 보고, 도장에 인주 대신 빨간 잉크나 립스틱을 발라 사용하는 예들이 그것을 증명한다.

무의식적으로도 이렇게 많은 일들이 벌어지는데 스스로 노력을 한다면 어떤 결과를 가져오겠는가. 망설이지 말고, 과감히 고정관념을 버려라. 고정관념은 우리를 자꾸 주저앉게 하고 뒤에서 윗도리를 잡아당길 것이다.

(3) 상상의 나래를 가져라

상상의 세계란 어떠한 세계를 말하는 것일까?
'만약' 혹은 '만일'로 시작되는 모든 세계, 우리 인간들이 어린 시절에 즐겨 가던 그 세계가 바로 상상의 세계일 것이다.

'만약 하늘을 새처럼 날수 있다면 …'
'만일 내가 대통령이 된다면…'
'만일 우주에서 살 수 있다면…'

현실세계에서 나 자신을 묶고 있던 수많은 사슬을 끊고 도달한 전혀 새로운 상상의 세계에서라면 관습, 상식, 규칙, 과학적 사실들이 모두 무용지물이 되고 오로지 공상가의 생각에 따라 다른 세계가 탄생되는 것이다. 이것은 개인이 머릿속에 그리는 새로운 세계의 청사진이기도 하다.

우리는 흔히 발명가는 과학적이고, 논리적이며, 체계적인 사고의 소유자라고 믿고 있다. 그러나 발명가들은 흔히 말하는 상상가적인 기질을 갖고 있다. 그들은 가끔 말도 안 되는 일에 열정을 퍼부어 넣으며, 오만 잡동사니에 신경을 쓰고, 허무맹랑한 상상으로 사람들을 놀라게 한다.

오랜 세월, 유화 고무의 발명에 열중해 있던 굿이어는 이상한 꿈을 꾸었다. 유황이 첨가된 생고무가 뜨거운 햇볕아래서 질 좋은 고무로 변하는 꿈이었다. 당시에 사용하던 생고무는 날씨가 더울 때는 녹아서 늘어지고, 추운 날씨에서는 딱딱하게 굳고 갈라져 이만저만 불편한 것이 아니었다. 그 불편함을 개선하기 위해 굿이어는 침식을 잊을 정도였고, 몸은 점점 쇠약해졌다. 그러던 어느 날, 이상한 꿈을 꾸게 되었다.

"이상한 꿈이네. 어쩌면 신이 내게 주시는 예시인지도 몰라."

다른 사람 같으면 그냥 스쳐 지날 꿈에 불과했지만 굿이어에게는 상상력을 자극하는 놓칠 수 없는 기회였다. 굿이어는 곧 꿈에서 본대로 실험에 착수했고, 그 결과 놀랍게도 고무유화법의 개발에 성공하게 되었다. 만약 논리적으로, 상식적으로 생각하여 '꿈이란 믿을 만한 것이 못돼'라고 일축해버렸다면 굿이어가 얻은 결과는 정반대의 것 일지도 모른다.

때로는 지극히 비논리적이고, 허황된 것 같은 꿈들이 현실로 나타나게 되는 경우를 볼 수 있다.

새처럼 날 수 있는 비행기가 탄생되고, 우주탐사선이 우주를 날게 되고, '열려라! 참깨'를 주문으로 외우지 않아도 자동으로 열리는 문이 있다. 상상의 세계에 들어설 때 비로소 인간은 자유로워질 수 있다.

(4) 풍부한 상상력을 가져라

인간의 정신활동은 너무나 오묘하고 복잡하여 그 깊이를 측정할 수 없다. 인간이 가진 육체적 한계나, 생물적 특성이 정신활동에 의해 깨어지는 것은 물론, 시공을 초월하여 우주를 향해 무한히 뻗어나갈 수 있는 잠재능력을 지녔기 때문이다. 그 단적인 예는 현실의 굴레를 벗고 마음대로 날아오르게 할 수 있는 공상의 힘이다.

공상의 세계를 가면 인간의 등에 날개가 돋고, 지느러미가 생겨난다. 공기가 희박한 우주의 악조건도 전혀 장애가 되지 못하고, 어디든 마음대로 뚫고 확장해 나갈 수 있다. 공상의 세계는 이런 무형의 세계에서 그치는 것이 아니라, 무제한으로 뻗어나는 공상력을 거대한 설계도로 활용할 수 있다는데 더 큰 위력이 있다.

내시경의 예를 들어보자.

신비의 쌓인 인체의 내부를 들여다보는 것은 인류의 오랜 숙원이었다. 환자의 치료를 위하여, 신체의 모든 부분을 눈으로 보는 것만큼 확실한 진료는 없기 때문이다. 위의 통증을 호소하는 사람을 진단하자면, 그 내부의 상태를 들여다보는 것이 급선무였다. 그러나 생물체만큼 그 구조가 완벽한 것도 없어, 살아있는 이상 내부를 본다는 것은 불가능하게 여겨졌다. 그런데 한 기술자의 공상력이 활동을 시작했다.

"카메라로 위의 내부를 비추어 볼 수는 없을까?"

광학공업사에 근무하던 그는 자신을 둘러싼 카메라들을 볼 때마다, 사람의 뱃속을 마음대로 들락거리는 공상을 했다. 그 결과, 위암의 조기치료를 가능케 했을 뿐만 아니라, 의학계를 진일보시키는 쾌거를 올렸다.

공상력은 또한 기술의 한계나, 지식의 부족함을 메꿔 주기도 하고, 못난이를 백설 공주처럼 예쁘게 만들어 내는 성형술을 발전시키기도 한다. 공상력은 곧 가능성이며 출발점이다. 생활을 윤택하게 하는 윤활유이며, 삶의 활력소이고 인간이 가진 진정한 힘의 원천이기도 하다.

중화요리 주방장으로, 기계기술에는 전혀 지식이 없었던 사람이 아들의 만화를 훔쳐보고, 만두가 익을 때까지 뒤집는 로봇을 공상하다가 자동 요리기수를 탄생시켰다. 요리사는 풍부한 공상력으로 발명가라는 또 하나의 직업을 얻게 된 것이다. 발명의 시작은 바로 공상에서부터 비롯된다.

(5) 어릿광대에게도 배워라

인간은 혼자서는 살수 없는 사회적 동물이다. 그래서 서로 의지하고, 뭉쳐서 때로는 집단적 사고방식에 의한 행동을 하기도 한다.

횡단보도가 아닌 데도 많은 사람들이 한꺼번에 무단횡단을 하거나, '쓰레기를 버리지 마시오.' 라는 팻말이 붙어 있는데도 여러 사람이 쓰레기를 갖다 버리면, 자신도 모르게 슬그머니 움직이게 되는 것이다. 사람들이 모여 있는 곳에는 항상 이런 '집단사고' 의 위험이 도사리고 있다. 당면한 문제에 대하여 독창적인 해결책을 찾으려는 노력보다 구성원의 합의를 끌어내는데 더욱 관심을 쏟는 증거다.

이런 환경에서는 독창적이고 새로운 아이디어가 나타날 수 없다. 집단적 사고는 독창적 사고를 필요로 하는 사람에겐 빠져 나오기를 힘든 함정과 같다. 언제, 어떤 상황에 빠져 오류를 범하고 있는지 조차 깨닫지 못할 때가 많기 때문이다.

그렇다면, 어떻게 해야 이 순응성의 위험에서 벗어날 수 있을까?

논리에 맞지 않는 엉뚱한 행동을 함으로써 대중을 웃기는 어릿광대처럼, 논리에 얽매이지 않는 상상력을 펼치므로 상황을 재인식하는 것이다. 어릿광대는 우리가 소중히 여기는 가정과 가치를 여지없이 뭉개버린다. 규칙 또한 그에게 아무런 제약을 가할 수 없다.

꽃밭에서 춤을 추거나, 책상을 지붕 삼아 살림을 차려도 그에게는 할 말이 없다.

창조를 꿈꾸는 사람이라면, 어릿광대의 이런 무질서한 가치관을 배우는 것도 도움이 될 것이다. 가상의 틀을 깨뜨리며, 평범함에 도전하는 행위야 말로 발명 창조의 기본이기 때문이다. 어릿광대의 우스갯소리는 집단사고에 찌들어 있는 우리를 깨우며, 때로는 우리가 사실이라고 굳게 믿는 것들을 다시 한 번 생각하도록 한다.

남이 보여주는 것을 생각 없이 받아들이는 것이 아니라, 우리 스스로 찾아서 보도록 유도한 것이다.

고정되어 있는 가치란 없다. 세상은 쉬지 않고 변화하며, 어제는 불가능했던 일이라도 오늘은 가능할 수 있다. 어릿광대의 우스운 말 한마디가 언젠가는 현실로 나타날 수도 있다.

중세의 사람들은, 어릿광대가 하늘을 나는 시늉을 하며 흔드는 몸짓에 폭소를 터뜨렸을 것이다. 그들은 인간이란 영원히 발을 땅에 붙이고 사는 존재라고 생각했기 때문이다. 그러나 하늘을 날 수 있다는 어리석은 광대의 생각은 마침내 실현되었다.

(6) 규칙에 얽매이지 마라

'파괴는 건설이다' 라는 말이 있다.

창조에는 건설과 파괴가 공존한다는 말과도 일맥상통한다. 파괴를 두려워한다면, 새로운 창조는 그만큼 늦어지거나 이루어지지 않을 것이다.

예를 든다면, 병아리가 태어나기 위해서는 튼튼한 보호막이었던 알 껍질을 깨트려야 하고, 새 건물을 짓기 위해서는 헌 건물을 부수지 않으면 안 되는 것과 같은 이치일 것이다.

따라서 창조에 전념하려면 항상 도전적인 자세를 가져야 한다. 마치 기존의 질서를 무너뜨리고, 자신의 새로운 법칙으로 질서를 세우려는 혁명가처럼 말이다. 특히, 새로운 아이디어를 찾고자 하는 사람이라면 잠시 법칙이나, 규칙 따위에서 해방되는 것도 필요하다. 창조는 법칙의 파괴를 필요로 하기 때문이다.

110여 년 전, 영국의 한 탄광에서 사용하던 램프는 우리에게 이런 사실을 확인시켜 주는 좋은 예이다. 노상탄광을 제외한 대부분의 탄광은 지하로 수 십 미터씩 파내려 가기 때문에 갱내가 칠흑같이 깜깜하고 어둡다. 지금은 전기를 충전하는 전지를 이용하여

이 문제를 해결하고 있지만, 전기가 발명되기 이전의 시대에는 갱내에서 사용할 조명기구가 커다란 문제였다. 갱내에는 폭발성이 강한 가스로 가득 차 있어, 당시 유일한 조명수단인 호롱불을 사용할 수 없기 때문이었다.

'만약 철망으로 둘러싼 호롱불을 갱내로 가지고 들어가면 어떨까?'

영국왕립학회 회장이었던 데비는 램프의 불꽃이 철망 밖으로는 새어 나가지 못한다는 점에 착안하여 이렇게 생각했다.

그러나 그는 곧 고개를 저었다. 과학적인 상식으로 생각할 때, 구멍이 숭숭 뚫린 철망으로 기체와 불꽃을 분리한다는 것은 불가능한 일이었기 때문이다.

'철망의 사이사이로 가스가 새어 들어가면 커다란 폭발 사고가 날걸.'

하지만 데비는 쉽게 포기하지 않았다. '그래도 일단 시도해 보는 거야! 결과는 두고 봐야지. 완전한 법칙은 없는 법이니까.'

결과는 놀랍게도 새로운 안전등의 탄생을 가져왔다. 누구도 생각지 못한 결과였다. 만일 데비가 상식과 법칙에 얽매어 있었다면 결코 이루지 못했을 쾌거였다.

(7) 비논리도 무시하지 마라

흔히 생각하기를 과학과 발명의 세계에 있어, 논리란 반드시 필요한 만능열쇠, 혹은 만병통치약으로 알고 있다. 그러나 창조적 사고의 발상단계에 있어서는 때로 거추장스런 짐이 될 수도 있다.

논리는 발명에 있어 중추적 역할을 하는 것이 사실이지만, 때로는 반드시 뛰어 넘어야 할 장벽이기도 하다. 종이 컵 하나, 볼펜 한 자루에도 논리의 위력이 유감없이 발휘되어 있지만 논리를 위대하게 여기는 인간 자체는 비논리적인 생명체로 되어있다.

자연계에서 인간처럼 모순된 삶은 사는 것도 없을 것이다. 배가 불러도 사냥을 하고, 평화를 위해 적을 죽인다. 너무 기쁘기 때문에 울고, 쉬기 위해서 일을 한다.

결국 우리가 생각하는 '논리의 힘'이란 극히 일부분적인 현상임에 틀림없다. 중요한 도구로 사용되기에 그것이 전부인양 착각하고 있었을 뿐이다.

논리란 도구로서, 제 용도에 맞게 사용될 때 비로소 가치를 지닌다.

예를 들어, 창조의 과정에는 아이디어 발상단계와 실천단계가 각기 다른 성격으로 자리 잡고 있는데 '논리'란 아이디어를 실천하는 단계에서는 적절하나, 아이디어를 피워내는 발상단계에서는 터무니없는 도구로 작용할 수 있다.

　발상의 단계는, 하나의 씨앗이 흙 위에 떨어져 싹을 내듯 번뜩이는 힌트를 계기로 아이디어가 생겨나고 조작되는 과정으로서, 가장 중요한 것은 유연한 사고력이다. 이 때는 시야를 넓히고, 현상을 다각도로 이해하며, 감추어진 부분까지 깊게 투시할 수 있는 힘이 필요하다. 이 과정에서는 때로 상상력도 동원되며, 모순 덩어리의 계산이 적중할 수도 있다. 논리는 오히려 짐이 될 뿐이다.

　만일 논리와 함께 이 단계에 뛰어든다면 '닭이 먼저냐? 달걀이 먼저냐?'라는 문제들에 부딪혀 제자리걸음만 하게 될 것이다. 차라리 논리와 떨어져 '아무렴 어때, 닭이 먼저건 달걀이 먼저건 맛있으면 그만이지…'라고 속편하게 생각하는 편이 나을 것이다. 어쩌면 '닭다리가 맛이 있으니 다리가 넷 달린 닭을 만드는 건 어떨까?' 하고 생각하는 편이 훨씬 긴요할지도 모른다.

　논리가 정작 필요한 곳은 다음 단계인 실천의 단계이다. 발상의 단계에서 탄생한 다리 넷 달린 닭과, 들고 다닐 수 있는 집들을 다듬고 정리하는 것이 논리에게 돌아가는 몫이다. 멋대로 자란 나무를 다듬는 과정인 것이다. 논리는 이 단계에서 쓰는 것만으로도 족하다.

(8) 휴식도 생산적으로 하라

"문제가 풀리지 않는다."

"아! 답답해."

　이럴 땐 화려한 외출을 시도해 보라. 집 앞의 거리도 좋다. 마치 땅굴을 파는 사람처럼, 옆을 보거나, 뒤도 돌아보지 않고, 앞을 향해 한길로만 내딛는 발명가는 때로 보이지 않는 결실 앞에서 주저앉기 쉽다. 문제 속에 파묻혀 구겨진 종이처럼 나약한 의지를 탓하기 전에, 문제를 과감히 벗어나는 여유가 때로는 도움을 줄 수 있다.

　많은 발명가들이 산책이나, 여행, 놀이 등이 우연한 기회를 통해 문제해결을 한 경우가 많다. 그들은 문제에서 떠나서 행하는 '놀이'가 얼마나 효율적인가를 몸소 보여주고 있는 것이다.

샌드위치 백작은 카드놀이를 좋아하여 놀이 중에 간편하게 먹을 수 있는 음식을 찾다가 빵과 야채, 고기를 합친 샌드위치라는 색다른 음식을 만들어냈다. 당구놀이에 쓰이는 비싼 상아공의 대용품을 찾는 노력이 플라스틱이라는 묵직한 발명품을 낳았다.

한 치과 의사는 골프 경기 중에 힌트를 얻어 나무로 만든 골프티를 고안해냈고, 던롭은 아이들의 축구놀이를 보다가 공기 타이어를 생각해냈다.

어디 그것뿐인가. 14세의 한 어린 소년은 추운 겨울날 스케이트를 즐기다가 귀가 시끄러운 것을 막기 위해 귀마개를 만들어 백만장자가 되었다.

어린 소년을 아들로 둔 자동차 정비공은 아들의 공놀이를 돕다가 전 세계의 완구시장을 석권한 아이디어 상품을 만들어냈다. 이것들이 모두 놀이를 통해 얻어낸 아이디어요 발명품이다.

놀이는 인간에게 정신적 자유로움을 가져다주고, 자신도 모르게 상식이나 한계의 틀을 벗어나 풍부한 발상의 세계로 뛰어들게 한다. 그래서 Play란 단어에 '놀이' '유희'라는 뜻 말고도 '광선이 번쩍이다.'라는 또 다른 뜻이 담겨있는지도 모른다.

논다는 것은 무언가 일어날 징조를 가진다. 산소(O)와 수소(H)가 만나서 놀다가 물(HO_2)이 되듯, 인간의 놀이는 아이디어를 만들어내는 화학작용이다. 놀이에 인색하면 그만큼 손해를 보는 것이다.

오직 한 가지 생각만으로 가득 차 있어 터질 듯한 머리에 숨구멍을 터주면 더욱 신선한 아이디어가 봄날의 아지랑이처럼 피어오를지도 모를 일이다.

(9) 곤란한 일도 피하지 마라

내게 곤란한 일이었던 경우 대개는 남도 그렇다. 내가 거추장스럽게 느꼈다면, 남도 그렇게 느끼고 있다는 것이다.

이런 것들을 기록하여 혼자 혹은 여럿이 모여 해결책을 모색해보자. 그것에 관심을 갖는 것만으로도 훌륭한 아이디어를 얻을 수 있다.

발명의 시작은 이렇듯 아주 구체적인 일에서부터 비롯되는 것이 좋다. 곤란한 일이 대개 모든 사람이 공유하는 부분으로 남도 그렇게 생각하는 점들이기 때문에 개선의 아이디어를 낸다면 그만큼 많은 사람의 지지를 얻을 수 있어서이다.

여성이라면 누구나 치러야하는 월례행사이면서 반갑지 않은 손님은 여간 곤란한 문제가 아니었다. 학교에서 돌아오면 식구들이 잠든 틈을 기다려 몰래 생리기저귀를 빨아야 하는 곤혹함과 움직이기 힘들어 겪는 불편함. 그러면서도 어쩔 수 없었던 것이 60여 년 전의 일이었다.

그런데 뭇 여성이 함께 겪는 곤란을 해결한 여인이 있었다. 그녀는 자신이 겪는 경험을 바탕으로 획기적인 발명품을 고안한 평범한 사무원 사카이다.

"이것 참! 없어서도 안 되지만, 찾아오면 곤란한 손님을 적절히 해결할 방법은 없을까?"

사카이는 동료들과 이야기 중에 충고를 귀담아 두었다가, 종이로 새로운 위생용품을 만들 계획을 세웠다.

'흡수력이 뛰어난 종이류를 천기저귀 대신 사용하면 위생적이고, 움직임도 편할 거야! 한번 쓰고 버리면 빨래하는 번거로움도 없이 깔끔하게 처리할 수 있을 거고…'

그녀는 그동안 자신이 느꼈던 곤란을 하나하나 세밀하게 검토하여 여성들이 원하는 그대로의 제품을 고안해냈다. 그것이 바로 최초의 여성 위생용품인 '안네'로 수줍은 여고생부터 많은 자녀를 둔 중년 부인에게 까지 조용하고 빠르게 번져나갔다. 일본의 작은 도시에서 전역으로, 그리고 세계 각국으로…

세계적인 만년필 메이커인 워커맨의 경우도 자신이 겪은 곤란한 일을 토대로 성공한 케이스다. 그는 보험 외판원으로, 보험의 계약 체결은 목숨과도 같은 일이었는데, 손님과 계약을 막 성사시키는 순간에 펜에서 잉크가 떨어졌다는 이유로 계약이 수포로 돌아가 허탈감에 빠졌다. 그러나 그는 그 사실을 스쳐지나가지 않고, 잉크가 흐르지 않는 펜촉을 만들겠다고 결심했다.

결과는 펜촉에 구멍을 뚫고 그 끝을 미세하게 갈라놓는 방법을 개발하여 문제를 해결했고, 이 아이디어로 그는 세계적인 발명가가 될 수 있었다. 당시 미국대통령의 이름을 모르는 사람은 있어도 그의 이름을 모르는 사람은 없을 정도였다고 한다.

(10) 실수와 실패를 두려워 말라

실패가 성공의 어머니라는 말은 어제 오늘의 말이 아니다. 예나 지금이나 실수나 실패가 때로 엉뚱한 성공을 가져다주기도 하는 것이 발명의 세계이다.

콘플레이크는 윌 켈로그라는 사람이 식당에서 과자를 굽다가 잘못하여 만들어낸 실패작이었지만 전 세계를 휩쓰는 대용식품이 되었다.

일본의 한 비누 제조 회사도 실패를 오히려 성공의 발판으로 삼았다. 비누원료를 지나치게 가열하는 바람에 막대한 양의 원료가 끓어 넘쳐 못쓰게 되어버린 것이다.

"이런 작은 기업에서 커다란 손해를 보게 되었으니, 이제 우린 쫓겨났다."

회사 안은 일대 소동이 벌어졌고, 직원들은 당황하여 우왕좌왕 했다. 그런데 그 회사의 사장은 회사의 소동을 가라앉히고, 곧바로 쓸모없게 된 비누거품을 이용할 방도를 짜내었다. 사장은 '물에 뜨는 비누'라는 아이디어 상품을 발명하게 되었고, 회사는 시련에서 벗어나 새롭게 성장했다. 전화위복이 된 것이다.

2002년 노벨화학상을 수상한 일본의 회사원 다나카 고이치는 단백질분자를 파괴하지 않고 해석하는 과정에서 중매제로 사용하는 코발트 분말 위에 글리세린을 떨어트리는 실수를 범했다. 그런데 버리기 아까워서 그것을 중매제호 사용했더니 단백질 구조를 정확하게 분석할 수 있었다.

실수나 실패를 두려워한다면 아무 일도 할 수 없을 것이다.

요하네스 케플러는 잘못된 전제를 통해서 혹성간의 인력이라는 개념에 도달할 수 있었고, 콜럼버스는 인도항로의 개발을 위해 항해에 나섰다가 배의 진로 방향을 잘못 잡아 신대륙에 도착했다. 애당초 정했던 목표에 크게 어긋나는 실패였지만, 그 결과는 인류의 역사를 바꾸었다.

그렇다고 실패가 뻔히 보이는 무모한 일을 추진하여 무너지는 삼풍백화점이나 성수대교처럼 만들라는 뜻은 아니다.

"틀리면 안 돼! 체면이 말이 아닐 텐데."

이렇게 강박관념에 사로잡히거나, 실패할 것을 염려하여 위축되고 경직되어 안일한 자세로 안주할 것이 아니라, 좀 더 도전적이고 적극적이며 모험적인 사고방식으로 발명에 임하라는 것이다.

2) 발명가의 기본자세

(1) 끈질기게 노력하라

발명을 하거나, 아이디어를 내는 작업에는 한 우물을 파는 것 같은 집중력이 필요하다. 발명은 마치 작은 실 뭉치와 같아서 겉보기에는 작고 가볍지만 한없이 풀어지기도 하고, 되감자면 시간을 투자하여 신경을 써야 하는 것처럼 많은 노력과 의지와, 신념을 요구하고 있다.

세계적인 발명가나, 성공한 기업가들을 보면 반드시 그에 따른 신념과 노력이 실타래처럼 감겨있다. 한마디로 외길 인생을 걸으며, 한 우물을 판 결과라는 것을 알 수 있다.

안전유리를 개발한 베제딕투스는 자기의 목표를 달성하기 위해 15년이란 긴 시간을 투자했다.

폴 에르리히는 606번째 실험에서 비로소 살바르산이라는 약을 발명하여 가장 비극적인 불치병이었던 매독을 정복하였다. 418번째 실험에서는 비소화페닐글리신이 만들어 졌는데, 이것은 아프리카의 수면병을 일으키는 트리파노솜균을 죽이는 약으로 쓰였다.

전기 재료의 절연피복과 보호구 등 각종 절연기구를 개발하여 독자적 기업으로 성장한 대기업의 사장이 있다. 그는 변변한 교육조차 받지 못했지만 한 가지 목표에 일생을 투자한 덕분으로 성공할 수 있었다.

"내가 아는 것은 절연체에 대한 것뿐이었습니다. 그것도 고무장갑을 비롯한 아주 기초적인 것이었지요. 아는 것이 그것뿐이니 그것에 매달릴 수밖에 없었습니다."

그는 절연체에 관심을 둔 이후로 조금도 한눈을 팔지 않고, 오직 그것에만 매달렸다고 한다.

"절연에 '절' 자만 나와도 몸이 움찔거렸지요. 아무리 작은 것이라도 그냥 지나치지 않았습니다."

그 덕분에 그는 모든 절연체를 그의 손 안에 쥘 수 있었던 것이다. 한 가지 일에 매달려 눈물과, 땀과, 애정을 쏟아 부은 집념의 대가가 그를 대기업의 사장으로 올려놓

앉고, 대접을 받게 한 이유가 되었다.

　오늘날 발명가로서 성공을 원한다면, 바로 이와 같은 집념을 갖고 도전에 응해야 할 것이다. 자신에게 맞는 목표를 설정하고, 목표가 정해졌으면 묵묵히 앞을 향해 돌진해야 한다.

(2) 기록을 생활화하라

　인간에게는 기억해야 할 것과, 잊어버려야 할 것이 있다. 그런데 꼭 기억해야 할 것은 잊어버리고, 잊어버려야 좋을 것은 기억하고 있는 못난 습성이 있다. 꼭 기억해야 할 것은 순간순간 또 오르는 아이디어를 비롯하여, 하루 종일 공부한 내용, 약속 등이 있고, 잊어버려야 좋은 것은 나쁘고 슬픈 기억들일 것이다.

　세월이 약이라는 말도 있듯이 인간에게 망각이라는 기능이 있어서, 시간이 지남에 따라 기억이 사라지는 것은 필요한 것 중의 하나이다. 그러나 출근길 자동차 안에서나, 통학버스 안에서 아주 기발한 아이디어를 생각했는데, 목적지에 도착해보니 도무지 떠오르지 않아 황당한 경우가 종종 있을 것이다.

　아이디어는 떠오르는 즉시 기록하는 것이 상책이다.

　기록은 우수한 아이디어를 창출해 내기 위한 지름길이고, 요즘처럼 정보의 홍수 속에서라면 필수적이라고 할 수 있다. 기록은 발명의 원천이요, 기록하지 않고 성공한 사람은 한 사람도 없다고 할 만큼 중요한 요소다.

　링컨은 모자 속에 종이와 연필을 넣고 다니며 정치에 대한 구상을 했다하여, 그의 모자가 움직이는 사무실이 되었다.

　슈베르트의 머릿속에는 항상 아름다운 악상이 흐르고 있어, 그의 손이 닿는 곳이면 모두 악보가 되었다. 식당의 메뉴판이나 자신의 옷, 혹은 타고 다니는 마차의 뒤에까지…. 역사적으로 유명한 발명가, 정치가, 음악가들은 모두 기록 광 이었던 것이다.

　기록이라고 하여, 무조건 기록만 해서는 기록이 노리는 효과를 볼 수 없다. 기록을 하는 방법에도 아이디어가 필요하다. 요점을 알기 쉽게 기록할 뿐만 아니라 스케치 정도의 그림, 특징, 등을 덧붙여 두는 것이 좋다. 그림은 문장 이상으로 창의력을 자극하고, 연상 작용을 하기 때문이다.

B씨는 항상 흰 종이를 주머니에 넣고 다니다가, 자신의 생각과 관련이 있는 모든 것을 기록해두는 습관이 있었다. 언제부턴가 그는 야광제품에 흥미를 갖기 시작했는데 활용 품이 쉽게 떠오르지 않았다. 그는 회사와 집을 오가며 생각나는 말들을 무심코 적어나갔다.

"지하실, 자동차, 밤, 비, 물, 물잔…"

메모를 하나하나 읽어 나가던 그는 갑자기 손뼉을 쳤다.

"이거다! 어둠 속에서도 보이는 물잔!"

그의 연상기록은 아이디어 상품을 만들어낸 일등공신 이었다.

(3) 자료 수집을 소홀히 말라

발명은 수많은 자료 수집과, 끈질긴 집념에 의해 탄생되기도 한다. 재료의 수집처럼 값진 일도 없다.

세계적으로 유명한 실바나이트 금광의 무도 사장은 1온스의 금을 얻기 위해 무려 4톤의 광석을 수집하여 빻았고, 체질하고, 화학작용을 추가했다고 한다.

또 에디슨은 전구를 발명하면서 필라멘트의 재료를 찾기 위해 금속 6천 가지, 동물의 털을 탄화시킨 것 2천 가지, 식물의 섬유 2천 가지 등 무려 1만 가지의 재료를 수집하여 실험했다. 그래도 찾아내지 못하자 또다시 대나무 3백 50가지를 수집하여 실험한 결과, 성능이 뛰어난 필라멘트의 재료를 찾아내는 데 성공했다. 참으로 놀라운 수집의 결과였다.

에디슨에 버금가는 또 한 사람이 있다. 식물의 마술사 및 식물의 발명왕이라고 불리는 미국의 버어뱅크도 수집의 천재였다. 그의 손이 닿는 식물마다 기적을 일으켰다. 주먹만한 감자, 가시 없는 선인장, 씨 없는 자두가 생겨났다.

"어떻게 해서 그렇게 놀라운 기적이 나타났을까?"

기적의 비결은, 다름 아닌 수집에 있었다. 그는 세계 각지로부터 종류가 다른 딸기 5천종을 모아서 재배하며, 하나하나 조사했으나 만족스러운 것이 없자 다시 80만 5천종의 딸기를 재배하여 각기 교배했다. 그 속에서 미국 종 산딸기와 러시아종 딸기의 교배를 통해, 마음먹었던 큰 딸기를 탄생시켰다. 그는 농장에 30만종의 복숭아 6만 종의 감을 심어 실험 연구를 하면서 조그만 변종도 놓치지 않고 관찰했다.

세계적인 발명품 왕관 병뚜껑도 수집에서 시작되었다. 발명가 페인타는 병 안의 내용물이 상하지 않는 병뚜껑을 만들기 위해 코르크뚜껑, 고무뚜껑, 금속뚜껑 등 5년 동안 6백 종류의 뚜껑을 수집하여 1년간 비교 분석한 결과, 드디어 코르크에 금속판을 씌운 왕관 병뚜껑을 발명하는데 성공했다.

수집 못지않게 중요한 것은 끈기, 즉 집념이다. 하나를 붙들고 늘어지는 집념이 훌륭한 발명의 지름길이다.

(4) 알맞은 시간과 장소를 택하라

최근 발명가들이 말하기를 발명에는 시간과 장소의 구애됨이 없다고 한다. 따라서 성공한 발명가들은 언제, 어디서 발명하는 것이 가장 효과적이라고 믿었는지를 알아보는 것도 의미가 있을 것이다. 그들은 무슨 일을 하거나, 아침이 가장 좋은 때라고 생각했다.

베토벤과 모짜르트는 새벽에 작곡을 시작했고, 철학자 칸트도 새벽부터 사색에 잠겼으며, 발명왕 에디슨은 이른 아침부터 연구실을 찾았다.

사람에게 아침처럼 중요한 시간도 없다. 아침은 차분하고 희망에 차있기 때문이다. 아침 일찍 일어나서 남보다 더 노력한 사람이 성공한다는 것은 당연한 일인 것 같다. 아침이 운명을 좌우한다고 생각하여 발명가들에게 아침은 연구를 시작하는 시간이고, 저녁은 마무리하는 시간이었다.

발명의 새로운 아이디어를 내고, 연구를 하는데 가장 좋은 시간이 아침이라고 생각하는 것은 요즘 발명가들도 마찬가지이다.

필자가 최근에 만난 발명가들은 발명하기에 가장 좋은 시간을 이른 아침이라고 말하고, 두 번째는 배가 조금 고팠을 때, 세 번째로는 궁지에 몰렸을 때, 네 번째 산책이나 사색을 할 때, 다섯째 일상생활을 할 때라고 말한다.

발명의 장소로는 어디가 제일 좋은가? 관련 자료와 실험장비가 있는 연구실 말고도 세 곳이 더 있다. 선조들은 이를 가리켜 「발명 장소의 삼상(三上)」이라고 했다.

첫 번째 장소는 '침대 위'였다. 침대 위처럼 편한 곳도 없을 것이다. 잠들기 전이나, 꿈속에서 예상치 못한 아이디어가 떠오르기도 한다.

두 번째 장소로는 화장실의 '변기 위'이다. 이곳은 외부와 단절된 좁은 공간이지만 아무런 방해도 받지 않는 편안한 공간으로, 사색의 장소로는 그만이다.

LG전자 구미TV공장에서는 화장실을 '창의력 실'로 바꿔 큰 성과를 올렸다. 직원 1인당 제안은 월 1건에서 2.5건으로 늘었고, 불량률은 무려 84%나 감소했다고 한다.

세 번째는 '말안장 위'였다. 말이 움직일 때의 리듬을 타면 기분이 좋아지므로 아이디어를 떠올릴 수 있고, 요즘은 말 대신 전철, 버스, 택시 등을 타는 것으로 생각하면 될 것이다.

이처럼 우리나라의 발명가들은 일상생활의 모든 곳을 발명의 장소로 활용했다는 것을 알 수 있다. 결론적으로 발명의 장소는 따로 정해져 있는 것이 아니라 여행 중에, 병상에서, 혹은 산책하다가 등 아이디어를 창출시켜주는 그곳이 바로 발명의 최적지일 것이다.

(5) 발명의 순서를 지켜라

발명에도 순서가 있다. 순서를 밟지 않는 발명은 자칫하면 샛길로 빠지기 쉽고, 헛수고를 하게 되는 경우도 있다. 바쁘다고 바늘허리에 실을 묶어 사용할 수 없듯이 발명에도 반드시 지켜야 할 순서가 있다. 그리고 그 순서를 밟아야 성공의 지름길로 들어선다.

발명의 첫 번째 순서는 문제를 분석하는 것이다. 눈에 보이는 현상에 대해 모조리 분석하여 무엇이 잘못되어있고, 무엇이 불편한가, 어떤 특성을 갖고 있는가를 철저히 알아내야 한다. 추상적이고 막연한 추측은 배제하고, 날카롭고 예리하게 분해해야 한다.

둘째, 목표를 향한 실제적인 뼈대를 조립하는 일이다. 이 뼈대의 완성으로 계획은 체계를 잡고, 그 가치를 발휘하게 된다. 뼈대가 견고하지 못하면 건물이 높게 설 수 없듯이 이 작업이 부실하면 발명 작업은 더 이상 진행될 수 없다.

세 번째로 정보수집 과정에서 얻어진 많은 자료를 이용하여, 멋대로 난립한 발상의 섬들에 다리를 놓고 골짜기를 메워나가듯 사실과 사실 사이에 부족한 면을 채워야 한다. 이때 발상은 비로소 그 형체를 드러낸다.

넷째, 모든 사실을 남김없이 결합하여 포착할 수 있는 모든 범례를 만든다. 이 작업은 가능한 모든 결과를 예측하고 방향수정을 가능케 한다.

발명역사에서 성공한 사람들은 모두 이 순서에 의해서 발명 작업을 진행시켰다. 우연히 얻은 성공이라든가, 순간의 발상으로 이루어냈다고 알려진 발명도 실상은 모두 이 순서에 의해 얻어진 결과이다. 다만 처음의 착상이나, 마지막 추론의 단계에서 번뜩이는 알아차림이 우연의 결과처럼 보이게 할 뿐이다.

하이만의 '지우개 달린 연필'도 우리는 우연의 결과라고 말하지만, 연필과 지우개가 독립되어있을 때의 불편함이 분석되고, 그 불편을 해소할 수 있는 여러 방법들이 제시되는 등 일반적인 절차를 거쳐 탄생되었다.

일상적으로 사용되고 있는 화학조미료도 이런 순서를 거쳐서 태어났다.

일본의 한 화학자가 세운 목표는 다시마를 대신할 수 있는 인공조미료를 만들어 내는 것이었다. 그는 먼저 다시마에 함유된 특별한 성분인, 맛을 내는 비밀을 알아내기 위해 다시마의 성분을 철저하게 분석하기 시작했다. 다시마를 삶고, 삶은 물을 증발시키는 등 갖은 방법을 동원한 결과 흰 물질을 얻어냈고, 그것이 글루타민산 소다라는 것을 밝혀냈다. 그는 그 물질이 맛을 내서는 성분이란 사실을 바탕으로, 단백질을 염산으로 분해하는 방법까지 알아냈다.

'음식을 맛있게 만드는 비결은 뭘까?'라는 추상적인 목표가 특정한 결과로 태어나기까지의 과정이라 할 수 있다. 발명에 있어 순서를 지키는 것은 매우 중요하다.

(6) 히트 상품을 응용하라

히트상품은 끓일 때마다 새로운 맛으로 우러나는 사골처럼, 그것을 응용하는 방법에 따라 새로운 히트상품으로 탈바꿈한다. 따라서 히트상품을 적절히 이용하는 것도 훌륭한 아이디어 창안법이 된다.

그 중 대표적인 것이 히트상품끼리 결합시키는 것이다. 물론, 아무렇게나 결합한다고 해서 모두 성공하는 것은 아니다. 자연계의 모든 생물도 짝짓기에 일정한 규칙과 방법이 있듯이, 상품화가 가능한 발명 아이디어나 히트상품의 결합에도 나름대로의 특성을 이용한 공식이 있다.

특성을 이용하려면 먼저, 여러 각도에서 검토하여 장단점을 분석해야 한다. 단점이나 불편한 점은 또 다른 아이디어를 만들어내는 시발점이기 때문이다. 다음에는 그 특성들을 충분히 살릴 수 있는 아이디어를 택하여, 결합을 시도해야 하는 것이다. 장점은 살리고, 단점은 서로 보완할 수 있는 것이 좋은 결합이다.

히트상품에는 성공을 보장받는 결정적 단서가 있다. 이것을 제대로 찾아내 연결시켜야만 쓸모 있는 아이디어가 탄생한다.

예를 들어 세탁기의 경우를 생각해 보자. 힘들이지 않고 많은 빨래를 할 수 있어, 바쁜 현대인에겐 필수품으로 어느 집에든 있다. 그야말로 히트상품 중의 히트상품인 것이다. 그러나 철저히 관찰하고, 검토해보면 여기에도 단점은 있다. 개발의 여지가 충분히 있다는 이야기다.

"자리를 너무 많이 차지하고, 물도 많이 소비됩니다."
"깨끗하게 헹궈지지 않고, 옷감이 너무 빨리 닳아요."

주부들은 이런 하소연을 할 것이다.

이 문제에 초점을 맞추어 생각하던 어느 주부가, 세탁기의 교반 날개를 욕조 밑에 달아 평상시엔 목욕 욕조로, 빨래를 할 째는 세탁기로 이용이 가능하게 하여 공간을 적절히 활용하게 했다. 뿐만 아니라 목욕한 물로 다시 세탁에 이용하는 지혜를 발휘하여 일석이조의 효과를 노린 것이다. 상품화했을 때의 성공여부를 점치기에는 이른 감이 있지만 신선한 아이디어임은 분명하다.

이렇듯 히트상품을 결합하여 성공한 예는 얼마든지 있다. 그런데 더욱 놀라운 것은 이 아이디어들이 대부분 비전문인에 의해 탄생되었다는 점이다. 히트상품의 결합은 아이디어의 응용이 쉽고, 그 원리가 간단하여 누구나 도전이 가능하다.

(7) 소비자를 만족시켜라

발명가라면 한번쯤 자신이 고안한 발명품을 멀지 않은 장래에 실용화시켜 엄청난 돈을 벌어 볼 생각을 하게 된다.

하나의 제품을 만들기 위해서는, 발명하는 과정에서부터 무엇보다 소비자의 만족도에 근거를 두고, 품질 가격 등에서 여러 가지 요건을 충분하게 검토하여 미래를 내다

볼 줄 알아야 한다.

  우선, 최종적인 산업재산권의 독점 배타적인 권리를 획득하기 위해 최선을 다해야 한다. 그래서 권리가 확정되거나, 확실시 될 때 최소 비용과 최대효과의 경제원칙에 의하여 제품 개발에 들어간다.

  제품개발은 그 발명품의 성공여부를 결정짓는 실질적인 시험무대에 진출하는 것이기 때문에 여러 가지 각도에서 신경을 쓰지 않으면 안 된다. 최후의 심판은 제품을 구매하는 소비자가 할 것이다. 즉, 그들의 최종선택에 따라 성공과 실패가 결정되는 것이다.

  시대와 환경 아래에서 뜻하는 바를 깨우칠 수 있는 올바른 해석의 방법론, 그것은 발명품의 세계에서도 정확하게 과녁을 맞히기 위한 필요충분조건이다. 즉, 발명의 열매는 소비자가 그 제품을 사용하는데 있어 만족해야 한다.

  소비자를 만족시키려면, 가격 경쟁에 앞서 가야 한다. 국제간의 무역전쟁에서도 알 수 있듯이 가격경쟁에 낙후된 제품은 부담만 가중되어 소비자들에게 외면당하기 쉽다. 한 번 쓰고, 고장이 나거나 얼마가지 못해 제품에 결함이 생기면 신용도와 이미지에 큰 손상이 가므로 질 좋은 상품을 만드는 것은 매우 중요하다.

  같은 조건의 상품이라면, 가능한 빠르게 일을 추진시키는 상품을 소비자가 선택하게 될 것이다. 그러므로 급속도로 변하는 경쟁상품과의 우열경쟁에서 시간절약형을 무시해서는 안 된다.

  고부가가치 제품의 특성은 단순하다는 것이다. 과거에는 복잡한 제품이 주류를 이루었지만, 오늘날 '복잡한 것은 고장 나기 쉽다'는 인식 하에서 단순하다는 것은 그만큼 고도의 기술 집약형 제품이라는 것을 의미한다.

  모든 제품에는, 반드시 탁월한 디자인과 호감 가는 색체가 조화를 이루어야 한다. 하나의 상품이 외면당하면 자 회사의 모든 상품이 의심받게 되고, 나아가서 그 나라의 상품을 외면하게 하는 결과를 초래할 수 있기 때문에 우수한 제품을 만들어야 한다. 그것은 첨단화와 조작의 용이, 그리고 안전성에 큰 비중을 두어 생산해야 할 것이다.

  하나의 제품이 한 가지 용도로 쓰이던 시대는 지났다. 즉 새로운 용도를 확대하여 세분화하고 여러 가지 제품에 호환이 가능한 하나의 제품이라면 소비자도 만족해 할 것이다.

(8) 기업의 요구에 도전하라

1923년 어느 봄날, 코카콜라회사에서는 6백만 달러의 상금을 걸고 음료수 병 디자인을 공모하며 다음과 같은 조건을 내걸었다.

'아름다운 모양일 것'
'물에 젖어도, 손에서 미끄러지지 않을 것'
'음료수의 양이 많이 들어간 것처럼 보이나, 적게 들어갈 것'

미국의 작은 병 공장에서 일하던 18세의 소년 루드는 코카콜라사의 요구에 귀를 기울여, 지금은 트레이드 마크가 되어 세계 각국을 누비고 있는 코카콜라 병을 발명했다.

아이디어를 사고자 하는 자와, 아이디어를 팔고자하는 이의 만남이 이루어진 것이다. 아이디어의 개발과정은 발상가와 그것을 상품화하는 기업 간의 매매로부터 시작되므로, 사고파는 시장과 같은 모습으로 운영된다고 보아야 할 것이다.

실제로 많은 나라에서, 기업가와 발명가들은 공개적인 아이디어 공모나 갖가지 제도적 시스템을 통해 기업가와 발명가의 만남을 이루어내고 있다. 또한 이 아이디어 시장의 규모가 크고, 개방적일수록 그 국가의 기술 개발 잠재력이 크며, 상품시장도 다양하다고 할 수 있다.

산에 하나의 동굴을 뚫고자 했을 때, 산 양쪽에서 각기 출발하여 중앙에서 정확하게 만난다면 쉽게 뚫릴 수 있겠지만, 작업자들이 서로 연락을 취하지 못해 엇갈리게 된다면 어떻게 될까. 신기술 개발 또한 기업과 발명가간에 긴밀한 협조가 이루어지지 않는다면, 양쪽에서 엇갈리게 터널을 뚫는 어리석은 작업자와 같은 상황을 연출할 것이다.

이 사실을 좀 더 다른 각도에서 설명하자면 아이디어를 개발할 때, 발명가는 기업이 무엇을 요구하고 있는가에 귀를 기울여 신중하게 고려해야 한다는 결론을 얻을 수 있다. 즉, 자신의 아이디어를 상품화 하고 싶은 욕심이 있는 사람이라면 기업의 정책에 민감하고, 그들의 요구에 부응해야 한다는 것이다.

앞서 말한 루드의 코카콜라 병도 루드 자신이 기업에서 원하는 부분에 충실했기 때문에 얻어진 성과였다. 만약 루드가 코카콜라 회사가 원하는 조건을 대수롭지 않게 여기고, 모양에만 치중했다면 '좋은 아이디어지만 우리 회사가 원하는 것은 아니군요.' 라는 차가운 대답을 들었을 것이다.

기업의 문은 실상, 활짝 열려 있다. 문제는 자신의 아이디어가 기업의 입맛에 맞아야 한다는 것이다.

(9) 색깔의 특성도 응용하자

색의 응용은 그 자체로써 아이디어가 된다. 매력적이며 화려한 변신이 가능하고, 그 한계도 따로 정해져 있지 않다.

색은 인간의 심리와 밀접한 관계를 맺고 있어 때로는 안정시키는 효과를, 반대로 흥분시키는 효과를 내기도 한다. 또한 색을 통해 의사를 전달 할 수도 있고, 상대방의 기분을 감지할 수도 있다. 그러므로 파레트 안에서 여러 가지 색을 자유자재로 섞어낼 수 있는 것처럼 인간의 창의력과 만나면 무한하게 뻗어 나갈 수 있는 것이 색이고, 발명가가 이에 관심을 갖는 것은 지극히 당연한 일이라 하겠다.

특히 디자인과 상표에서는 그 대상물을 함께 권리로 보호받을 수도 있다. 그렇다면 색의 특성을 이용한 아이디어는 어떤 것이 있는지 알아보자.

요즘은 한 사람이 대여섯 개의 열쇠를 갖는 것이 기본이다. 현관, 방, 사무실, 책상, 자동차, 금고열쇠 등 열쇠의 용도도 다양하다. 추운 날, 밖에 서서 꽁꽁 언 손을 비비며 열쇠를 맞추는 일도 여간 고역이 아닐 것이다. 그럴 때 색을 이용하면 문제를 멋지게 해결할 수 있다.

예를 들면 자물쇠와 열쇠를 한 쌍으로 짝지어 같은 색을 칠하면 어떨까? 빨간 자동차에는 빨간 열쇠, 노란 현관문에는 노란색 열쇠 등 전체를 모두 칠해도 좋고 부분적으로 표시를 해도 좋을 것이다. 글자를 모르는 아이나 할머니들도 같은 색이라면 쉽게 찾아낼 것이다.

또 한걸음 더 나아가 색을 입히는 과정에서 새로운 아이디어를 첨가할 수도 있다. 어두운데서 열쇠를 찾는 일은 짜증스럽다. 아무리 색깔별로 구별 지어 놓는다 해도 빛이 없으면 소용이 없기 때문에 회중전등을 비추며 찾거나, 감각으로 골라야 할 것이다. 그 경우 염료에 야광, 혹은 형광도료를 섞어서 칠한다면 문제는 간단히 해결될 것이다.

이밖에도 색을 이용한 아이디어는 얼마든지 찾을 수 있다.

온수, 냉수 표시나, 형광 색 작업복, 교통 표지판, 야광 띠, 시계, 가구 등의 색은 제품에 새로운 생명을 불어 넣으며 동시에 아름다움을 부여하는 마술사다. 마치 신들이 먹는 음식인 아브로시아 같다고나 할까.

발명가를 꿈꾸고 있다면, 색에 민감해지도록 노력해 보아야 할 일이다. 그곳에 뜻밖의 아이디어가 숨어있기 때문이다.

(10) 한발 앞선 출원이 중요하다.

발명품 하나를 만들어내기 위해 발명가가 쏟은 정열은 이루 말할 수가 없을 것이다. 어떤 이는 인생의 반평생을 한 가지 일에 바쳤거나, 혹은 전 재산을 탕진하는 경우도 있다. 그렇기 때문에 발명품에 대한 일정한 권리는 발명가 자신에게 있으며, 우리는 그것을 존중해줄 의무가 있다.

발명에 대한 자신의 권리를 확실하게 보장받고 싶다면, 발명 즉시 특허출원을 서둘러야 한다.

어떤 사람들은 발명의 과정이나, 발명품만을 중시하여 특허출원 절차에 대해서는 대수롭지 않게 생각하는 경우가 있는데 이는 매우 위험한 자세이다. 아무리 훌륭한 발명이라 할지라도 특허출원을 거치지 않은 것은 법적으로 보호를 받을 수 없기 때문이다.

또한 특허출원을 차일피일 미루는 것도 바람직한 태도가 아니다. 동일한 사안이라면 특허권은 가장 먼저 접수되는 것이 그 권리를 인정받기 때문이다. 이것이 바로 선출원주의로 우리나라를 비롯한 대부분의 나라가 이 제도를 채택하고 있다.

실제로 알렉산더 그레헴 벨은 엘리사 글레인 보다 한 시간 먼저 특허출원을 하여 전화기의 발명가가 되었다.

1876년 2월15일 오후 1시경, 알렉산더 그레헴 벨은 전화기에 대한 자신의 연구결과를 종합하여 특허출원 서류를 접수했다. 그런데 공교롭게도 그로부터 약 한 시간 뒤인 오후 2시경, 엘리사 글레인도 특허출원을 했다.

"누가 특허권을 따내게 될까?"

글레인은 가난한 농부의 아들로 태어나, 여러 가지 어려움을 견디면서 천신만고 끝에 전화기를 발명했다. 그러나 안타깝게도 이 팽팽한 싸움은 벨의 승리로 끝났다.

두 사안을 검토한 결과 기술적 차이는 거의 없었고, 특허출원 접수 시간이 빠른 벨에게 특허권이 돌아갈 수밖에 없었던 것이다. 그러나 현재 미국은 선발명주의를 채택하고 있다.

또 19세기 후반에는 특허권 하나로 두 나라의 체면이 올라서기도 했고, 꺾이기도 했다. 바로 영국과 독일의 합성염료 전쟁이다. 당시 영국은 세계 제일의 부강국이었고, 독일은 낙농을 하는 후진국이었다. 그런데 우연한 기회에 영국의 합성염료 개발소식을 전해들은 독일이 서둘러서 특허출원을 했다. 그 일로 인해 경제적으로나, 정신적으로 크게 상처를 입은 영국은 콧대가 꺾일 수밖에 없었다.

발명의 세계에 2등은 존재하지 않는다. 아차상 따위를 바란다면 그는 평생 성공의 기회를 잡지 못할 것이다. 특허출원이 발명의 마지막 절차임을 결코 잊어서는 안 된다.

3) 아이디어 발상과 발명의 장애

(1) 감정의 장애를 극복하라

인간의 감정이란 있어서 좋은 때가 있고, 없어야 좋은 때가 있다. 우월감, 동질감, 귀속감, 자신감, 기쁨 등은 사람의 마음에 활력소가 되어 살아가는 것 자체를 즐겁게 하고, 신바람 나는 인생으로 순풍처럼 밀어준다.

그러나 열등감, 부정적인 생각, 좌절감 등은 잘 나가던 사람이라도 사정없이 잡아당겨 제자리에 주저앉힌다. '사람의 행복과 불행이 마음 가운데 있고' '심령이 상하면 일으킬 자가 없다'고 했다. 열등감, 패배의식, 부정적인 생각이 많으면 아이디어는 나오지 않는다.

다행인지 불행인지, 인간은 감정의 동물이라 즐거움과 슬픔을 다 누릴 수 있고, 인간의 마음속에서는 모든 감정이 다 교차되고 있으니 이것을 어떻게 조절하며 극복해야 할까?

우리가 길을 가다 보면, 흔히 돌멩이나 벽돌 같은 장애물이 길을 막을 때가 있다. 어떤 사람은 발로 차버리고 당당히 제 길을 가는 사람이 있고, 어떤 사람은 그 장애물에 걸려 넘어지는 사람이 있다. 이 경우 어떻게 할 것인가? 선택은 바로 자신에게 달려있다.

세상에는 여러 종류의 사람들이 있는데 어떤 사람은 불행한 환경 속에서 오히려 성공하는 사람이 있고, 어떤 자는 좋은 환경 속에서도 실패하는 사람이 있다. 여기서 성공과 실패의 개념에 더 부언해야 하겠지만, 일반적으로 환경이 나쁘다고 다 실패하는 것은 아니고, 환경이 좋아도 다 성공하는 것은 아니다. 그 차이는 무엇일까?

인간에게 어떤 환경이 주어지던, 어떤 성격과 감정을 지니고 태어났던 그 자체만으로는 미래의 결과를 점칠 수 없다는 뜻이다. 문제는 어떻게 극복하고, 조절하는가에 따라 성공도 하고 실패도 한다.

아이러니컬하게도 이런 통계가 있다.

자신의 건강과 간이 특별히 좋아서 술을 잘 마신 사람과, 병약하고 간이 나빠서 술을 안 마신 사람을 후에 비교해 보았더니 건강하고 좋았던 사람이 먼저 간을 망치더란다. 자신감이 넘쳐서 자만해도 문제가 있고, 그렇다고 열등감에 사로잡혀 뒷걸음질만 하는 것도 문제다. '나를 알고, 적을 알면 백전백승'이라는 말이 있듯이 자신이 남보다 열등하다고 생각될 때, 그것을 발판으로 남보다 더 훌륭한 아이디어를 내서 도약의 기회로 삼는다면 약점이 오히려 축복일 수도 있다.

이런 비교가 있다.

아주 부잣집 마님으로서 손가락에 물 한 방울 튕기지 않고 곱게 사는 여인과, 환경이 어려워 늘 바쁘고 부지런하게 사는 여인이 있었다. 그런데 어느 정도 나이가 들어서 비교해 보니, 편히 사는 여인이 훨씬 더 빨리 늙더란다. 좀 비약적인 비유인지는 모르나, 늘 열심히 일해야 먹고사는 여인은 바빠서 늙을 틈이 없었다고 한다.

매사를 긍정적으로 생각하며, 주어진 환경이야 어떻든 자신감을 갖고 도전한다면 항상 길은 열려 있다. 열등감을 느낀다는 것은 그 만큼 자존심이 높고, 감정이 풍부하며 섬세하다는 뜻도 된다. 그런 사람이야말로 사물을 더욱 예리하고 주의 깊게 바라볼 수 있는 현미경의 눈을 가진 사람이다.

무엇을 망설이는가?

긴장과 두려움은 평상시에 할 수 없는 것까지 가능하게 한다. 감정도 없이, 흑인지 백인지도 모르고 돈키호테처럼 덤벙대며 덤비는 사람이 성공할 수 있다고 생각하는가? 무엇이건 지나치면 문제가 되겠지만 적당한 긴장감, 조심성 정도의 두려움이라면 오히려 약이 될 수도 있다.

감정의 장벽 중 하나는 '보수 본능' 이다. 새로운 것에 저항하고 낡은 것을 지키려 한다는 뜻이다. 그러나 '온고지신' 이라는 말이 있듯이 옛것을 익히는 것은 그것을 통하여 새로운 것을 찾고자 함이 아닐 런지.

(2) 인식의 장애를 극복하라

인간을 '만물의 영장' 이라고 했지만 사실 어느 때는 너무 많이 아는 것이 문제다. 지금까지 배우고 경험하여 굳게 자리 잡고 있는 관념, 예전의 모습, 습관, 혹은 예절 따위를 그대로 좇는 인습 등 알게 모르게 틀에 박혀버린 인식을 고수하고자 하는 장애 때문에 어느 한계를 뛰어넘지 못하는 것이다.

'이것만이 옳다.'
'그 것은 꼭 그렇게 해야 한다.'
'이것은 해서는 절대 안 된다.'

굳이 규칙을 정해놓지 않아도 스스로를 고정된 틀 속에 가두어 놓고, 벗어날 기미가 보이면 큰일 날 것처럼 굳게 지키려는 무의식적인 발로가 바로 인식의 장벽이다.

예를 들어 맞벌이 부부 중에는 상당수의 여성들이 밖에 나와 일하는 것을 비관적으로 생각하며 신세한탄, 혹은 팔자타령을 하는 것을 볼 수 있다.

"남자는 밖에 나가 돈을 벌고, 여자는 집 안에서 살림해야 하는 건데."

머릿속에 잘못 인식되어있는 생각 때문에 몸은 일터에 나와 있으면서도, 마음은 집 안에 얌전히 있지 못하는 것을 불행하게 생각하는 것이다. 얼마나 안타까운 일인가?

그런데 우리 인간은 이렇듯 규칙 아닌 규칙을 머릿속에 입력시켜 놓고, 그 틀을 잘 벗어나지 못한다. 특히 기성세대들일수록 인식의 장벽이 더욱 견고하다. 과거의 편벽된 사고방식이 그대로 자리를 잡아버린 탓이다.

'남자는 남자답고 씩씩해야 해.'
'여자는 여자답고 싹싹해야 해.'

어려서부터 귀에 못이 박히도록 듣고 자란 잘못된 교육이 머릿속에 그대로 인식되어져서, '세 살 버릇 여든까지' 라는 속담처럼 평생을 그렇게 생각하며 산다. 그래서 과거에는 손곱 장난을 하더라도 남자아이는 꼭 아빠였고, 여자아이는 항상 엄마였다.

그 때문에 서로 상대방을 잘 이해하지 못하고, 여성은 억압된 분위기에서 온갖 제약과 절제만으로 한 맺힌 삶을 살았다.

요즈음 어린이들의 역할놀이란 중요한 교육의 한 부분이다.

예를 들면, 남자어린이는 엄마가 되어 살림도 해보고 여자 어린이는 아빠가 되어 밖에 나가 돈을 벌어 본다. 그러는 동안 서로를 이해하게 되고, 새로운 교감이 얽히며 갈등도 풀어지게 되는 것처럼 인식의 차이란 사람의 가슴을 멍들게도 하고, 방해가 되는 경우가 더 많다.

미국의 한 산업시찰단이 매사추세츠 공과대학을 방문했을 때의 일이다. 안내자가 한 장의 널빤지와 몇 개의 막대를 내보이며 말했다.

"여러분, 몇 사람만 이 조그만 막대를 판자의 구멍에 꽂은 즉시 꺼내 보십시오."

단장이 먼저 했는데 75초 걸렸다. 두 번째 사람이 했는데 60초, 세 번째 사람은 50초가 걸렸다. 마지막으로 발명가인 C씨가 막대를 꽂은 다음 판자를 들어 올려 한꺼번에 빠지게 했기 때문에 25초밖에 안 걸렸다. 그러자 단원들은 '규칙위반'이라고 했다. 그런데 사실은 처음부터 아무런 규칙도 주어지지 않았던 것이다. 속담에 '자기 꾀에 자기가 넘어간다.'는 말이 있듯이 이처럼 주어지지도 않은 규칙에 자기를 가두어 두는 예가 많다.

흔히 '착각'이라고 하는 용어를 쓰게 되는 경우를 생각한다면, 얼마나 오류를 범하고 사는 것이 인간인지 짐작이 갈 것이다.

특히 발명에 있어서는 이 인식의 장벽을 넘어야 한다. 문제해결에 수많은 걸림돌이 되고 있는 장애들을 하나하나 제거하는 것이 바로 발명가로서의 지름길이다.

하늘은 파랗다고 생각하지만 노란 안경을 쓰고 보면 노랗고, 검은 안경을 쓰면 검게 보일 수 있다. 사람은 앞을 보고 똑바로 걸어야 한다고 생각하지만, 뒷걸음을 칠 수도 있고 옆으로도 걸을 수 있다. 그것이 인간의 잠재능력이다.

인식의 장애를 극복하기만 하면 다른 세계가 보일 것이다.

(3) 태도의 장애를 극복하라

태도란 어떤 대상에 대한 자기의 감정을 나타내는 외적 표현이라고 설명한다.

'태도를 분명히 해.'

가끔 우리는 이런 이야기를 하거나, 들을 때가 있다.

발명에는 어떤 태도가 바람직한가? 그리고 태도의 장애는 무엇일까?

'할 수 있다'고 말하는 긍정적인 사람과 '할 수 없다'고 말하는 부정적인 사람의 시각의 차이를 살펴보자.

유리컵에 먹다 남은 우유 절반이 들어 있었다. 이것을 보고, 부정적인 사람은 "애개 겨우 절반밖에 남지 않았네."라고 말하고, 긍정적인 사람은 "야호, 아직도 절반이나 남았어!" 하고 말했다.

이 두 사람들 비교해 보면, 무슨 일을 하고 못하고는 자기가 처한 상황에 따른 것이 아니라, 관념의 차이인 것이다. 시각, 태도, 감정, 사고 등의 작용을 어느 쪽으로 쏠리게 하느냐에 따라 할 수도 있고 못할 수도 있다.

부정적인 태도는 자신에게서 의욕을 빼앗아 갈 뿐만 아니라, 남의 의욕까지도 파괴시키는 힘이 있다.

"그건 이래서 안 될 것 같은데." 하고 말하면, 지금까지 자신감에 차서 무언가를 시도하려던 사람의 기세가 은연중에 한풀 꺾이게 된다.

"그럴까? 그럼 다시 생각해 봐야 하겠는데…"

발명에서 만이 아니라 매사에도 그렇다. 어떤 문제를 앞에 두고, 긍정적인 태도를 보이느냐 부정적인 태도를 보이느냐는 문제해결의 성패를 좌우하는 중요한 기준이 된다.

미국에서의 어떤 실험 연구에 의하면 반대가 있는 경우, 반대가 없는 경우에 비하여 10분의 1이하의 성과밖에 기대할 수 없다고 한다.

브레인스토밍에서도 반대에 부딪치면 아이디어가 나오지 않는다는 사실이 입증된 바 있다. 부정적인 태도는 아이디어가 나오는 지혜의 샘을 원천적으로 봉쇄하는 것과 같은 역할을 한다.

반면에 긍정적인 태도는 불가능을 가능하게 한다.

알프스를 넘던 나폴레옹을 생각하면 금방 답이 나올 것이다. 병사들 모두 지치고, 병들고, 먹을 것이 모자라 굶주려서, 한 발짝을 옮기기도 힘든 터에 눈 덮인 알프스를 넘는다는 것은 불가능한 일이었다. 그런데 초인적인 힘을 일으켜 장애물을 넘게 했던 원인이 무엇인가?

상황이 좋아진 것도 하나도 없었다. 병사들은 여전히 춥고, 배고프고, 전쟁으로 지쳐있었다. 눈 덮인 알프스 산이 갑자기 평지가 된 것도 아니다. 다만 병사들의 생각과 태도에 약간의 변화가 일어난 것뿐이다.

'저 알프스 너머에 있는 김이 모락모락 나는 빵과, 거품이 있는 맥주와, 예쁜 여자들은 나의 것이다. 기다려라.'

병사들의 마음속에, 눈과 귀에는 오직 따뜻한 고향이 있었고, 그것만 바라보며 전진하자, 난공불락의 요새 같은 부정적인 태도의 장애물이 무너졌던 것이다.

문제는 밖에 있는 것이 아니라, 바로 내부에 있다.

이와 비슷한 예가 성경에서도 나온다.

캄캄한 밤중에 물결이 이는 바다 위를 예수님이 걸어오고 계셨다. 그러자 제자 베드로도 예수님만 바라보며 앞으로 나아가니, 물 위를 걷게 되는 기적이 일어났다. 그런데 다음 순간 물결이 거세게 일고 있는 바다를 바라보자, 자신도 모르게 두려움과 의심이 생겨 물속으로 휩쓸리게 되었다.

인간에게는 알 수 없는 힘이 있다. 각자가 생각나는 대로 토론할 수 있는 자유로운 상태에서, 독창적인 아이디어가 나올 수 있다.

참으로 무서운 것은, 의미도 없이 부정하는 사람들이다. 아무리 좋은 아이디어라도 반대가 있으면 연기처럼 사라져 버린다.

나폴레옹의 군대처럼 질풍노도 같은 아이디어를 창출할 것인가? 물살을 내려다 보다 물속으로 빠져 들어간 베드로처럼 아이디어를 바다 속에 빠뜨려버릴 것인가?

결정은 당신의 태도 여하에 달려 있음을 부인하지 못할 것이다.

(4) 교육의 장애를 극복하라

교육이란 무엇인가?

인간의 신체적, 정신적 모든 성능을 발육시켜 인간으로서의 가치를 높이기 위해 지속적으로 가르치고, 지도하는 일을 말한다. 모르는 것을 가르쳐 주고, 잘 하라고 지도하는 교육이 장애가 된다니 도대체 어찌된 일인가?

사실은 바로 그 가르쳐 주고, 지도하는 것 때문에 문제가 된다.

어린이는 백지와 똑 같은 상태로 세상에 나왔다. 그들의 눈에는 모든 것이 '호기심 천국'이다. 아이들의 눈으로는 인형과도 눈인사를 할 수 있고, 꽃을 꺾으면 아파하는 장미의 고통도 읽을 수 있다. 모든 것은 살아 움직이는 물활론적인 사고를 갖고 있기 때문이다.

눈 덮인 나무는 춥다고 느끼며, 텅 빈 자동차는 쓸쓸하다고 느낀다. 그래서 나무와 말을 하고, 자동차도 눈이 있어 스스로 달려갈 수 있다는 전제하에 마음껏 상상의 나래를 펼 수 있다.

"자동차야, 나를 집에 데려가 줘."

그렇게 말할 수 있고, 자동차와 함께 어디든 갈 수 있다. 엄마가 계신 집이나, 물고기가 사는 용궁이나, 천사가 살고 있는 별나라, 달나라, 그리고 엄지공주나 백설 공주의 나라에도…

상상은 발명의 전초전으로서, 상상의 세계에서 있었던 일이 현실화되면 그것이 곧 발명인 것이다. 그래서 유치원 시절에는 그런대로 '창의력 교육'이라는 명제 하에 창의성을 길러준다.

그런데 초등학교에 들어가면 다양한 사고력은 아예 접어 한쪽에 가둬놓고, 무조건 따라 외우고, '이것은 이렇다'는 획일적인 교육 속에 맞춰야 한다. 무한한 상상력, 창의력이 깨어지는 순간이다.

요즘 '열린 교육'이라고 하여, 획일적인 교육에서 탈피하려고 노력하지만, 덮어놓고 받아쓰기, 문제풀이로 어린이의 손가락은 여전히 아프다. 선생님을 따라 똑같이 그려야 잘 그리는 그림, 단조롭고 사실적이면 무조건 잘했다고 칭찬하는 엄마…

만일 아이가 바다 속에 비행기를 그렸다고 치자. 그 그림을 그대로 엄마에게 보여준다면 당장에 학교로 쫓아갈 엄마들도 꽤 있다.

'왜 비행기는 하늘로만 다녀야 할까? 바다 속으로 가면 물고기도 보고, 거북이도 볼 텐데…'

어린이는 어른들의 꾸중을 이해하지 못하고 의아해 한다.

'왜 시계는 하루 종일 왔다 갔다 하지? 정말 피곤하겠다. 그치?'

아이들의 이런 질문에 어른들은 어떻게 대답하는가? 그리고 학교에서는 무어라고 가르치는가? 질문하는 아이를 보고, 면박을 주거나 웃지 않으면 다행인 것이 현실이다.

그럭저럭 초등학교를 마치고, 중고등학교에 가면 입시지옥이니, 명문학교니 하는 상투적인 댓바람에 밀려 좋은 문학 서적 한 권, 순정 소설 하나 읽을 겨를이 없다.

호기심 천국이던 '관찰의 눈'은 그 더듬이를 아예 감추고, 논리에 묶이거나 규칙에 가둬진다. 그리고 동시에 불가능이라는 것, 전통, 체면, 형식 등에 얽매어 넥타이만 매면 다 되는 줄 알고, 창작이란 '모자라는 사람들의 몫'으로 묶어 아예 팽개친다. 이것이 교육현실이다.

미국 뉴욕 주에서 대학 출신 사원들과 고교 출신 사원을 무작위로 선정하여 조사해 본 결과, 오히려 고교출신 사원이 발명력이 높다는 놀라운 결과가 나왔다고 한다.

어쩌면 놀랄 일이 아니라 당연한 일인지도 모른다.

발명가가 되고 싶다면, 어린이에게서 배우자. 때로는 너무 많은 지식과 교훈이 앞을 막아서 몸을 사리는 젊은이에게 교육의 원래 목적이 무엇인지 묻고 싶다. 모험심이 없다면 세상은 훨씬 어둡고, 재미없는 곳이 될 것이다. 교육의 때를 벗겨야 발명이 있다.

(5) 문화의 장애를 극복하라

문화란 쉬운 말로 문명이 발달되어 생활이 편리하게 되는 것을 말한다. 또한 진리를 구하고, 끊임없이 진보와 향상을 꾀하는 물질적·정신적 소산을 총체적으로 이야기한다.

그렇다면 한마디로 지금 우리는 문화의 은택 속에서 살고 있다.

하늘에는 비행기와 우주선이 있어 기상의 이변이나 우주에 관한 정보를 신속하게 전해주고, 육지에는 자동차·기차·전차 들이 있어 어디든 갈 수 있다. 바다에는 선박이 있어 금강산도 가고, 싱싱한 생선을 먹을 수 있다.

밤을 낮과 같이 비춰주고, 재미있는 코미디로 웃겨주는 조명시설과 텔레비전, 한 여름에도 가을처럼 시원하게, 한 겨울에는 봄처럼 따뜻하게 해주는 냉·난방기구… 세상을 둘러보면 그야말로 신기하고, 고마운 것들 투성이다.

소년원에서 갓 나온 어느 십대 청소년에게 먹을 것, 잠잘 곳을 마련해 주고 열심히 공부해서 훌륭한 사람이 되라고 했더니, 양부모의 지갑에서 돈을 훔쳐 달아났다.

카드로 돈을 빼다가 붙잡힌 아이를 찾아가 보았더니, 훔친 돈으로 제일 먼저 핸드폰을 사고, 머리에 무스를 바르고, 멋진 양복을 쫙 빼입고 있었다 한다.

"잘 돌봐주겠다는 데도 왜 나쁜 짓을 했지? 바르게 사는 것이 좋지 않겠니?"

그렇게 묻자, 그 소년의 말이 이랬다.

"나쁜 짓을 하지 말고 착하게 살고 싶은 마음은 있는데, 세상에는 재미있는 것들이 너무 많아요. 그래서 그만…"

그렇다. 문화의 유산은 인간에게 편리함과 재미를 더해주고, 세상을 천국처럼 호화찬란하게 꾸며 놓았다.

그런데 그 위대한 문화가 장벽이라니 대체 무엇을 말하는 것일까?

문화가 발달된 나라일수록 정해진 규칙과 약속이 많이 깔려 있다. 법률, 규칙, 습관, 전통, 미풍양속, 질서, 예절 등 그 범위 안에서 문화의 유산을 누리고 있는 것이다. 그러다 보니 그 범위라는 것이 사람들의 사고를 일정한 틀에 집어넣고 말았다.

'나이프는 오른쪽, 포크는 왼 손에'

'자동차는 차도로, 사람은 인도로'

물론 다 맞는 말이다. 그러나 사람이 기계처럼 똑 같은 생각, 같은 행동을 되풀이 하다보면 일정한 사고의 틀에 구속될 수밖에 없다. 사고의 틀에 일단 구속되어 버리면 색다르고, 쓸모 있는 아이디어가 나와도 무시해 버리거나, 아예 다른 생각은 하지도 않으려고 한다. 발명의 첫 번째 지름길은 바로 일정한 틀을 깨는 것이다.

인간은 사회적 동물이기 때문에 모두 집단에서 배제되는 것을 두려워하고, 그렇기 때문에 일정한 틀에서 벗어날 수 없게 된다.

왜 그럴까? 이유는 없다. 단순히 학습된 습관에 의해서다.

예를 들어, 미신타파를 부르짖는 사람이 막상 자신의 결혼식 날은 택일을 하는 것과 마찬가지이다.

빠르고, 급하고, 복잡하고, 그리고 형식에 얽매일수록 문화적이라고 생각하는 그릇된 인식이 아이디어를 가로막는다. 어쩌다 아이디어가 나오면 우선 좋고 나쁨을 논리적으로 판단하려 하고, 호기심이나 문제의식을 가지면 오히려 이상한 눈으로 바라본다. 그저 수학적, 논리적, 합리적, 과학적인 방법으로 접근해야 문화인 같고, 그것만이 옳은 것처럼 여겨진다. 상상력을 동원하거나, 창의성이 있는 일은 돈키호테로 취급당한다.

그러나 세상에는 논리와 형식으로 풀 수 없는 일이 너무나 많다. 문화가 발달될수록 사회현상이나 또는 자연현상의 정리 분석 통계를 과신한다. 그래서 이의를 제기하기 전에, 믿고 보는 성급한 자세를 갖게 되고, 이러한 태도가 문제의식을 갖지 못하게 막고 있으며, 지식과 재료가 너무 많아 아이디어를 낼 수 없게 하는 것이다.

문화의 홍수가 신선하고, 기상천외하며 획기적인 아이디어에로의 접근을 오히려 막아 버리고 있다. 이것이 문화의 장벽이다.

옛말에 '소문난 잔칫집에 먹을 것이 없다' 고 했던가. 밥상을 앞에 두고 굶은 격이다. 문화의 장애를 꿰뚫어 보자.

4) 사고의 3단계

(1) 수직적 사고

수직적 사고는 사물을 보고 생각하는데 고정관념을 가지고 판단하려는 사고방법이다. 예를 들어 '책상' 을 말하면, 제일 먼저 떠올리는 것이 '공부하는 곳' 이라는 고정된 생각으로 사물을 보고 판단하는 경우이다.

우리는 일반적으로 틀에 박힌 생각에 익숙해왔다. 그것은 어렸을 때부터 부모님이 '시키는 대로' 잘 하면 효자고, 모범생이라는 유교적인 윤리관과, 획일적인 교육에 길들여 있기 때문이다. 어떤 일정한 틀에 얽매여서, 거기서 조금만 벗어나면 큰일 나는 줄 알고 또 당연한 것으로 아는 잘못된 사고방식과 교육이 우리의 창의력을 그만큼 억제시켜 놓았다.

가까운 예로, 지금 당장이라도 어린이에게 그림을 마음대로 그리도록 하고 그것을 부모님께 가져다가 보이도록 해보라.

물론 열린 생각을 가진 부모님도 있어 어린이의 상상력을 칭찬해 주고 적극 지지해 주는 부모님도 계시겠지만, 대부분의 부모님들은 지금도 '어린이의 표현' 이 무엇이며 어떤 것을 상징하고 있는지 묻기 보다는 '왜 이 얼굴에는 코가 없니?' '이건 삼각

형이지?' '사람의 손을 빨강색이 아니고 살색이란다.' '비행기가 왜 네모지?' 등등 부모님의 고정된 생각을 아이들에게까지 심어주기에 급급하다. 어른들의 사고방식 속에는 책상을 '공부하는 곳'이거나 '사무 보는 곳'으로 고정되어 있다.

그러나 아이들에게 책상을 주어보고 어떻게 사용하는지를 관찰해 본다면, 얼마나 차이가 나는지 알 수 있을 것이다.

어떤 아이에게는 책상이 침대가 되기도 하고, 어떤 어린이에게는 텐트가 된다. 비행장 혹은 수영장 그리고 안방도 되고, 주방 혹은 터널이 된다. 경우에 따라서는 피아노가 되기도 하고, 의자도 된다.

그런데 부모님들은 어떤가.

만일 한 어린이가 책상을 수영장으로 생각하고 위에서 뛰어내린다면, 아이의 생각을 지지하기보다는 '책상은 공부하는 곳이에요' 하며 예쁜 목소리로, 그것도 어느 경우에는 화나는 것을 참으로, 억지로 아이를 설득한다. 그것은 곧 아이에게서 창의력을 빼앗아가는 가장 쉬운 방법이다.

한 실험의 예를 보자.

개구리를 유리병에 가두고, 투명한 유리판으로 병의 입구를 막아 놓았다. 개구리는 처음 몇 번은 밖으로 튀어나가기 위해 점프를 한다. 그러나 입구에 머리를 찧고, 장애물에 걸리면서 '아, 나갈 수가 없구나.' 하고 스스로 판단하게 된다.

그 다음에는 입구에 막아 놓았던 유리판을 치워 놓아도, 개구리가 다시는 튀어 오르지 않는다. 개구리의 머릿속에는 이미 입구가 막혀서 나갈 수 없다는 관념이 학습되어 버린 탓이다.

발명의 세계에서는 사물을 한 가지 생각으로만 판단하거나, 틀에 박힌 고정된 생각을 바꾸어야 성공할 수 있다.

논리학이나 수학에서는 전통적인 생각과 고정된 사고방식을 필요로 한다. 수학에서는 한 단계, 한 단계씩 끊임없이 풀어나가고, 그 단계가 모두 논리 정연한 것이어야 한다.

그러나 아이디어는 여러 가지 방법으로 생각을 해서 많은 착상 중에 우수한 아이디어를 골라 발명으로 연결시키는 것이 중요하므로 고정된 생각에서 벗어나야 한다.

그런데 우리는 지금도 은연중에 고정된 생각에서 벗어나지 못하고 있다.

예를 들면 '하지 마라.' 이다.

'먼지 나니까 뛰지 마라.'
'어른들 말할 때는 끼지 마라.'
'친구들과 싸우지 마라.'
'위험하니 가지 마라.'
'밥 먹을 때는 이야기 하지 마라.'
'책에 낙서하지 마라.' 등등…

아이디어를 찾기를 원한다면 우리의 자녀교육 방법부터, 어른들의 고정관념이 '하지 마라.'에서 '하자.'로 바꾸어야 할 것이며, 많은 지지가 따라야 한다.

'이것이 왜 이렇게 되었는지 같이 해 볼까?'

수직적 사고를 바꿀 때, 발명 시작이다.

(2) 수평적 사고

수평적 사고는 전통적인 고정관념을 탈피하여 사고의 중심을 수평으로 이동시키는 유연하고 함축성 있는 사고방법이다.

아이디어를 창안할 때, 사실과 꼭 맞는 논리를 펴지 아니하고, 원인과 결과의 흐름이 원리 원칙대로 맞아 들어가지 않더라도 이런 것들을 뛰어 넘어가며 생각하는 것으로 뻔한 이야기라도 뒤집어서, 혹은 거꾸로 보며 생각하는 기법을 말한다.

수평적 사고의 테크닉은 하나의 사물을 관찰할 때, 여러 방법으로 관찰하며 아이디어를 개발하는데 있어 매우 중요한 사고방식이다. 만일 구멍을 하나 뚫을 때, 돌이나 바위에 부딪치면 그 구멍은 포기하고, 옆에 다른 구멍을 뚫는 식의 방법으로 다양하게 여러 가지를 생각할 수 있는 유연한 사고 기법이다.

어느 음식점에 갔을 때의 일이다.

둥근 탁자에 여럿이 모여 앉았는데, 웨이터가 중심에 놓인 둥근 유리판 위에 음식을 차려 놓았다. 평소의 습관대로 손이 잘 닿지 않는 음식을 덜기 위해, 사람들은 손을 길게 내뻗거나 엉덩이를 약간 들며 엉거주춤한 자세로 음식을 자기 그릇에 알맞게 덜어내는데, 한 사람이 갑자기 둥근 유리판을 자기 앞으로 빙 돌려놓았다.

'아차!'

회전 원판인 것을 잊고 있었던 것이다.

우리는 이처럼 가끔씩 '아니다'고 하면서도 습관적으로, 혹은 익숙하지 않아서 유연한 생각에 인색할 때가 있다. 인간관계에서도 가장 상대하기 힘들고 경계의 대상이 되는 사람은 '융통성이 없는' 사람이다.

유연한 생각, 수평적 사고를 하자. 발명에서는 무엇보다도 생각의 이동과 다각적인 생각을 강조한다.

요즘 아파트, 혹은 주택의 주방에 가서 싱크대를 살펴보면 재미있는 것이 있다. 얼마 전까지만 해도 싱크대의 수도꼭지는 고정되어 있는 것이 당연했고, 목욕탕의 샤워기는 길게 늘어지게 되어 있었다. 주부들이 싱크대의 고정되어 있는 수도꼭지에서 물을 틀어 쓰면서 불편하다고 느끼기는 했겠지만 샤워기처럼 길게 늘여 쓸 생각은 별로 하지 못했을 것이다.

그제 서야 주부들은 '왜 진작 이런 생각을 못했지?' 하며 그 편리함에 기뻐하고 있을 것이다. 그러면서 그동안 우리의 생각이 얼마나 고정되어 있었는가를 생각하면, 놀라움을 금치 못할 것이다.

우리의 고정된 생각을 조금만 수평으로 이동시켜 본다면 아이디어는 있다.

1930년경, 샌프란시스코에서 많은 양의 황금이 쏟아졌다. 자연히 이곳은 황금을 캐기 위해 모여드는 서부의 사나이들로 인산인해를 이루었고, 전 지역이 천막촌으로 변해 갔다. 그 와중에 스트라우스는 톡톡히 재미를 보고 있었다.

어느 날, 그에게 찾아온 군납 알선업자가 대형 천막 10만개 분량의 천막 천을 주문했다. 스트라우스는 즉시 빚을 내어, 공장과 직공을 늘려 밤낮으로 생산한 결과 3개월 만에 약속 받은 천막 천을 생산했다.

그런데 모든 희망을 걸었던 군납의 길이 막혀버렸다. 시간이 흐르자 빚 독촉은 심해지고, 직공들은 월급을 안 준다고 아우성이었다. 작은 산만한, 그 엄청난 양의 천막 천을 한꺼번에 사줄 사람도 없었다.

스트라우스는 홧김에 술이라도 듬뿍 마셔볼 양으로 주점에 들렀다가, 그곳의 광부들이 옹기종기 모여 앉아 헤진 바지를 꿰매고 있는 것을 발견했다.

'쯔쯔… 바지가 모두 닳았군. 천막천이라면 좀 채로 닳지 않을 텐데…'

스트라우스는 그 순간 떠오른 아이디어를 실행에 옮겼다. 천막 천으로 광부들의 바지를 만들기 시작한 것이다. 이것이 오늘날 전 세계 젊은이들이 즐겨 입는 청바지이다.

천막 천에 고정된 생각을 옷감으로 수평 이동한 그의 생각이 발명과 함께, 부를 거머쥐게 한 좋은 예이다. 수평적 사고를 하자.

(3) 입체적 사고

입체적 사고란 전통적인 논리성을 강조하는 수직적 사고와, 사고의 중심을 수평적으로 이동하며 다각적으로 생각하는 수평적 사고를 결합한 한정적 사고방법이다.

예를 들어 생각해 보자.

'학생용 가방' 하면 초등학생은 등에 메고, 중고등학생은 손에 드는 가방이 일반적이었다. 처음에는 튼튼하고 질기게 하여 잘 팔리도록 했다. 너무 튼튼하여 어느 정도 시간이 흐르자 수요가 감소했다.

이 때 수직적 사고를 적용한다면 가방을 더욱 튼튼하게, 혹은 부드럽게 만들었을 것이다. 그런데 수요가 감소했을 경우, 수평적 사고를 적용한다면 튼튼한 가방 대신 모양이 다르고, 아름답거나 기능이 추가되어 다용도로 쓸 수 있는 가방을 만들 수 있을 것이다.

한편 수요가 감소했을 때, 입체적 사고를 적용한다면 먼저 수평적 사고를 적용하여 몇 가지 대안을 개발하고, 각각의 대안에 수직적 사고를 적용하여 장기적, 혹은 단기적 효과를 검토하게 될 것이다. 그런데 이러한 대안은 무한대로 많을 수 없고 한정적일 것이다. 따라서 입체적 사고는 한정적 사고 방법이다.

오늘날 이루어지고 있는 위대한 발명이나 첨단기술은 엄청나게 복잡한 문제들을 다양한 생각으로 부드럽게 탐색하여 인력과 시간 및 비용을 최소한으로 하고, 보다 큰 효과를 얻을 수 있도록 많은 아이디어 중에 꼭 필요한 방안만을 선정한 수에 목표에 적합한 뛰어난 방법을 실현해야 성공할 수 있다.

자연을 이용하여 전기를 만들어 내는 방법은 여러 가지가 있다.

바람을 이용한 발전, 혹은 댐을 만들고 그 물을 이용하는 수력발전 등이 있는데 바닷물, 특히 파도를 이용한 발전이 영국 퀸즈 대학의 토목공학도들에 의해 개발되었다.

파도를 이용한 이 전력 생산 방법은 우선 해안선을 따라 대규모의 콘크리트 용기를 만드는 것으로 시작된다.

토목공학자들이 영국의 이슬레이 섬 해안에 설치한 콘크리트 용기는 120입방미터로서, 이 용기로 파도가 쏟아져 들어와 용기 속의 공기를 압축하게 되고 다시 밖으로 빠져나가면서 용기 속을 진공으로 만들도록 고안되었다. 이렇게 대규모의 공기가 들어왔다가 나가는 과정이 반복되고, 압축과 진공이 되풀이되면서 특수하게 설계된 터빈이 1분에 1,500번 정도 돌아가게 된다.

이슬레이 섬에서 생산된 전력은 이 섬의 바로 옆에 위치한 포트나헤븐 마을의 주민 200가구가 쓸 수 있을 정도로 넉넉한 전력량이라고 한다. 토목공학자들의 수석 연구원인 톰슨 교수는 말한다.

"석탄만큼 싸지만 환경에 전혀 피해를 주지 않는 에너지입니다."

우리가 아는 수력·풍력·화력 발전이 사고의 단계를 거쳐 파도력 발전으로 이어졌다. 이것으로 끝일까?

'지구는 끊임없이 도는 특성을 갖고 있는데, 만약 이런 회전력을 이용하여 전기를 만들어 낼 수 없을까?' 황당하기도 하고, 그럴듯하기도 한 이 질문에 명확한 해답이 나온 것이다.

미국 샌디에이고에서 몇 사람의 은퇴한 공학자와 물리학자들이 거대한 지구의 회전력을 이용하여 막대한 에너지를 얻는 방법을 고안해 낸 것이다. 그들이 개발한 '자이로 동력기'라는 기계는 지구가 회전하면, 자체에 내장되어 있는 회전자가 지구가 돌아가는 반대방향으로 역회전하게 되어, 이렇게 생긴 회전자의 회전은 기어에 의해서 발전기로 전달되고 전기가 생산되는 것이다.

그들이 만든 자이로 동력기는 지름 5Cm의 회전의자를 가진 작은 시제품에 불과하여 아직 전기를 만들지는 못했지만 핵심적인 기술이 개발되었기 때문에 완성품의 개발은 시간문제라 한다.

인간의 사고는 끝이 없고, 입체적 사고의 합리적 방법의 절차는 만족할만한 발명을 효과적으로 이끌며, 손쉽게 성공하는 지름길이 될 것이다.

6 발명의 지름길

1) 발명의 3단계

(1) 비분할 결합

발명에는 단계가 있다. 그 첫 단계가 '비분할 결합'이다.

비분할 결합이란 어떤 물건을 분할하지 않고 그대로 다른 용도로 사용하든가, 다른 물건과 결합시켜 두 가지 이상의 용도를 갖게 하는 것이다.

예를 들면 드라이버에 전등을 부착하는 것 같은 발명이다.

보통 사람이 발명으로 성공하려면 간단한 아이디어 상품이면서 많은 사람이 절실히 필요한 것을 찾아내야 하는데, 발명을 처음 시작할 때 이 기법을 사용하면, 어렵지 않게 해낼 수 있다.

일본 '나가모리전기사'의 연구실에서 회의가 열렸다. 이 회사 연구팀의 가족은 고작 서너 명으로 각종 드라이버를 생산 판매하며 말이 연구원이지 실제로는 다른 업무까지 겸하는 사람들이었다.

"히야꼬, 오늘 매상은 어때?"

"어제 보다 더 줄었는데요."

"그래? 큰일이군."

"이 회사에서는 매상이 날로 줄어들자 새로운 상품을 개발해야 했고, 연구팀은 연구에 몰두하고 있었다."

"아무래도 안 되겠어요. 대책을 세워야 하지 않을까요?"

"그래, 우선 시장 조사부터 하자고."

시장 조사 결과 그들은 놀라운 사실을 발견했다. 당시 드라이버의 용도는 기계 겉부분의 나사못을 빼거나 박은 것이 고작이었는데, 실제 필요한 드라이버는 기계 속의 구석지고 어두운 곳의 나사못을 다루는 것이었다.

조사 결과가 밝혀지자 연구팀의 과제는 보다 분명하게 드러났다. 연구팀은 본격적으로 개발에 들어갔다. 그런데 쉽사리 찾아내리라 생각했던 기발한 아이디어는 좀체 떠오르지 않았다.

"무슨 좋은 방법이 없을까요?"
"글쎄 말이야. 다시 한 번 현장을 가보는 것이 어떨까?"
"그게 좋겠어요. 현장에 부딪쳐 보면 좋은 묘수가 생겨날지도 모르지요."
"그럼 가 봅시다."

그들은 또다시 현장을 찾아 나섰다. 현장 기술자들은 기계 안의 구석지고 어두운 곳을 손전등으로 비추어 가며 작업을 하고 있었다.

'그렇지! 드라이버에 손전등을 추가하면 되겠구나.'

생각이 여기에 이르자, 연구는 일사천리로 진행되었다.

드라이버 자루의 소재를 투명한 플라스틱으로 하고, 그 속에 전지와 꼬마전구를 넣은 다음, 자루 끝을 렌즈 형으로 하여 전구에서 나온 빛이 드라이버 끝에 집중적으로 비추도록 했다. 특허로도 손색이 없었다.

"이야, 성공이다."

'나가모리전기사'가 일본 굴지의 회사로 급성장하게 된 것은 말할 것도 없다.

이 밖에도 연필에 지우개를 붙여 만든 '지우개가 달린 연필' 그리고 시계에 라디오를 더해 만든 '시계 겸용 라디오' 등 일종의 더하기 발명이 좋은 예이다.

미국의 플림톤은 스케이트에 바퀴를 부착시켜 '롤러스케이트'를 발명했다.

스트라우스는 천막 천을 가지고 '청바지'를 만들어 1년 판매량 2천만 개, 순이익 6천 달러의 성공을 거두며 당시 전 산업분야에 걸쳐 단일품목 중 가장 많이 팔리고, 가장 큰 순수익을 올린 품목으로 기록되었다.

전등은 오랫동안 조명의 역할 만을 해왔으나 파장을 조금만 바꾸면 살균램프가 된다. 일종의 '비분할 결합'으로 성공한 예이다.

(2) 분할 결합

발명의 두 번째 단계로 '분할 결합'이 있다.

이것은 어떤 물건을 분해한 다음, 그 분해된 부품을 다르게 결합하거나, 다른 부품을 추가 결합하여 새로운 용도를 갖게 하는 것이다.

예를 들어 4칸 회전문을 분해하여 3칸 회전문으로 다시 결합한 것과, 냉장고를 분해한 다음 냉동 기능을 추가하여 결합한 것 등이다. 우선 냉장고와 냉동법이 어떻게 발명 되었는지 각각 살펴보자.

냉장고는 누가 발명했을까? 여러 주장이 있으나 가장 먼저 특허를 받은 사람은 미국의 야콥 파킨스였다. 야콥은 본래 미국인이었으나 대부분의 생활을 영국에서 했고, 냉장고 원리의 특허도 영국의 특허청에서 받았다.

그의 특허명세서에는 냉장고의 원리에 대하여 '공기압축 사이클'을 중심으로 기록하고 있는데 내용은 이렇다.

"이 사이클에서는 휘발성 액체의 증발에 의해서 냉각이 이루어지고, 동시에 그 휘발성 액체를 항상 응축하며 손실 없이 되풀이하여 운전에 이용할 수 있다."

그러나 야콥의 특허는 모델 이상의 상품으로 생산되지는 못했다. 후원자도 없었지만 야콥이 너무 늙어 더 이상 활동할 수 없었기 때문이다.

냉장고를 처음으로 상품화하는데 결정적인 기여를 한 사람은 제임스 해리슨이다. 제임스는 오스트레일리아로 이주하여 인쇄공으로 일하고 있었는데, 그는 야콥이 누구인지도 몰랐고, 야콥이 냉장고의 원리를 발명한 사실은 더욱 모르고 있었다.

제임스는 활자의 세척에 에테르를 사용하면서 그 뛰어난 냉각효과를 이용할 방법을 찾고 있었다.

"에테르의 이 뛰어난 냉각효과를 달리 이용할 방법은 없을까?"

처음에는 막막하기만 했으나, 몇 년 동안 인쇄기를 수리하면서 그는 스스로 지혜를 터득하여 냉장고를 설계하는데 성공했다.

냉동법을 처음 발명한 사람은 여행이 취미였던 '크렌즈 버즈아이'이다.

미국 동북 지방의 해변 마을에서 바다까지 얼어붙은 지독한 추위가 계속되던 어느 날, 버즈아이는 출항을 앞에 두고 기선을 손질하고 있었다. 그러다가 그는 놀라운 광경을 목격하였다.

"어! 이 물고기는 두 달 전에 먹다 남은 것인데 왜 이렇게 싱싱하지? 이제 막 잡아 올린 것처럼 싱싱하네."

그는 이 물고기가 영하의 낮은 온도에 꽁꽁 얼어 신선도를 유지하고 있었다는 사실을 곧 알아냈다. '그렇다면 쇠고기나 채소 같은 것도 이렇게 얼려두면 오랫동안 신선도를 유지할 수 있을까?'

즉시 집으로 돌아온 버즈아이는 토끼를 잡아 실험을 시작했다.

종이 상자에 양초를 입히고, 그 안에 여러 개의 칸을 만들어 토끼고기와 얼음을 차례로 채워놓아 보았다. 얼음 칸 사이의 토끼고기는 곧 얼어붙어 상할 염려가 없었다.

특허출원을 마친 그는 식품회사인 '제너럴 푸드사'를 찾아갔다. 식품 저장에 고심하고 있던 제너럴 푸드사는 버즈아이의 특허를 당시로서는 세계 최고의 가격으로 사들였다.

각각 어렵고, 힘들게 발명된 냉장의 원리와 냉동의 원리는 분할 결합되어 또 하나의 새로운 발명품이 된 것이다.

멜빵은 아기를 등에 업기 위해 만들어진 것인데 미끄러져 내려가지 않게 하기 위해 가슴 앞에서 띠를 열십자 모양으로 엇매어 조여야 했다. 그러자니 가슴이 답답하여 숨쉬기도 불편할 만큼 불편했다. 그러나 란도셀은 어깨에 걸치는 것으로 같은 기능을 가졌지만, 가슴이 답답하지 않게 제작되었다.

따라서 란도셀도 분할결합에서 비롯된 발명이라 할 수 있다.

분할결합은 이용하면 특허출원을 위한 고도의 기술을 요하는 발명도 할 수 있다. 이 기법은 주로 신제품 개발에 많이 이용되고 있다.

(3) 비약 결합

비약 결합이란 글자 그대로 비약적인 고도의 단계에 속하는 발명 기법이다.

그것은 어떤 물건으로부터의 고정관념을 탈피하여 획기적인 기능을 창출하는 것이다. 이를 위해서는 획기적인 기능과 원리를 결합한다.

트랜지스터를 반도체로 발전시킨 것과 수동을 자동으로 개선한 것은 기술의 비약적인 발전을 가져왔고, 이것이 곧 비약 결합의 좋은 예이다.

일본에는 옛날부터 '무엇을 무엇이라고 푼다.'고 하는 수수께끼 놀이가 있다.

'거미줄은 소매점이라고 푼다.'

이 두 가지 사이에는 언뜻 보면 아무 관계도 없는 것 같다. 그러나 그것을 연관 짓는 것이 비약 결합이다.

'그물을 쳐놓고 손님이 오기를 가만히 기다리고 있으니까.'

수수께끼를 풀면서 두뇌의 활동이 비약적으로 작용한다.

거미들의 생태를 잘 관찰하여 '좋은 장소에 거미줄을 치면 그만큼 수확이 크다.'는 이론을 발견하고, 소매점이 번성할 수 있는 아이디어를 찾아내기도 한다. 많은 발명과 발견은 이 비약 결합에 의해 이루어졌다.

지금으로부터 약 1백 50년 전, 영국에서는 동전을 넣으면 움직이는 놀이기구가 유행했다. 당시의 놀이기구는 지금의 전자오락 기구만큼이나 유행하고 있었다.

이 놀이기구를 바라보는 사람들은 한결 같이 호기심뿐이었다. 그러나 덴함의 경우는 달랐다.

'동전을 넣으면 일정한 시간 동안 움직인다. 어떤 원리일까?'

그러나 덴함의 의문은 쉽게 풀렸다. 놀이기구의 제작회사를 찾아간 덴함은 너무나도 간단한 원리에 허탈하기까지 했다.

"동전의 무게로 작동이 가능하지요."

놀이기구 기술자의 설명을 들으며 덴함은 비약적인 생각을 하게 되었다.

"그렇다면 우표나 물건을 자동으로 판매할 수 있는 기계를 만들 수 있지 않을까!"

그의 머릿속으로 수많은 상상이 전개되었다. 집으로 돌아온 덴함은 '자동판매기'의 기발한 착상을 떠올리고, 연구에 착수했다. 그는 1페니를 넣으면 그것이 슈트에 전해져서 떨어지고, 이때 용수철의 끝이 벗겨져서 우표가 나오는 자동판매기를 발명하게 되었다. 덴함은 이 획기적인 발명으로 영국 발명계의 화제가 되었다.

요즘 온 세계에 널리 퍼져 경이로운 업적을 쌓고 있는 컴퓨터도 비약결합의 결과라고 말할 수 있다. 컴퓨터는 사람이 입력해 놓은 프로그램에 따라 자동으로 주어진 자료를 읽고, 기억하며 계산·분류·집계 등을 실행하며 그 결과를 인쇄하는 전자장치이다.

미국의 매사추세츠 공과대학 교수였던 로버트 워너는 수학자로, 어느 날 교수들의 연구실을 찾아가서 이렇게 말했다.

"우리 모두 이제부터 문을 열고 나와 한 곳에 모입시다. 그래서 모두의 지혜를 한데 모아 봅시다."

그래서 교수들은 한 자리에 모여, 인간의 뇌의 작용에 대한 토론을 벌일 것을 합의하고 얼굴을 마주쳤다. 당시는 2차 세계대전 중으로, 그 무렵 미국은 일본의 비행기 폭격에 대처하느라 속을 썩고 있었다.

고사포의 탄환이 비행기가 날고 있는 고도까지 올라가려면 상당한 시간이 걸리고, 비행기는 지그재그 비행을 하므로 명중률이 낮았다. 이것을 격추시키려면 복잡한 진로를 미리 예측하여 거기에 포탄을 쏘아 올려야 하는데, 그러자면 인간의 뇌처럼 고도의 작용을 하는 고사포 조준장치가 필요하다고 여긴 미국 당국이 워너의 그룹에 이 연구를 요청했던 것이다.

이 그룹은 '사이버네틱스'라는 새로운 학문을 개척하여 '자동제어'를 중심으로 연구했고, 사이버네틱스를 이용한 고사포는 성능이 우수해서 일본의 폭격기를 대부분 명중시켰다. 컴퓨터의 역사는 여기서부터 시작된 것이다.

2) 발명의 얼굴

(1) 착상발명

착상발명품으로는 +(십)자 드라이버, 철조망, 코카콜라 병, 지우개 달린 연필, 주전자 뚜껑의 구멍, 쌍소켓, 세탁기의 실밥 제거구 등 간단한 아이디어에 의한 것을 예로 들 수 있다.

착상발명은 구조가 매우 단순하기 때문에 초보자라고해도 만들기 쉬울 뿐만 아니라 제조공정도 간단해 상품화도 쉽다. 주로 의장이 이에 해당한다.

(2) 과학적 발명

과학적 발명은 과학의 원리를 응용하거나, 복잡한 메커니즘을 조합하는 것이다. 과학적 발명으로는 컴퓨터, 로봇, 모터, 냉각장치 등 첨단기술을 요하는 발명품으로 상당한 수련과 전문지식이 필요하다. 각 기업에 설치된 기술연구소에서 하고 있는 기술개발이 과학적 발명에 해당된다. 이것에는 특허와 실용신안이 주어진다.

(3) 응용발명

응용발명은 어떤 제품 또는 부품을 다른 제품에 응용하는 것을 말한다. 따라서 과학적 발명보다는 한 단계 낮은 발명으로 약간의 수련과 전문지식이 있으면 가능하다.

응용발명은 이미 있는 물건이나, 부품을 결합하여 새로운 기능이나 용도를 가진 물건으로 탄생시키는 것으로 팽창률이 다른 두 개의 금속판을 결합한 '자동온도 조절장치 바이메탈', 카메라와 현상 기구를 결합한 '폴라로이드 카메라', 손목시계에 캘린더를 결합한 '캘린더 시계' 등을 들 수 있다.

착상발명이 초보자의 영역이고, 과학적 발명이 과학자들의 영역이라면 응용발명은 초보자와 과학자의 공동영역이라 할 수 있다.

(4) 얼굴의 선택

발명의 세 얼굴 중 어떤 얼굴을 선택하느냐는 발명하는 사람의 경험과 지식, 그리고 지혜에 따라 달라진다.

발명은 배우자를 선택하는 것과 같다고 할 수 있다. 수많은 이성 가운데서 자신이 좋아하는 타입을 찾아 사랑을 나누고 결혼을 하듯이 초보 발명가는 자신에게 맞는 분야를 선택하여 꾸준히 연구노력하는 자세가 필요하다.

뚜렷한 목표 없이 이것저것 무작정 손을 대는 것은 바람직하지 않다. 착상발명이 초보자의 영역이라고 하여, 무리하게 과학적 발명에 도전하는 것도 금물이다. 착상발명이냐, 과학적 발명이냐, 응용발명이냐가 중요한 것이 아니라, 얼마나 실용적이며 편리하게 사용할 수 있는 훌륭한 발명을 했느냐가 중요한 것이다.

사람의 얼굴이 제각기 달라도, 자기만의 독특한 개성을 살릴 때 훨씬 돋보이듯이, 자신에게 맞는 분야를 선택하여 성공하는 것이 훨씬 더 지혜로운 일이기 때문이다.

3) 발명의 10계명(1987년 왕연중 창안)

(1) 더해(+) 보자

산수의 가장 기본적 셈이 '더하기(+)'이듯 발명에서도 가장 기본적인 것이 '더하기(+)발명'이다. 글자 그대로 더하기만 하면 된다.

「물건 + 물건」과「방법 + 방법」이 있다. 그것도 새로운 물건과 방법이 아니라, 있는 물건과 방법들을 서로 더하기만 하면 되는 것이다. 너무 쉽고 간단하여, 그것도 발명이냐고 할 사람이 있겠지만 천만의 말씀이다.

창조란 이미 있는 소재를 새롭고, 가치 있게 조합하는 것이다. 휴대용 전화기에 더해진 기능만 해도 수없이 많다.

미국의 가난하고 어린 화가 하이만은 연필 끝에 지우개를 달아 세계적인 발명가가 되었다.

사람의 얼굴에 사자의 몸을 조합시킨 스핑크스도 힘과 지혜의 상징으로 더하기 발명에서 착안한 것을 알 수 있다.

오래된 영화를 보면 전화기의 수화기와 송화기가 따로 떨어져 있는 것을 볼 수 있는데, 지금은 수화기와 송화기를 한데 모아 매우 편리하게 통화할 수 있게 되었다.

이 밖에도 냉동을 겸한 냉장고, 전자 기능을 합친 자동 세탁기, 보온을 겸한 전기밥솥, 라디오에 시계를 더한 제품, 목걸이 겸용 시계, 망치 겸용 장도리, 책장과 책상을 합친 가구, 상의와 하의를 더한 원피스 등 두 가지 물건을 더하여 새로운 기능을 갖게 된 편리하고 유익한 물건은 수없이 많다.

두 가지 기능뿐만 아니라 세 가지, 네 가지 이상의 기능을 더한 발명품이 쏟아져 나오고 있다.

시계에 전자계산과 간단한 오락까지 겸하도록 한 제품이 각광을 받고 있고, 텔레비전에 비디오 기능은 물론 노래방 기능까지 겸한 것, 샴푸에 린스의 효과와 비듬제거를 더한 복합기능의 샴푸도 경쟁하듯 개발되고 있다.

앞으로도 이 '더하기 발명'은 더욱 발전될 추세이다. 수학에서는 하나 더하기 하나는 둘 뿐이라는 정확한 답이 있을 뿐이지만 발명에서의 더하기는 답이 열 개 일수도 있고, 수천 개가 될 수도 있다.

많은 사람들이 무심코 지나치기 쉬운 것들을 한발 앞서 더하기 발명으로 발명가가 될 수 있고, 발명품을 상품화하면 훌륭하게 성공할 수 있는 곳이 발명의 세계다. 주위를 둘러보라. 아직도 '더하기 발명'의 대상이 될 물건은 얼마든지 있을 것이다.

'이것과 저것의 기능을 합하면 어떻게 될까?'

끊임없이 질문을 던져 보라.

발명을 위한 하나 더하기 하나는 무궁무진하다.

(2) 빼(-) 보자

세상에는 빼서 좋아지는 것도 있다.

이것이 발명이다. 그래서 발명은 재미있는 것이다. 많은 사람들이 시도해보지도 않고 포기해버린 발명은 그리 어렵고 힘든 분야가 아니다. 단지 그 기능을 더하는 것만으로도, 또 빼는 것만으로도 충분히 발명이 될 수 있는 것이다.

우리나라의 경우, 발명가의 수는 적지만 한 사람의 발명가가 최하 10건에서 최고 5백건의 발명을 했다. 이것만 보더라도 발명은 기초(기법)만 익히면 누구나 할 수 있고, 발명의 대상도 무궁무진함을 알 수 있다.

실제로 빼기 발명으로 성공한 예를 살펴보자. 일본의 후쿠이에는 주전자 뚜껑에 구멍을 뚫은 발명으로 큰 부자가 되었으며, 다게우찌는 양털을 씻는 물비누에서 인체에 해로운 독성을 빼낸 샴푸의 발명으로 부와 명예를 동시에 거머쥘 수 있었다.

시멘트 블록은 2~3개의 공간이 있다. 그만큼 빼낸 것이다. 따라서 시멘트가 적게 들어가 경제적이고 가벼우면서도 수명은 더 길다.

또 일본의 ㅈ회사는 4칸 회전도어를 1칸 빼낸 3칸 회전도어로 바꿔서 생산하여 많은 돈을 벌었다. 3칸 회전도어는 4칸 회전도어에 비해 제작비도 적게 들지만 편리하기도 하여 ㅈ회사는 큰돈을 벌 수 있었던 것이다.

추를 없앤 시계와 설탕을 넣지 않은 무가당 과일 주스 등도 빼기 발명의 대표적인 예이다. 최근에는 숫자를 빼낸 시계가 젊은 신세대에게 새롭고 독특하다는 이유로 호응을 받고 있다. 또한, 몸에 좋지 않다는 이유로 주부들이 사용을 꺼려왔던 화학조미료에서도 이러한 성분을 빼낸 것이 개발되어 크게 관심을 모으고 있다.

이 밖에도 튜브 없는 타이어와 연통 없는 난로, 저부에 축받이가 없는 믹서 등 수 많은 빼기 발명의 사례가 있다.

주변을 둘러보면 아직도 빼기 발명의 대상이 많이 있다. 없어도 되는 것은 있는 것보다 없는 편이 훨씬 편리하고 경제적이다. 단, 무조건 빼서는 안 된다. 빼내서 모양이 나빠지거나 기능이 떨어지면 곤란하다. 이 점을 명심하여 다시 한 번 주위를 살펴보자.

(3) 모양을 바꾸어 보자

모양을 바꾸는 것도 발명이다.

산업재산권은 특허·실용신안·디자인·상표 등 네 가지로 분류되는데, 여기에서 모양은 디자인에 해당된다. 모양이 아름다운 것도 발명인 것이다. '이왕이면 다홍치마'라는 말이 있듯이 사람들의 아름다움에 대한 관심은 어제나 오늘이나 변하지 않는 것 같다.

세계 각국의 수출시장은 성능 못지않게 디자인도 중요시 하고 있다.

'Made in OO' 시대가 아니고 'Designed in OO' 시대라고 한다. 이탈리아의 가구가 세계에서 가장 비싸게 팔릴 수 있는 것도 디자인이 뛰어나기 때문이라고 한다. 개그맨 주병진이 속옷으로 성공할 수 있었던 것도 디자인 때문이었다.

'보기 좋은 떡이 먹기도 좋다'고 했듯이 디자인이 아름다우면 그만큼 잘 팔리는 상품이 된다는 것은 당연한 일이다.

백화점의 전화기 코너에 가보면 각양각색의 전화기들이 진열되어 있는 것을 보게 된다. 피아노 모양으로 다이얼 대신 건반을 누르거나, 오리 모양의 오리 소리가 나는 전화, 자동차 모양, 투명하여 속이 훤히 들여다보이는 전화, 코카콜라 병 모양, 지구본 모양 등 수많은 모양의 전화가 있다. 색깔 또한 가지가지다. 이는 모두 디자인등록이 된 물건이다.

디자인도 특허청에서 산업재산권 등록을 마치면 특허와 실용신안처럼 독점권리가 주어진다. 잘 팔리는 물건치고 디자인등록이 되어있지 않은 것은 거의 없다.

TV·세탁기·냉장고·선풍기·라디오 등의 가전제품은 물론이고 주전자·물 컵·쟁반·접시·냄비·찻잔에 이르기까지 유명회사는 독점생산을 위해 디자인등록을 해 놓고 있다.

모양을 바꿈으로써 성공한 예는 많다.

유선형 만년필을 만든 파카는 디자인으로 세계적인 '만년필 발명왕'이 되었다. 당시 유선형의 디자인은 비행기와 자동차에까지 채택될 정도로 유행했다. 파카는 전형적인 막대 모양의 만년필을 유선형으로 개선했는데 이것이 대성공을 한 것이다.

성냥갑을 계단형, 반달형, 맥주병형, 팔각형, 원통형 등 1백여 종으로 만든 쓰쓰이는 그로인한 로열티로 연간 1천만 엔이 넘는 큰돈을 벌었다.

디자인은 물건의 모양 뿐 아니라 색깔, 옷감의 무늬도 해당된다. 아름다운 무늬를 도안했으면 그것도 디자인출원이 가능하다.

지금 주변에서 사용되고 있는 물건들을 보다 아름답게 구상해 보라. 현대인들은 더욱 새롭고, 다양한 모양을 원하고 있다.

(4) 용도를 바꾸어 보자

돼지에게 진주란 아무짝에도 쓸모없는 무용지물이다. 반면에 인간에게 진주의 가치는 대단하다.

이처럼 세상에는 이중적 가치를 지닌 것들이 수없이 존재하고 있다. 인간의 손에 의해 가공이 되면, 보석으로서 가치를 인정받는 존재라 할지라도, 돼지우리에 버려져 짓밟히는 일들이 허다한 것이다. 짓밟히고 있는 보석을 찾아내어 새로운 가치를 부여하는 것, 이것이 바로 발명가에게 주어진 소임이며 권리이다.

셀룰로오즈를 원료로 하는 레이온 산업은 한때 세계적인 돌풍을 일으켰었다. 많은 공장들이 레이온을 생산하는데 열을 올렸고, 레이온이야말로 차세대 방직업을 선도하리라 생각했었다. 그러나 1980년에 들어서면서 레이온의 인기는 급격히 떨어졌다. 많은 공장들이 문을 닫고, 창고마다 셀룰로오즈가 가득 쌓인 채 방치되었다.

레이온 산업에 매달렸던 사람들은 피해가 극심했다. 그들에게 남은 희망이란 쓸모없이 자리만 차지하고 있는 셀룰로오즈 뿐이었다.

만약 당신이 이런 위기에 처해있다면 어떤 식으로 이 난관을 헤쳐 나가겠는가?

많은 셀룰로오즈를 헐값에 팔아, 한 푼이라도 건져보려는 것이 최선의 방책일까?

물론 그것도 한 방법이 될 수는 있을 것이다. 하지만 그들이 택한 방법은 그런 소극적인 해결책이 아니었다. 창고에 쌓인 셀룰로오즈의 다른 용도를 찾기 시작한 것이다.

"방직용이 아닌 다른 것에 사용할 수는 없을까?"

이것이 바로 진흙탕 속에서 진주를 찾아내는 발명가이자 기업인의 자세이다.

결과는 물론 대성공이었다. 식물성 셀룰로오즈의 특성을 최대한 활용하여, 다이어트 미용식으로 탈바꿈 시킨 것이다. 옷감의 원료가 삽시간에 다이어트 식품으로 둔갑하다니, 보통 사람의 상식으로는 생각해낼 수 없는 일임에 틀림없다. 칼로리는 전혀 없으나, 포만감을 일으키는 셀룰로오즈는 미용식으로 다시 한 번 각광을 받게 되었고, 서구를 비롯한 각국은 물론 우리나라에까지 상륙하여 사랑을 받고 있다. 진정 가치 있는 변신이다.

토머스 버버리가 세계적인 의류메이커로 자리 잡을 수 있었던 것은 놀랍게도 군인들의 비옷을 코트로 선보인 것이었다. 또 헨리 아처는 실 빠진 재봉틀에서 우표 등 종이에 구멍 뚫는 기계를 발명할 수 있었다.

이렇게 용도를 찾는 작업은 발명역사에 많은 부분을 차지하고 있다. 주방용 클린저를 흰색 타이어의 세제로 활용한다던가, 재고로 쌓인 훌라후프를 비닐하우스의 지지대로 사용하는 것들이 그 예이다. 자칫하면 모두 무관심 속에서 묻혀버릴 것들이다.

다른 용도를 찾는 것은, 간과해서는 안 될 중요한 발명기법중의 하나이다. 하나의 줄기를 가진 나무에서 예측할 수 없는 많은 나무 가지가 뻗어 나가듯, 한 가지 사물에도 많은 특성이 숨겨져 있기 때문이다. 그 숨겨진 특성을 밝혀내 적재적소에 사용할 줄 아는 사람만이 성공을 보장받을 수 있다.

다른 용도를 찾는 연습을 해보자. 다소 억지스런 생각이라도 상관없다.

(5) 크게 또는 작게 해보자

크게 하거나 작게 하는 것도 발명가들이 많이 사용하는 기법중의 하나이다. 디즈니랜드의 미키마우스 인형은 크게 에서 비롯되었고, 우리나라 호돌이 인형은 작게 에서 비롯되었다.

크게 확대하면? 무엇인가 부가하면? 좀 더 시간은 걸리게 하면? 좀 더 횟수를 늘리면? 길게 하면? 다른 가치를 부여하면? 겹치면? 서로 걸치게 하면? 크게 과장하면?… 등이 모두 크게 하는 개념으로 통하니 만큼 무엇이든지 크게 생각해 보는 것도 발명가가 되는 지름길이다.

　최근에 유행하는 세제들을 보면 그 세척 효과를 2~3배로 늘린 소위 절약형 세제들이다. 효과를 2배 이상으로 높인 것들은 세제뿐 아니라, 식초나 화학조미료 등에서도 찾아볼 수 있다.

　또 무엇인가 부가한다는 경우는 지금까지 한 가지 기능으로만 쓰이던 것을 두 가지 기능을 가지는 발명으로 탄생시켰다. 드라이버 라이트가 바로 그것이다. 이 발명은 드라이버 끝에 라이트가 붙어있어서 아무리 어두운 곳에서도 정확히 나사를 조이고 뺄 수 있는 것으로 지금도 전 세계에서 애용되고 있다.

　축소화의 개념 또한 매우 광범위하다. 즉, 압축하면? 소형으로 하면? 무엇인가 제거하면? 낮게 하면? 가볍게 하면? 분할하면? 짧게 하면? 등 수없이 많다.

　요즘은 초소형 차가 보급되어 많은 사람들의 호응을 얻음으로써, 중형차만을 선호하던 경향도 차차 누그러지고 있다. 또한, 트랜지스터라디오는 더욱 더 작아지고, 텔레비전도 불과 10여cm의 휴대용이 등장했으며, 손목시계도 작고 얇은 것이 유행하고 있다.

　인스턴트식품만 해도 이 '작게 하면'의 아이디어에서 비롯된 것이다. 인스턴트식품은 크기가 아니라 시간에 해당된다. 바쁜 현대인을 위하여 조리시간을 짧게 단축시킨 것이다. 이 밖에 접는 우산이나 접는 책상, 접는 레저 테이블 등이 '작게 하면'의 아이디어에서 나온 것이다.

(6) 반대로 해보자

　유도에 역수가 있듯이 발명에서도 역발상이라는 것이 있다. 모양·크기·방향·수·성질 등 무엇이든 반대로 생각해보는 것이다.

　이렇게 반대로 생각하여 성공을 거둔 예는 의외로 많다.

　손이 아닌 발로 방향을 조절하고, 손으로 전 후진을 하는 세 발 자전거.

　이것은 세계 최초로 우리나라의 ㅇ사장이 발명한 것이다 ㅇ사장은 손과 발이 하는 일을 반대로 하여 어린이들의 호기심을 끌었다. 기존의 것을 반대로 생각하여 만든 이 발명은 크게 성공을 하여 일본에 생산 전량을 수출하기도 했다.

일본에서도 이런 경우가 있다. 일본에서는 공중에서 회전하는 팽이가 발명되어 수십만 개가 팔렸다고 한다. 기존의 팽이가 땅에서만 회전한 것을 반대로 하여 공중에서 돌도록 한 이 팽이는, 팽이의 축을 자석으로 만들고 실로 매단 쇠고리에 이 팽이의 축을 흡착시키면 공중에서도 마찰이 적게 돌아가도록 한 것이다.

이미 오래 전에 '로꾸거' 라는 노래까지 유행하고 있다. 혹시 '바로크' 는 크로바의 반대일지도 모를 일이다. 주위를 살펴보면 이같이 익살스럽고 재미있는 발명이 의외로 많다. 벙어리장갑은 양말에서 비롯되었고, 다섯 발가락을 분리한 양말은 장갑에서 비롯되었다.

현대인은 독특하고 새로운 것을 원하고 있다. 따라서 기상천외한 발명이 성공할 확률은 매우 크다.

요즘 많은 대기업에서 '반대로 아이디어로 만들어진 시계' 를 벽에 걸어놓고 있다. 시계의 숫자 배열을 반대로 한 시계, 시침과 분침의 길이가 반대인 시계, 시계 초침을 비롯해서 분침, 시침이 모두 반대 방향으로 회전하는 시계 등은 사람들의 호기심을 자극하며 호응을 받고 있다고 한다. 특히 고정관념을 깨는 효과도 있다고 한다.

일본의 마쓰시다전공 주식회사는 콘센트를 긴 선상으로 하여 천장에 붙여놓고 어디에서나 전기를 빼낼 수 있도록 하였다. 이리하여 전선을 사방으로 깔아 배선해야 하는 불편과 혼선으로 불결해지는 것을 동시에 해결했다.

이것은 짧은 콘센트를 반대로 아주 길게 하여 성공한 좋은 예이다.

'반대로 생각하는 아이디어!'

이 방법은 앞으로 더욱 크게 이용될 것이다. 주변을 살펴보며 반대로 해서 더 좋아질 것들을 찾아보자.

(7) 아이디어를 빌려보자

차용법이라고 불리는 이 기법은 최근 아주 많이 이용되고 있다. 남의 아이디어를 빌린다는 것은 가장 신속한 방법으로 그다지 많이 생각하지 않아도 되는 장점이 있다.

그러나, 도가 지나치면 단순한 모방이지 발명이 아님을 명심해야 한다. 즉 아이디어를 빌려서 새로운 발명을 하는 것은 장려하고 있다. 실용신안제도가 바로 그것이다. 이미 특허로 등록되어 있는 기술이라도 보다 좋게 개선하면 실용신안등록이 가능하다. 이 때문에 특허를 대발명이라고 하고, 실용신안을 소발명이라고 이름 하기도 한다.

아리스토텔레스는 그의 '시학'에서 "모방은 인간이 어린 시절부터 갖고 있는 것이며, 인간이 세상에서 가장 모방을 잘하는 동물로서, 처음에는 이 모방에 의해서 배운다.'고 주장했다.

컴퓨터 소프트웨어산업의 선두주자인 마이크로소프트사도 종종 다른 이들의 발명으로 경제적인 이득을 얻었다는 비난을 받은바 있다. 1991년 뉴욕 타임즈는 "오랫동안 업계의 여타 기업들은 마이크로소프트사의 연구 개발실로 봉사해 왔다."는 경쟁사들의 불만을 보도했다. 한 분개한 경쟁업자는 "마이크로소프트사가 새로 개척한 것은 하나도 없을 겁니다."라고 말하고 있다. 이처럼 우리가 컴퓨터분야의 최고기술을 갖고 있다고 인정하는 마이크로소프트사도 남의 것을 모방하여 이룩한 것이다.

실제로 모방발명의 비용은 발명비용의 65%면 족하다는 연구 결과도 있다.

또 발명왕 에디슨도 "타인이 많이 사용한 신기하고 흥미 있는 아이디어를 끊임없이 찾는 습관을 기르는 것이 곧 발명의 시작이다."라고 말한 바 있다.

일본의 무까이회사 ㅅ사장은 '먹이를 먹으러 들어가면 나오지 못하는 쥐틀'이라는 남의 아이디어를 빌려 같은 원리의 바퀴벌레 틀을 발명하여 6억엔 어치나 팔았다. 또한 같은 일본인 오오노씨는 어린 시절에 '파리가 붙으면 죽는 끈끈이 종이'를 보고 후일 그 아이디어를 빌려 '바퀴벌레가 달라붙으면 죽는 끈끈이 종이'를 만들어냈다. 역시 7만억 엔이라는 거액을 벌었다고 한다.

이처럼 발명의 세계에서는 남의 아이디어를 빌리는 것이 많은 이익을 주기도 한다. 중요한 것은 단순히 남의 아이디어를 빌리는 것에서 그쳐서는 안 된다. 남의 아이디어에서 힌트를 얻어 그 아이디어를 응용하여 좀 더 새롭고 편리하게 발명을 해야 한다.

또한, 원 발명자에게 폐를 끼쳐서는 안 된다. 여기에서 폐의 범위는 특허법에서 규정하고 있다. 따라서 발명가가 되려면 특허법에 관한 책을 한두 권쯤 필독해 두는 것도 잊어서는 안 되겠다.

(8) 재료를 바꿔보자

대부분의 사람들은 발명을 어렵게 생각하지만, 알고 보면 너무나 쉽고 재미있다. 물건의 재료만을 바꿔도 큰 발명이 될 수 있다. 단지 재료만을 바꿨는데? 하고 의문점을 제기하는 사람도 있겠지만, 그 의문점대로 단지 재료만을 바꾼 것으로도 발명이 되는 것이 사실이다.

종이컵·나무젓가락·플라스틱그릇·비밀음료용기 등 수많은 발명이 재료만을 바꾼 발명품이다. 몇 해 전에 선보인 전분 이쑤시개도 재료를 바꾼 멋진 발명이다. 또 2003년 1월 '미국 발명품의 왕'으로 선정된 칫솔도 1938년 2월 24일 다국적 화학기업인 듀폰이 기존의 돼지털을 나일론으로 재료를 바꿔 만든 것이었다. 장갑도 고무장갑·가죽장갑·털장갑·나일론 장갑·비닐장갑·면장갑 등 여러 재료의 장갑이 있고, 벽돌로 흙벽돌·시멘트벽돌·연탄재벽돌 등 많은 재료의 벽돌이 있다.

요즘은 마당이나 좁은 골목 어디에서나 흔히 보고 즐길 수 있는 배드민턴이 60여년 전만 해도 아무나 할 수 없는 고급스포츠에 속했다. 배드민턴공의 깃털을 새의 깃털에서 채취하여 그 값이 매우 비쌌기 때문이다. 칼튼은 이것의 재료를 값싼 플라스틱 깃털로 바꿔서 일약 '스포츠용품의 황제'로 불리게 되었다.

재료를 바꿀 때는 엉뚱한 것도 좋다. 엉뚱한 재료를 생각해서 가장 성공한 예로는 종이컵과 종이음료용기를 들 수 있다.

종이는 물에 젖는다. 이 때문에 누구도 종이로 컵과 용기를 만들 생각은 하지 않았었다. 아무도 생각하지 않는 그런 기발한 아이디어에서 비롯된 발명이야말로 만인의 사랑을 독차지할 수 있다. 최근 들어 세계 각국의 발명가와 과학자들은 신물질 개발에 열을 올리고 있다. 그리하여 세라믹을 비롯해서 우리나라에서만도 불에 타지 않는 물질·깨지지 않는 유리·눈에 보이지 않는 물감 등이 계속 발명되고 있다.

그러나, 무조건 재료를 바꾼다고 발명이 되는 것은 아니다. 재료를 바꿈으로써 더욱 편리하고 유용해서 소비자의 사랑을 받을 수 있는 것이라야 성공한 발명이라 할 수 있다.

(9) 불가능한 발명은 피하라

세계의 발명계는 '발명의 3대 불가능 분야'를 이렇게 기록하고 있다.

초보 발명가들에게 실용적이 아닌 꿈같은 이상적인 발명은 금물이다. 그중에서도 쇳덩이로 금덩이를 만들겠다는 연금술 계통, 사람이 늙지도 죽지도 않게 하겠다는 불노장생 약의 개발 계통, 영원히 움직이게 하겠다는 영구기관 계통의 발명은 아예 시작조차 하지 않는 것이 현명한 처사라 할 수 있다.

이상은 모든 인류의 하나같은 소망으로, 언젠가 실현될지 모르지만 현실적으로 불가능한 것들이라 할 수 있다. 이 3대 불가능 분야에 도전했던 발명가들은 모두 실패했다.

나폴레옹은 '내 사전에 불가능이란 없다'는 말로 정벌의 역사를 써 나갔지만 우리가 살아가는 현실 속에서는 불가능한 일이 많다.

이에 대처하는 가장 현명한 방법은 불가능한 일은 하지 않는 것이다. 설령 불가능한 일을 하게 되었다고 해도 빨리 불가능임을 인정하고, 다른 일을 해야 시간의 낭비를 줄일 수 있다.

발명이란 꿈과 이상이 아니다. 반드시 실용적이어야 한다. 그러나 발명가들이 종종 이것을 지키지 않아 실패하기도 한다.

전등을 발명하고 전화, 축음기, 영화 등 다방면에 걸쳐서 뛰어난 업적을 남긴 발명왕 에디슨조차도 초창기에는 이런 실수를 범했다. 그는 평생 동안 1919건의 특허를 획득했는데 그 중에 '투표기록기'라는 것이 있다.

어느 날, 에디슨은 국회에서 투표하는 과정을 보게 되었다.

　'국회가 투표를 하는데 너무 많은 시간을 낭비하고 있어. 그 시간을 절약하면 더 많은 일을 할 수 있을 터인데…'

에디슨은 생각 끝에 투개표 과정을 자동으로 처리할 수 있는 투표기록기를 만들었다. 그것은 에디슨이 심혈을 기울여 만든 작품으로 국회의 투표시간을 획기적으로 줄이는데 크게 기여할 것으로 기대되는 발명품이었다. 그는 의기양양하게 투표기록기를 들고 국회로 갔다. 그러나 에디슨은 뜻밖에도 거절의 말을 듣고 물러 나와야 했다.

　"이 기계를 사용하면, 소수당의 무기인 투표 연장을 막게 됩니다. 그러면 다수당의 횡포를 견제할 수 없게 됩니다. 따라서 국회에서는 사용할 수 없습니다."

심혈을 기울여 제작한 투표기록기가 아무 소용이 없게 되는 순간이었다. 이 일은 에디슨에게 커다란 충격을 주었고, 그래서 그는 스스로 굳게 다짐했다.

'이제부터는 세상이 필요로 하는 물건만을 만들어야지!'

그 후, 에디슨은 철저하게 실용적인 발명품만을 만드는데 힘을 쏟았다.

에디슨의 뼈아픈 경험이 말해주듯이 실용성이 없는 발명은 시간낭비일 뿐이다. 사회와 소비자들의 취향을 외면하고, 자신의 생각만이 절대적이라 믿고 만든 발명품이라면 팔릴 리가 없다. 그런 발명은 개인적으로나 사회적으로나 큰 손실이다.

불가능한 발명은 피하자. 원시시대에서 문명시대로 접어든 지금까지 발명의 3대 불가능분야에 도전한 발명가들이 하나같이 패가망신했다는 것을 다시 한 번 기억하자.

(10) 폐품도 이용해보자

요즘 들어 부쩍 재활용에 대한 운동이 활발하게 전개되고 있다. 발명계에서도 이 재활용의 방법은 폭 넓게 이용되고 있다. 폐품을 이용하여 발명을 해보자. 폐품을 이용한 발명의 기법처럼 쉬운 기법도 드물다. 폐품은 어떤 형태와 기능이든 그 형태와 기능을 유지하고 있기 때문에 창작이 아닌 개선만으로도 목적(발명)을 달성할 수 있기 때문이다.

여기에서 가장 중요하게 구별해야 할 것은 폐품은 그대로 사용하면 중고품이고, 개선하면 발명품이라는 사실이다. 이제 폐품의 활용은 자연과 나아가 우리의 지구를 지키기 위해서도 최대한 이루어져야 한다. 그리고 그 방법은 발명에서 찾아야 한다.

인류가 만든 약품 중에서 가장 팔렸다는 아스피린의 발명도 폐품에서 비롯되었고, 녹이 슬지 않는 쇠도 폐품처리장에서 힌트를 얻어 발명되었다.

요즘 폐품을 활용한 상품이 늘어나는 것은 발명가들의 노력 덕분이다. 지구를 지키는 사람들이다. 폐품의 활용에는 명석하고 섬세한 두뇌의 회전이 필요하다. 그 폐품의 성질 또는 기능을 파악하고, 아무리 하찮은 부분도 그냥 지나쳐 버리는 우를 범해서는 안 된다.

더할 것은 없는가? 뺄 것은 없는가? 모양을 바꿔볼 필요는 없는가? 용도를 바꿔볼 필요는 없는가? 용도를 바꿔볼 필요는 없는가? 좀 더 크게 해 보거나 작게 해 볼 필요성은 없는가? 등등 가능한 한 여러 각도에서 생각해야 한다. 때로는 미생물의 이용까지도 생각해야 한다.

경제대국으로 손꼽히는 일본은 발명이 그 토대가 되었다. 그 중에서도 폐기물을 이용한 발명은 전후 일본이 오늘의 기반을 마련하는데 결정적인 역할을 했다.

한 예를 들어보자. 일본도 1960년대에는 우리나라처럼 지하자원이 부족하다. 그래서 생각해낸 것이 석탄폐기물인 타르$^{(Tar)}$에서 아닐린$^{(Aniline)}$을 채취한 것이고, 버린 가죽으로 장갑이나 지갑을 만든 것이었다. 지금 생각하면 대수롭지 않은 것 같지만, 이것으로 벌어들인 돈이 적지 않았으며, 이 같은 사례는 수를 헤아리지 못할 정도로 많다.

이 같은 폐품을 이용한 발명은 우리 주변의 작은 생활필수품에서 대그룹 공장의 첨단기술에까지 그 영역을 넓혀 가고 있다. 이제 폐품을 단지 폐품으로 볼 것이 아니라, 하나의 개발 대상으로 여기고 주의 깊게 관찰, 개선의 여지를 발견하려는 노력이 필요한 것이다.

4) 브레인스토밍

(1) 기 원

브레인스토밍은 1941년 BBDO 광고대리점의 '알렉스 F 오스본'이 제안한 '아이디어를 내기 위한 회의기법'에서 비롯된 것으로, 미국과 일본에서는 이미 60여 년 전부터 기업의 발명·발견기법으로도 활용되고 있다.

특히 일본에서는 많은 기업이 이 기법을 이용하여 집단으로 새로운 발명을 해냈고, 학교(초, 중, 고, 대)에서는 과학반 운영에 활용하여 놀라운 성과를 올린 것으로 보고 되어있다.

우리나라에서는 HI합섬이 이 방법을 처음으로 도입하여 큰 성과를 올린 바 있으며, 학교는 부산에 있는 KS중학교 발명, 과학반이 처음 활용하여 놀라운 성과를 올린 것으로 보고 되어있다.

(2) 활용범위

브레인스토밍의 활용범위는 실로 넓다 할 수 있다.

일본에서는 회사의 집단 기술 개발 및 학교의 과학반 운영은 물론 각종 정책회의 및 가족회의에까지 활용되고 있다.

(3) 정의

한마디로 말하면 몇 사람인가의 사람, 즉 작은 집단이 한가지의 문제를 놓고 서로 아이디어를 내는 일종의 회의기법이다. 따라서 문제 해결(발명·발견)의 단계 중 아이디어를 낸다고 하는 것을 중심으로 한 테크닉이라 할 수 있다.

원래의 의미는 정신병 환자의 두뇌 착란상태를 가리키는 것이지만, 이것이 전용되고 이 종류의 회의에서 아이디어를 내는 것을 가리키게 되었다.

집단의 효과를 살리고 아이디어의 연쇄반응을 내자고 하는 것이다.

(4) 규칙

지금까지의 회의도 따지고 보면 여러 사람이 모여, 하나의 문제에 대하여 서로 아이디어를 내고 있었다 할 수 있다. 그렇다면 지금까지의 회의와 브레인스토밍과의 차이점은 무엇인가?

이것이 브레인스토밍의 핵심이자 생명이라고 할 수 있다.

브레인스토밍에는 반드시 지켜야 할 4가지 규칙이 있고, 이 규칙은 어김없이 지켜져야 한다. 이 때문에 지금까지의 회의와는 분위기가 다르고, 그 결과도 높이 평가되고 있다.

그러면 그 4가지 규칙은 무엇인가?

첫째, 좋고 나쁘다는 비판 금지
둘째, 자유분방한 분위기 보장
셋째, 질보다는 양을 구함
넷째, 타인의 아이디어의 개선·결합을 구함 등이다.

위 4가지 규칙 아래 10명 정도의 집단이 한 가지 문제를 놓고 아이디어를 내는 것이다.

지금까지의 회의는 상대방의 의견(아이디어)에 비판을 하는 사람이 많아 갑론을박의 논쟁을 하는 경우가 대부분이지만, 브레인스토밍에서는 있을 수 없다. 만약 비판을 하는 사람이 나오면 리더(진행자)가 그것을 억제하기로 되어 있다.

(5) 4가지 규칙을 둔 이유

브레인스토밍의 구체적인 설명에 앞서 왜 4가지의 규칙을 만들고, 어김없이 지키도록 한 이유를 항목별로 알아보기로 하자.

가) 좋고 나쁘다는 비판 금지

인간은 대부분 자기중심으로 사물을 생각하기 때문에 무엇인가 다른 사람이 아이디어를 내려고 하면 곧 흠을 잡는다. 흠을 잡히면 실망한다. 실망하면 모처럼 나오려고 하던 아이디어까지 기어들어가 버린다. 그렇지 않으면 반대에 외고집이 되어 말다툼을 한다.

갑론을박으로 양쪽이 흥분하면 감정적으로 되기 때문에 심리영역은 극히 좁아진다. 이것 또한 아이디어가 나오지 않게 된다. 반대로 비판이 없으면 의연히 아이디어를 내게 되며, 따라서 아이디어 수도 많아진다.

미국의 시험 결과에 따르면 비판이 있는 경우가 없는 경우보다 아이디어 생산성이 10분의 1이하로 떨어진 것으로 밝혀졌다.

나) 자유분방한 분위기 보장

이것은 보통의 사고법이 아닌 비약적인 아이디어를 강력하게 요구한다는 의지의 표현이다. 아울러 첫 번째 규칙인 비판금지를 보장하는 것이기도 하다.

기발한 안(案), 의외성이 있는 아이디어를 자유분방하게 내라. 그것은 두뇌를 강하게 자극한다. 따라서 모두의 머리에 영감의 불을 붙이게 된다.

히로시마를 폐허로 만든 원자폭탄을 축소하면 성냥 곽 정도의 것에 들어간다. 이런 아이디어도 나온다. 이것은 자유분방한 머리의 작용이다. 이처럼 때로는 엉뚱한, 때로는 기발한 아이디어는 자유분방한 분위기에서만 가능하다고 오스본은 힘주어 강조하고 있다.

다) 질보다는 양을 구함

'아이디어는 양이다. 양에 비례해서 좋은 아이디어가 나온다.' 오스본의 주장이다.

발명왕 에디슨은 단 하나의 아이디어를 얻기 위해 10건의 대학 노트를 새까맣게 만들었다고 한다.

'나쁜 아이디어도 안 나오는 사람에게서 어떻게 좋은 아이디어가 나오겠는가. 먼저 나쁜 아이디어라도 좋으니 50개든 100개든 내어보라. 그 때부터 시작된다.'

진주왕 미끼모또의 주장이다.

아이디어는 좋은 것만 내보자고 잔뜩 도사리면 도리어 나오지 않는다. 양을 많이 내고 있는 동안에 기발한 좋은 아이디어가 나온다.

그러나 학자들 중에는 아무리 양이 많아도 질이 좋지 않으면 안 된다며, 브레인스토밍을 반대하는 사람도 있다. 그러나 그 학자는 브레인스토밍을 실제로 해본 일이 없는 학자로서 일반적인 견해요 탁상공론이다.

라) 타인의 아이디어의 개선·결합을 구함

이것은 타인이 여러 가지로 아이디어를 냈지만, 그것을 받아서 좋은 점을 결합시켜, 자기 아이디어로 내도 좋다는 것이다.

(6) 방 법

브레인스토밍의 참석 멤버(참석자)는 몇 명 정도가 가장 좋은가? 이 문제는 오랫동안 논의된 문제다. 어떤 경우에는 100명쯤의 멤버를 모아 한 적도 있다. 미국 정부 훈련계에서는 200명의 멤버를 모아 성공한 경우도 있다. 그러나 미국과 일본에서 60여년에 걸쳐 활용해 본 결과 멤버는 12명이 가장 좋은 것으로 밝혀졌다. 이 가운데 1명은 리더가 되고, 다른 1명은 세크리터리(기록자)가 된다. 리더는 회의를 진행하고, 세크리터리는 나온 아이디어를 기록한다. 나머지 10명은 오로지 아이디어만을 낸다.

그러면 멤버는 어떻게 구성하는가? 10명 중 5명은 레귤러 멤버(기존 참석자), 나머지 5명은 게스트(초대 참석자)로 구성한 경우가 이상적이다. 이는 손님, 즉 브레인스토밍에 대해서의 게스트들을 언제나 브레인스토밍의 멤버로 되어있는 사람들과 섞으면 게스트로부터의 각도가 다른 기발한 아이디어가 나오며, 레귤러 멤버는 활발히 아이디어를 내는 역할을 할 수 있기 때문이다.

언제나 같은 멤버로 브레인스토밍을 하고 있으면, 점차 틀에 박힌 아이디어만 나오게 된다. 그러므로 게스트는 때에 따라 바꾸어가지 않으면 안 된다. 회의장은 리더를 중심으로 ㄷ자형으로 책상을 배치하고, 멤버들 서로가 그다지 익숙하지 않으면 명찰을 준비한다. 오스본의 브레인스토밍에서는 전원이 목에 커다란 명찰을 걸었다고 한다. 세크리터리는 리더 옆에 위치하여 나온 아이디어를 기록한다.

기록은 멤버들 모두가 볼 수 있는 곳에 커다란 종이를 붙이고, 매직잉크로 하는 것이 좋다. 이는 타인의 아이디어 개선·결합을 위해서이다.

세크리터리는 발언자의 의견을 잘 듣고, 능숙하게 정리하여 기록해야한다. 리더와 호흡이 맞으면 리더가 발언자의 의견을 정리하여 세크리터리에 건네는 것도 한 방법이다. 발언자는 때로 빙빙 돌려 발언을 하는 수가 있으므로 그것을 능숙하게 정리하기 위해서는 어느 정도의 기술이 필요하다.

아이디어가 활발히 나올 때에는 세크리터리가 따라 쓰지 못할 때가 있다. 이런 경우에 리더는 발언을 적당히 세이브 할 필요가 있다. 만약 한꺼번에 많은 발언자가 나타날 때에는 한쪽 끝에서부터 순서대로 발언시키며, 그를 위해서는 발언자에게 손을 들게 하여 발언의 의사 표시를 시키지 않으면 안 된다.

개최시간은 언제라도 좋다. 그러나 멤버의 기분이 될 수 있는 대로 좋은 때가 좋으므로 다과를 겸하는 수도 있다.

브레인스토밍을 시작함에 있어서 리더는 4가지 규칙부터 설명한다. 크게 써서 벽에 붙이는 것도 좋은 방법 중의 하나이다. 만약, 이 규칙을 어기는 사람이 있으면 즉시 경고를 한다. 경고는 벨을 울리거나 노랑카드를 흔드는 등 유머러스하게 하여 자유분방한 분위기를 헤치지 않도록 해야 한다.

발언자가 많아서 좀처럼 자기 차례가 돌아오지 않으면 생각하고 있던 아이디어를 잊어버리는 수가 있다. 이런 때에는 리더가 메모를 권한다. 또 한사람의 멤버가 기다랗게 아이디어를 계속해서 내버리면 뒤의 멤버의 베이스를 무너뜨리므로, 리더는 공평히 발언할 수 있게끔 고려해주지 않으면 안 된다.

때로는 거의 아이디어가 나오지 않을 때도 있다. 이와 같은 염려가 있을 때는 리더는 미리 아이디어를 활발히 낼 수 있는 멤버를 두세 명 섞어두면 좋다. 이들 두세 명의 멤버가 활발히 아이디어를 내면 나머지 멤버들도 따라서 아이디어를 내기 때문이다.

또 도중에서 아이디어가 나오지 않을 때도 있다. 이와 같은 염려가 있을 때는 리더는 미리 아이디어를 활발히 낼 수 있는 멤버를 두세 명 섞어두면 좋다. 이들 두세 명의 멤버가 활발히 아이디어를 내면 나머지 멤버들도 따라서 아이디어를 내기 때문이다.

또 도중에 아이디어가 나오지 않을 수도 있다. 이런 때에는 리더가 두 세 개의 힌트를 준다. 전 멤버의 기분이 궤도에 오르기까지 리더는 온갖 노력을 하지 않으면 안 된다.

일반적으로 혼자서 생각하고 있을 경우에는 나오기 쉬운 아이디어가 먼저 나와 버리므로 시간이 지남에 따라서 아이디어의 수는 저하된다. 그러나 브레인스토밍의 경우는 연쇄반응의 작용과 분위기의 북돋음이 있으므로 오히려 시간이 지남에 따라 아이디어가 활발히 나오는 것이다.

리더가 익숙하지 않은 경우에는 처음에 아이디어가 나오지 않는 것을 두려워하여 곧 그만 두는 경우가 있는데, 온갖 수단을 강구하여 버티면 매우 많은 아이디어가 시간의 경과와 더불어 나오게 된다.

브레인스토밍을 처음 시도하는 사람들에게 부탁하건데, 처음에 아이디어가 나오지 않는 것을 두려워해서는 안 된다.

브레인스토밍이 종말에 가까워지면 아이디어는 거의 나오지 않는다. 이때 리더는 '이제 10개의 아이디어만 더 내고 마치겠습니다.'는 식으로 분위기를 살린다. 기묘하게도 10개만 내라고 하면 반드시 10개 이상이 나오는 것이 브레인스토밍이다.

브레인스토밍의 시간은 15분 내지 1시간이 알맞다. 문제에 따라 다르지만 1시간쯤 하고나면 20개~400개의 아이디어가 나온다.

인원이 많을 때는 몇 개의 팀으로 나눠 경쟁으로 아이디어를 내면 더욱 효과적이다. 테이프 레코더가 사용될 때에는 세크리터리의 기록을 뒤에 체크하는데 사용할 수 있다.

리더는 브레인스토밍과 개인기법을 병용할 수도 있다. 아이디어가 막힐 때에는 몇 분간쯤 개인적으로 생각할 시간을 준 후 브레인스토밍에 들어간다.

(7) 리더의 자격 및 유의사항

　　브레인스토밍은 리더의 책임이 막중하다. 브레인스토밍이 잘 진행되는 것도, 그렇지 못하는 것도 모두 리더의 책임이라 할 수 있다.
　　리더는 브레인스토밍에 앞서 문제(브레인스토밍의 주제)를 충분히 분석해 둘 필요가 있다. 일반적인 문제로서가 아니고 구체적인 문제로 내지 않으면 브레인스토밍이 잘 되지 않기 때문이다.
　　예를 들면 '산업 재해를 없애는 방법'이라는 문제의 제출 방법은 너무 일반적인 것이다. 이것을 분석해보면 '부주의에서 오는 재해를 없애려면 어떻게 하면 좋은가?'라든지, '안전장치를 사용하지 않기 때문에 일어나는 재해를 없애려면'과 같은 몇 개의 구체적인 문제로 나눌 수 있다.
　　리더는 이와 같은 구체적인 문제를 여러 각도에서 생각해 두어야 한다. 이를 위해서는 앞으로 설명될 각종 개인 및 집단 기법을 충분히 익혀야 된다.
　　문제가 일반적으로 너무 큰 경우에는 아이디어의 연쇄 반응이 일어나기 어렵다. 이런 의미에서도 문제는 구체적으로 나누어둘 필요가 있다.
　　또 브레인스토밍에서는 하나의 문제만 내야하며, 문제는 가능한 한 브레인스토밍의 2일 전쯤에 멤버들에게 알릴 필요가 있다. 이렇게 함으로써 멤버들이 충분한 아이디어를 생각해 둘 수 있기 때문이다. 오스본은 브레인스토밍에 필요한 기초지식을 사전에 모든 멤버들에게 알려줄 것을 권장하고 있다.
　　다음과 같은 메모가 그 일례이다.

　　　×××　귀하
　　　브레인스토밍에 관하여
　　　일　　시 :
　　　장　　소 :
　　　문　　제 :
　　　주의사항 :
　　　문제의 구체적인 예 :

　　이와 같은 메모를 사전에 건네주면, 건네주지 않은 경우에 비해 2배 이상의 아이디어가 나온다.

브레인스토밍에 들어갈 때 분위기가 북돋아 있지 않다고 생각될 때에는 워밍업을 하는 것도 좋다. 워밍업은 투수가 어깨를 부드럽게 하기 위해 부담 없이 몇 개의 공을 던져보는 것과 같이 아주 쉬운 문제를 내고, 아이디어를 내보는 것이다.

예를 들면 '종이는 무엇에 쓰이는가?'라든지 '얼음을 어떻게 먹는 것이 좋은가?' 등과 같은 문제이다. 이런 문제를 내고, 아이디어를 내다보면 분위기가 북돋아지므로, 이 때 본 문제를 내고 브레인스토밍을 시작하는 것이다.

따라서 리더는 브레인스토밍에 앞서 2~3개의 워밍업용 문제를 준비해야 한다.

(8) 개발전략

지금까지 설명한 것은 아이디어의 일반적인 문제였다. 그러나 이 브레인스토밍의 기법은 물건의 문제에도 적용시켜 생각할 수 있다.

A회사가 어떤 종류의 주전자를 만들고 있었다고 하자.

동업 타사가 잇달아 좋은 주전자를 만들어 내었으므로, A회사의 주전자 매출이 악화되었다. 여러 가지 원인을 조사해 보니, 주전자 그 자체가 낡아빠져서 이제는 감각이 현대인에게는 맞지 않다는 것을 알게 되었다. 그래서 이것을 개선하는데 2가지의 생각을 했다.

하나는 지금까지의 주전자를 손보아 다소라도 좋게 하는 것이다. 이 경우는 근본적인 개선은 하지 않고, 원형은 어느 정도 남겨놓고, 디자인이나 기능은 조금 바꾸도록 했다. 또 하나는 지금까지의 주전자에서 완전히 떠나서 근본적인 개선을 행하는 방법이었다. 다시 말하면 신제품을 내려는 것이었다.

앞의 경우는 '이 주전자를 개선하려면 어떻게 하면 좋을까?'라든가, '이 주전자의 매력을 증가시키려면 어떻게 하면 좋을까?'와 같은 문제를 제출하면 된다. 그렇게 하면 확실히 개선된 주전자를 만들 수 있게 될 것이다.

유선형이며 아름다운 주전자를 만들 수 있게 됨은 우선 틀림없을 것이다. 그러나 근본적으로는 그 전의 것과 커다란 차이가 없는 것이 돼버린다.

이것은 주전자뿐만이 아니다. 토스터의 개선이든 전기세탁기든 마찬가지다. 근본적인 개선을 하려고 하면 기존의 개념으로부터 벗어날 필요가 있다. 그러므로 물건의 개선으로 신제품을 내려고 할 때에는 문제의 제출에도 충분히 주의하지 않으면 안 된다.

그런 경우에는 지금 개선하려 하고 있는 물건의 목적을 생각해서 추상의 사다리를 일단 위로 올라가면 좋을 것이다. 주전자의 목적은 '물을 끓이는 것'이다. 따라서 '물을 끓이는 데는 어떻게 하면 좋을까?'라고 하는 문제를 내면, 지금까지의 개념에 사로잡히지 않는 근본적인 아이디어가 나온다.

한편 물건의 문제는 개인으로 생각하는 편이 좋을 경우도 있지만 그렇다고 해서 브레인스토밍을 할 수 없는 것은 아니다.

다음의 예는 미국의 S전기회사가 자사 제품인 전기토스터의 개량을 브레인스토밍한 결과이다.

수많은 아이디어가 나왔다. 이중에는 쓸모없는 아이디어도 다수 있지만, S전기회사는 이 브레인스토밍으로 훌륭한 전기 토스터를 생산할 수 있었다.

- 구운 샌드위치를 위한 삽입 장치
- 자동 빵 절단기를 붙인다.
- 빵 이외 것도 구울 수 있도록 한다.
- 구워지는 정도가 알 수 있게끔 플라스틱을 사용한다.
- 빵이 구워지면 음악이 나오는 연구
- 천연색의 토스터, 저면에 쟁반을 붙인다.
- 빵 부스러기를 받는 쟁반
- 토스터에 열의 강도를 바꾸는 장치를 붙인다.
- 청소를 하기 쉽게 한다.
- 급온기 부착
- 버스시각까지 5분간 이라는 레코더를 붙인다.
- 신축 자제식 코드를 붙인다.
- 구워지면 툭 튀어나오는 장치의 개량
- 식은 빵을 다시 따스하게 하는 측면장치
- 빵을 잘게 자르는 장치
- 끊일 새 없이 컨베이어 벨트로 흘러가게 하는 컨트롤장치
- 구부러진 빵을 똑바로 고친다.
- 커피포트를 주스 넣는 것과 결합한다.

- 코드의 길이의 선택 조절
- 사이즈를 작게 한다.
- 색을 붙인다.
- 전기 대신 가스를 쓴다.
- 포터가 붙은 토스터
- 플레이트에 적외선을 사용한다.
- 몇 개의 방의 벽에 우묵한 곳을 만들어 토스터를 두도록 한다.
- 토스터, 기타 몇 가지의 전기기구를 한 개의 코드만으로 전원에 연결되도록 한다.
- 빵의 내부로부터 바깥으로 향해 구워주도록 한다.
- 수전성 빵구이
- 생빵 → 빵 → 토스터(자동장치)
- 건전지를 사용한 토스터
- 꼭대기에 조그만 빵 넣는 상자
- 빵에 머리 문자가 박히는 토스터
- 토스터에 수레를 붙인다.
- 토스터의 원격 제어장치
- 깔깔하게 하지 않고 빵을 다시 데우는 방법
- 꼭대기에 버터를 묻히는 장치
- 버터를 토스터에 불어 붙인다.
- 토스터가 빙빙 회전한다.
- 구워지는 색을 자동 조절하는 눈금을 붙인다.
- 굽는 시간을 단축하거나, 온도를 조절하는 스위치
- 고기를 굽는데도 알맞게
- 토스터 절단기를 붙인다.
- 아이들을 위해 카보이를 붙인다.
- 스토브 속에 장치한다.
- 전기쟁반세탁기 속에 장치한다.
- 보조 석유 버너를 장치한다.
- 스프에 넣는 튀김 빵(구운 빵)의 자동제조기
- 프렌치토스트 만들기
- 토스터에 광고용 스페이스를 둔다.

- 스페이스를 두지 않도록 카운터 속에 넣는다.
- 전기렌지 속에 넣는다.
- 휴즈를 붙인다.
- 차단기를 장치한다.
- 쥐를 피할 수 있는 토스터
- 유리제 토스터
- 여러 가지 다른 색을 쓴다.
- 빵 부스러기 청소용의 진공청소기를 붙인다.
- 교체용 히터
- 공기 속에 떠 있는 토스터, 구우면 떨어지는 기술 토스터
- 라디오를 붙인다 등등.

브레인스토밍은 이처럼 짧은 시간에 수많은 아이디어를 낼 수 있는 것이 특징이다. 아주 오래 전부터 미국과 일본 등 선진국에서 브레인스토밍을 각종 회의에 적용하고 있는 이유도 바로 여기에 있다.

5) 고든법

브레인스토밍에서는 가능한 한 문제를 구체적으로 좁히면서 아이디어를 발상하지만, 고든법은 그 반대로 문제를 구상화시켜서 무엇이 진정한 문제인가를 모른다는 상태에서 출발, 참가자들에게 그것에 관련된 정보를 탐색하게 하는 것이다.

그렇게 하는 이유는 문제가 지나치게 구체적이다 보면 발상하는 참가자가 자칫 현실적인 문제에만 사고를 국한시키게 되어 기본적으로 아이디어를 발상하기가 어렵기 때문이다. 즉 고든법은 주제와 전혀 관계없는 사실로부터 발상을 시작해서 문제해결로 몰입하게 만드는 것이다. 하지만 이런 것에서 아주 기발한 아이디어가 떠오르게 되는 것을 가끔 경험하고 있다.

예를 들면 토스터의 신제품을 생각할 경우, 토스터를 눈앞에 놓으면 확실히 아이디어는 나오지만, 근본적인 아이디어는 나오기 어렵다. 그래서 주제로서 추상적인 것 즉, '굽다' 라는 방법으로 낸다. 이런 주제를 내면, 토스터에 구애되지 않고 전혀 각도

가 다른 아이디어가 나올 수 있다. 방법은 브레인스토밍과 비슷한 점이 많으나 주제를 내는 방법에 큰 특색이 있다. 추상의 폭을 넓혀 주제를 내면 생각하는 사람의 사고는 폭넓게 퍼져 구체적인 문제를 생각할 경우에는 도저히 상상도 못했던 아이디어가 나온다.

물론 주제가 추상적이기 때문에 나오는 아이디어도 예측과 빗나간 것도 있지만 리더는 그것들을 실제주제와 결합시켜, 회의 중이라도 항상 검토하고 있어야 한다. 시기를 보아 리더는 주제를 좁히고, 회의가 끝나기 조금 전에 진짜 주제를 말한다. 단점으로서는 리더의 유도가 어렵다는 것, 최저 3시간 정도의 시간이 걸린다는 것이다.

6) 시네틱스

먼저 시네틱스의 어원을 찾아보면 '관련이 없는 요소들 간의 결합'을 의미하는 희랍어의 'Synectios'로부터 왔다. 이 개념이 고든의 연구노력에 의해 창안된 것을 일본의 나까야마(中山正和)가 보완하여 산업계에서 널리 활용하게 되었다.

고든은 천재나 대발명가들을 대상으로 심리적 연구를 실시해보았더니 이들은 발명과정에서 대부분 Analogy(유비, 유추, 추상)사고를 한다는 공통적인 현상을 발견했다. Analogy사고라는 것은 어떤 사물과 현상을 관찰하여 다른 사상을 추측하거나 연상하는 심리현상으로 이것은 Imagination(상상, 공상, 구상)의 힘으로 하는 일종의 '이미지' 사고이다.

이 시네틱스 기법은 두 가지로 설명될 수 있다. 그 하나는 친숙한 것을 이용해 새로운 것을 창안하는 것이고, 다른 하나는 친숙치 않은 것을 친숙한 것으로 보도록 하는 것이다. 우리가 주변의 사물로부터 무엇인가를 추출하려면 먼저 너무나 친숙해서 달리 보이는 것이 하나도 없는 것처럼 보이는 상황을 벗어나야 한다. 우리는 친숙하지 않은 것을 보면 기존의 인지 구조 내에서 이들을 탐색한 후에 무관심의 영역으로 내던져버리는 때가 많다. 그러나 창의적인 사고를 하기 위해서는 주변에서 접하게 되는 친숙하지 않은 상황도 수용할 수 있어야 한다. 이 기법은 다음의 네 가지 유형의 것들이 있다.

(1) 직접적 유추

실제로는 닮지 않은 두 개의 개념을 객관적으로 비교하는 유추방법이다. 문제해결에서의 직접적인 유추의 좋은 예는 전화기를 만들 때 사람의 귀와 입을 비교한데서 찾을 수 있다. 오늘날의 전화기는 송수화기가 하나로 붙어 있지만 옛날의 전화기는 사람의 입과 귀가 서로 떨어져 있듯이 송화기와 수화기가 따로 떨어져 있었다.

또 하나의 예를 들면 '치약의 튜브 뚜껑을 사용할 때마다 여는 것이 귀찮으니까 뚜껑이 없는 치약을 만들 수는 없을까' 라는 아이디어를 생각하게 되었다. 그러나 아무도 좋은 아이디어를 떠올리지 못했다.

그러던 중 어느 미국인이 우연히 말이 똥을 누고 있는 광경을 보게 되었다. 말은 엉덩이의 주위가 더러워지지 않게 깨끗이 탈분하고 있었다. 이 현상에서 힌트를 얻어 말 엉덩이의 근육상태를 본떠서 밸브를 3개 사용해, 튜브를 누르면 치약이 잘 나오고 누른 손을 늦추면 밸브가 닫히며 튜브의 입구 주위에는 치약이 묻지 않는 치약을 발명하여 크게 히트한 상품이 되었다.

또 하나의 예를 들어보면 "지금 새 호스를 만들려고 하는데 여러분은 먼저 자기 자신이 완전히 호스가 되어 주십시오. 자, 고압 액체가 당신의 몸 안에 들어왔어요. 어때요…?" 하고 암시를 걸었다. 그랬더니 수강생 한사람이 엉겁결에 "아야!" 하고 두 손을 포개 배를 눌렀다. 이것이 힌트가 되어 호스 바깥쪽에 X형의 선을 붙인 강력 호스를 개발하여 히트시켰다고 한다.

(2) 의인 유추

자신이 진짜로 문제의 일부라는 생각을 가지고 문제 자체가 요구하는 통찰을 하는 유추이다. 기계가 고장 났을 때 이 기계를 고치기 위해 사람들이 기계의 부품이 되어 가상적으로 작용해 보는 유추이다.

어느 연필회사는 연필깎이를 만들 때, 자신이 완전히 연필이 되어 깎이는 처지로 바뀌어 과연 연필깎이란 어떠해야하는지에 대한 아이디어를 내게 하여 성공하였다고 한다.

'허영의 도시'를 쓴 영국의 작가인 토마스 헉슬리 샤갈은 자신의 창작법에 대한 해설에서 '내가 작중인물을 움직이는 것이 아니라 오히려 내 자신이 그들에 의해 움직여져 그들이 좋아하는 타입에 나를 집어넣어 버리게 된다'라고 했다.

이와 같이 창작활동을 통해 작가가 작중인물로 되어버리는 것이다. 고든은 이와 같이 창작자의 심리적인 메커니즘을 통해 효율 높은 자신의 발상기법을 찾도록 한 것이라 할 수 있다. 일정한 틀에서 벗어난 탈선에서의 유비, 이것이 고든이 목표로 한 시네틱스라 할 수 있다. 직접적인 유비란 무엇인가의 새로운 메커니즘과 신제품 등을 개발하려고 할 때 경험을 통해 몇 번 행했던 형태나 성질·기능 등의 관점에서 유사한 것이 없었나를 찾아내어 그것에서 힌트를 얻어 아이디어 발상을 전개하는 방법이다.

(3) 상징적 유추

두 대상물 간의 관계를 기술하는 과정에서 상징을 활용하는 유추이다. 예를 들어 '대지는 어머니다'라는 말은 상징적인 유추에 속한다. 언어나 사인 속에 숨겨진 의미를 중시하고 이와 같은 심벌 상의 비슷한 것으로부터 토론을 해나가려는 것으로 참가자가 발언한 말, 한 구절 가운데에서 예측 못한 아이디어의 힌트를 찾아내어 보려는 방법이다. 지금까지 아무렇지 않게 쓰이던 언어나 사인이 새로운 아이디어로 전개될 수 있기 때문에 그룹 참가자들에게 나오는 말(언어) 하나하나를 잘 생각하고 민감하게 대처해야한다

※ 진행방법
- 참가자들에게 해결해야 할 문제에 대해 제시한다.
  (시네틱스는 보통 5~6명의 집단에 의해 진행된다.)
- 전문가에 의해 문제의 분석과 해설을 행하게 한다.
- 문제를 보다 근접시키기 위해 문제해결에 대한 시안(試案)이 도출되어야 한다.
- 해결 목표가 설정된다.
- 리더는 참여자로서 이 문제해결을 위한 어떤 유비(類比)를 생각해 본다.
- 여러 가지로 도출된 유비 중에서 어느 유비를 사용할까를 검토한다.
- 그중 적당한 것을 선택한다.
- 그것을 강제적합이라는 구체적으로 사용할 수 있는 아이디어로 나누고

- 해결책을 수립한다.

아이디어 발상을 위해서는 한 사람 또는 두 사람 기타 몇 명이 모여 문제에 대해 몇 번이라도 직접 시행해 보는 것이 가장 바람직하다.

7) 체크리스트법

체크리스트법이란 무엇인가?

문제를 생각할 때 멍청하게 닥치는 대로 생각하면 아이디어가 나오지 않고 또 효과도 없다. 그래서 어떤 기준을 세워놓고 이에 따라서 생각해보는 것이 곧 체크리스트법이다.

이 기법은 신문기사 작성, 조직개선, 판매전략 등 수 많은 곳에 활용되고 있다. 발명에서는 이미 100여 년 전부터 활용된 것으로 기록되어있다.

이 기법의 핵심은 '5W 1H'라는 것이다. 5W 1H란 what(무엇을 할 것인가?) why(왜 그것이 필요한가?) where(어디서 그것을 해야 할 것인가?) when(언제 그것을 해야 할 것인가?) who(누가 해야 할 것인가?), How(어떻게 그것을 해야 할 것인가?)이다.

이와 같은 기준에 따라서 생각하면 혼자서 생각해도 누락되는 것이 없어지고, 사물을 모든 각도에서 생각할 수 있게 된다.

체크리스트법에는 'MIT의 체크리스트법'이라는 것도 있다. 이것은 MIT(매사츄세츠 공과대학)의 아놀드 교수가 설계 문제를 생각할 경우, 반드시 생각하지 않으면 안 될 분야를 강조한 것으로 다음 네 가지 원칙이 있다.

첫째, 기능을 증가이다.

새로운 발명품은 그 이전의 것보다 무엇인가 더 좋은 기능을 발휘할 수 있도록 설계되어야 한다.

둘째, 성능의 향상이다.

제품의 수명을 길게 하고, 좀 더 유용하게 하여 정확하고, 안전하며, 편리하게 사용할 수 있는 방법을 생각해야한다.

셋째, 단가의 최소화 이다.
쓸모없는 부분을 없애고, 값싼 재료로 바꾸어 제조방법에 능률적이어야 하고, 부품을 표준화해야 하며, 손작업을 줄여서 되도록 생산비를 낮출 수 있도록 해야 한다.

넷째, 판매 매력의 증가이다.
제품의 포장 등을 개선하여, 좀 더 많은 사람의 주의를 끌도록 해야 한다.

이 네 가지 원칙은 반드시 생각하여 지켜져야 하는 것으로, 자칫하면 어느 한 분야에만 몰두하여 다른 분야를 소홀히 하는 결함을 막고자 하는 데 있다.
발명을 하기 위해 고안을 할 때, 혼자서 하는 경우도 있지만 집단으로 모여서 아이디어를 모을 때도 있다. 집단으로 모이면 그만큼 많은 아이디어가 나오겠지만, 그 집단도 개인이 모여 집단을 이루기 때문에 개인마다 독창적이면 더욱 효과적이므로 평소에 혼자서 아이디어를 생각하는 습관을 가져보는 것이 좋다.
여기에 기본적으로 익혀야 할 네 가지 태도가 있다.

첫째는 우선 '시작부터 할 것' 이다.
우리 속담에 '시작이 절반' 이라는 말이 있다. 망설이지 말고 우선 시작하라.

둘째는 '기록할 것' 이다.
아이디어는 생각날 때 기록하지 않으면 금 새 사라져 버린다. 그래서 반드시 기록이나 스케치 등으로 남기는 것이 좋다.

셋째는 '스스로 결정하고 판단할 것' 이다.

넷째는 '가장 좋은 장소를 선택할 것' 이다.
사람에 따라 생각하기 좋은 장소는 따로 있기 마련이다.

이상의 기본적인 태도에 유의하여, 앞에서 말한 발명의 개인기법인 5W IH와, MIT의 체크리스트법에 의해 발명에 임한다면 혼자서도 충분히 조화를 이룬 발명품을 생산할 수 있게 될 것이다.

브레인스토밍의 창시자로 알려진 알렉스 오스본도 그의 저서에 아이디어 발상, 착상 방법에 대하여 기술하고 있다.

- **현재 그대로이면서 새로운 용도는 없는가?**

  세계의 모든 사람들이 즐겨 입는 청바지는 본래 텐트지로 개발된 것이었으나, 워낙 견고하여 반영구적이므로 대체 수요가 줄어들자 새로운 용도로 사용할 수 없을까 궁리하다가 생각해낸 것이다. 새로운 제품을 개발하려는 노력보다는 현재 상품자체나 소재의 이름을 바꾸어 다른 용도로 전환하는 방법을 생각해보면 의외로 좋은 아이디어가 떠오를 수 있다.

- **응용은 불가능한가?**

  미국이나 일본 등 선진국들이 오늘날 우리의 국민소득수준에서는 어떤 현상이 일어났는지를 생각해보면 참신한 아이디어가 떠오를 수 있다.

  다른 것과 닮은 것은 없는지? 혹은 무언가 다른 것으로부터 모방할 것은 없는지? 과거에 이와 비슷한 것은 없는지, 다른 아이디어를 빌릴 수는 없는지 찾아가며 아이디어를 도출한다.

- **수정해 보면 어떨까?**

  괘종시계의 단조로운 소리를 뻐꾸기 소리로 바꾼 간단한 아이디어 히트상품을 만들고, 천으로 만든 커튼 대신 블라인드, 요즘은 버티컬 커튼으로 전환하여 새로운 수요를 창출하고 있다. 의미, 색, 동작, 소리를 수정한다면? 수작업을 동력이나 전력화한다면? 생각하며 아이디어를 낸다.

- **확대한다면?**

  시간이나 횟수를 늘려 보기도 하고, 길게 한다든지, 여유 있게 해보면서 아이디어를 도출한다. 가슴을 크게 보이기 위한 원더 브래지어가 이러한 범주에 속한다.

- **축소한다면?**

  높이를 낮추거나, 길이를 짧게 하기도 하고, 가볍게 하기도 하며, 분할하거나, 작게 하기도 하여 아이디어를 도출한다. 카세트를 줄여 워크맨이 탄생했고, 호텔을 축소했더니 캡슐 텔이 되기도 했다.

- **대용한다면?**

  현금대용으로 수표나 카드가 등장했다. 정식사원을 파트타이머로, 본인이 바쁘면 심부름센터를 이용하는 것도 대용에 속한다고 할 수 있다.
  다른 부품으로 대용하거나, 다른 방법을 사용해 보거나, 사람이나 요소, 재료를 바꾸어가며 생각해 보자

- **바꾸어 보면?**

  안경을 콘텍트 렌즈로, 사기나 유리그릇이 플라스틱 용기로, 나무통이 양철통으로, 화장실 표시가 글자에서 사람 그림으로, 엘리베이터내의 닫힘과 열림 표시가 글자에서 그림 표기로 발전한 것이 좋은 예이다.

- **거꾸로 한다면?**

  역할을 반대로, 아래를 위로, 뒤집어 보며 생각한다. 뒤로 돌려도 앞으로 가는 자전거, 부하가 상사를 평가하는 상사평가제, 의사가 가정집을 방문하여 진료하는 제도들이 이런 발상에서 얻어진 아이디어이다

- **조합해 보면?**

  형이상학적인 것과 형이하학적인 것을 작은 목표와 큰 목표, 목적과 목적, 아이디어와 아이디어를 결합해보며 새로운 착상을 이끌어낸다.

  이 아홉 가지의 체크리스트는 우리가 잘 알고 있는 상식적인 것들인데, 굳이 설명한 것은 이것이 아이디어 발상의 기본이 되면서도 혼자 쉽게 할 수 있어서이다. 우리 주변의 것들부터 살펴보자.

8) 입출법

아이디어를 만드는 과정엔 자유롭게 생각을 이어가며 해답을 찾아가는 자연연상이 효과적이지만, 때론 이 방법만으로 해결이 어려운 문제가 생기기도 한다. 이때엔 입출법이라는 강제 연상법을 활용하는 것도 효과적이다.

자유 연상은 말 그대로 아이디어 창출을 위해 모인 구성원들이 하나의 주제를 바탕으로 자유자재로 생각을 넓혀가면서 해답을 찾는 것을 말한다. 이 방법은 구성원들의 생각의 자유를 최대한 보장하여 보다 참신하고 많은 아이디어를 구할 때 아주 효과적이다.

그러나 이 방법은 자칫 산만해질 우려가 있기 때문에 문제가 특수한 경우나 해답이 한정되어 있는 경우엔 부적절하다. 또한 해결책에 도달하기까지 시간이 필요하기 때문에 답을 빨리 구해야 하는 경우에도 적합하지 않는 것으로 나타났다.

이런 경우엔 아이디어 창출을 강제적으로 조절하는 입출법이 더 효율적이다. 입출법은 글자 그대로 입구와 출구가 정해진 연상법이다. 문제의 출발점과 도착점이 정해져서 강제로 이 둘 사이를 연결하도록 하는 것이다.

일본에서는 '바람이 불면 통장수가 돈을 번다.'는 아리송한 말이 옛 부터 전해지고 있다. 도대체 '바람이 부는 것'과 '통장수가 돈을 번다'는 무슨 관계가 있을까? 보통의 상식으로 이해할 수 없는 일이다. 그러나 여기에 약간의 과정을 거치면 희한하게도 이 두 주제는 훌륭히 연결된다.

바람이 불면 먼지가 일게 된다. 그러면 눈병이 심해질 것이고, 맹인이 생길 가능성이 그만큼 높아진다. 맹인은 돈벌이를 하기 위해 샤미센(일본 고유의 현악기)을 켜고, 샤미센을 만들 가죽을 얻기 위해 고양이를 죽일 것이다. 그러면 고양이의 수가 줄 테니 쥐의 숫자가 늘 것이 뻔하다. 늘어난 쥐들은 닥치는 대로 통을 갉아댈 것이고, 그러면 당연히 통장수가 돈을 벌게 되는 것이다.

이처럼 전혀 다른 두 문제를 강제로 하나로 연결하는 것이 바로 입출법이다. 이 입출법은 기술 설계 등 조건이 한정되어 있는 경우에 매우 유용하게 쓰일 수 있다.

우리나라엔 '스카이 콩콩'이라는 이름으로 소개되었던 어린이 완구 호핑의 개발과정을 보면 이 입출법이 어떤 효과를 가져 오는지 쉽게 알 수 있다.

호핑의 개발자는 일본의 발명가 스키도 사부로. 그는 굉장한 영화광이었는데, 어느 날 미국 영화에서 흑인 어린이들이 대나무로 말을 타고 노는 장면을 보고 힌트를 얻었다. 일본에서도 삽을 세워서 타고 노는 놀이가 있었는데, 사부로는 이 두 가지가 매우 유사한 것을 보고 이를 응용하면 어린이들이 좋아하는 완구가 탄생할 것이라 생각한 것이다.

사부로는 어릴 때 타고 놀던 삽과 영화에서 본 대나무 말을 입구로 정하고, 탄력이 좋은 놀이 기구를 출구로 정했다. 그리고 이 둘 사이를 차분히 연결하며 새로운 놀이 기구 개발에 골몰했다. 이런 과정에서 그는 삽의 모양을 띠고 충분한 탄력을 가지는 스프링을 장착한 획기적인 기구를 만드는데 성공했다. 그리고 이 상품은 그의 예상대로 굉장한 인기를 끌었다.

목표가 확실한 땐 입출법을 이용해 보자. 결과를 얻는데 필요한 시간을 절약할 수도 있고, 확실한 해답을 찾는데도 효과적이다.

9) 형태분석법

아이디어를 만드는 것만큼이나 중요한 것은 아이디어를 분석해서 자신에게 필요한 것을 취사선택하는 것이다. 특히 신제품 기술 개발이나 제품 포장의 개량 등 보다 신중하고 치밀한 계획과 아이디어가 필요한 경우엔, 아이디어 분석이 매우 중요한 비중을 차지한다. 아이디어를 정리하고 분석하는 방법에는 여러 가지가 있으나 형태 분석법을 사용하는 것이 가장 효과적이다.

아이디어 회의에서 수집되는 아이디어는 그 수가 한 번에 수백 개 이상이 되는 것이 보통이다. 특히 자유 연상을 이용하는 경우에는 최대한 많은 수의 다양한 아이디어를 끌어내려 하기 때문에 보통 생각하는 것 이상의 수가 모이게 마련이다. 따라서 이 모든 아이디어를 빠뜨리지 않고, 모두 종합해서 가장 좋은 방법을 분석한다는 것은 쉬운 일이 아니다.

형태 분석법은 이 아이디어를 종합 분석하는 방법의 하나로 형태적으로 파악해 분석하는 방법이다. 고안자는 캘리포니아 대학의 필스 즈왓키 교수.

이 방법은 문제의 해결책에 빠져서는 안 될 모든 조건을 나열해서 커다란 표를 만들고, 이들의 교차점을 이용해서 가장 적절한 방법을 선택하는 것이다. 이를 이용하면 조건들이 변화할 경우 마지막 결과의 변화 또한 쉽게 예측할 수 있고, 모든 조건을 충분히 고려해서 실패의 가능성을 최소한으로 줄일 수 있는 장점이 있다.

실제로 한 연소기기 생산업체를 운영하고 있는 사장의 경우에도 처음 사업을 일으킬 당시에 이 방법을 이용했고, 그 결과 단시간 만에 기적적으로 회사를 선두자리에 올릴 수 있었다고 한다.

그는 새로운 계획을 진행하면서 가급적 많은 정보를 모으기 위해 노력했다. 먼저 여러 통로를 통해서 시장조사를 하고, 이를 철저히 분석했다. 이와 함께 자신의 능력도 함께 분석했다. 자신이 조달할 수 있는 자금을 계산하고, 가지고 있는 기술 수준을 객관적으로 재점검했다. 이 밖에 교통, 친분 관계, 공장입지 등 모든 것을 고려해서 스무 개 정도의 조건을 설정했다.

다음엔 시장 조사를 통해서 얻은 데이터를 바탕으로 수요와 경쟁 상대, 재료 공급, 수출 전망, 인력 공급, 이윤 등을 충분히 고려해서 진출 가능한 업종 스무 개를 골랐다. 그리고 첫 번째 조건과 이 조건을 퍼즐 식으로 조합시켜 보았다.

이렇게 해서 얻는 결과 연소기기 생산업이 가장 적절한 것으로 나타났다. 그는 결과가 나오자 망설임 없이 바로 사업을 추진했고, 그 결과 연소기기 생산 분야에서 두각을 나타내며 짧은 시간에 큰 성공을 거두었다. 그는 성공의 비결을 묻는 사람들에게 행운이 따라 주었다고 말했다는데, 실은 그가 말한 행운이란 것은 이 분석의 힘이었던 것이다. 결국 그는 자기 스스로 행운을 만들고, 또 불러들인 것이었다.

모든 일에는 실패의 위험이 도사리게 마련이다. 아이디어를 만들고, 이를 바탕으로 상품화하는 경우에도 마찬가지이다. 그러나 모든 문제에 해결책이 있듯이 실패의 위험에도 부분적이나마 해결책이 존재한다. 바로 체계적이고 치밀한 분석이다.

성공을 쫓고 있다면 무엇보다 먼저 자기에게 주어진 환경을 분석하라. 그러면 행운은 저절로 따라와 줄 것이다.

10) 초점법

조건 선택은 자유롭고 얻어야 할 결과만이 확실한 경우는 초점법을 이용하는 것도 좋다. 초점법은 시작과 끝이 정해져 둘 사이를 연결하는 입출법이 약간 변형된 것으로, 출구는 정해져 있으나 입구는 정해지지 않은 연상법을 말한다.

초점법은 글자 그대로 초점을 맞추어 가는 방법이다. 마치 돋보기로 햇볕을 모아 종이를 태우듯, 결과를 만드는데 유리한 조건이나 다루기에 편리한 도구를 모두 이용해서 하나의 결과를 향해서 다듬어 나가는 것이다. 이 방법은 상대방을 내 쪽에 유리한 방향으로 설득할 때나, 특히 광고나 홍보 등에 사용하면 효과적이다.

만약 저축을 장려하는 캠페인 광고를 제작한다고 하자. 여기서 출구, 즉 목표는 물론 '저축을 많이 하자' 이다. 시작은 주어지지 않았다. 이럴 땐 먼저 입구, 즉 무엇을 소재로 삼을 것인가 생각해야 한다. 보통사람들이 가장 관심을 보이는 문제를 선택하는 것이 현명하다.

월드컵이 열리는 시기라면 축구를 입구로 정리할 수 있을 것이다. 또 태풍이 불어오는 계절이라면, 태풍이 가져올 피해로부터 시작할 수도 있다.

7~8년 전 우리나라의 상황에선 아마도 'IMF 경제위기'가 단연 관심거리이니 이를 이용하면 효과적인 광고를 만들 수 있을지도 모른다.

일단 입구가 정해지면 입구와 관계된 모든 것을 정리해서 저축과 관계되는 부분을 추린다. 입구를 'IMF 경제위기'로 정했다고 하자. 우선 우리 경제가 IMF의 관리 하에 놓일 경우 다가올 여러 가지 불안한 변화 상황을 나열할 수 있을 것이다. 그리고 IMF의 간섭을 일제 식민 치하의 굴욕감, 수치심과도 연결할 수 있다. 다음 조선 말기 전 국민이 벌인 국채 보상 운동이나 물산 장려 운동으로 슬며시 화제를 돌린다. 그리고 지금의 경제 위기 상황과 그 당시의 유사점을 분석하고 IMF에서 벗어나는 길이 주권 회복과 다르지 않다는 식으로 논리를 전개할 수 있을 것이다.

이 다음엔 출구를 향해서 좀 더 압축해서 들어간다. IMF의 관리에서 벗어나기 위해서는 근검절약과 저축이 최선책이므로 모두 저축에 힘쓰자는 식으로 끝을 맺을 수 있다.

'IMF 경제위기'라는 크고 방대한 문제에서 좁혀 저축이라는 목표로 성공적으로 압축 골인한 것이다. 이 밖에도 축구나 태풍을 이용해도 이와 유사한 방법을 통해서 원하는 결과를 얻을 수 있다. 특히 입구를 선택할 때보다 상관관계가 없는 경우, 효과가 더욱 뛰어나다. 시작에서 전혀 예상치 못했던 결과가 마지막 순간에 크게 부각되면 보는 사람은 허를 찔리고 강한 인상을 받게 되는 것이다.

이 초점법에서 주의해야 하는 것은 입구에서 출구로 나아가는 동안 계속 범위를 좁혀 나가는 데 신경을 써야 한다는 것이다. 입구를 자유롭게 선택하는 데 정신이 팔려, 엉뚱한 방향으로 흘러가지 않도록 원하는 방향으로 주제를 효과적으로 이끌어야 하는 것이다. 만약 입구를 너무 광범위하게 정한다든가 암시적 표현에 치중하면 그만큼 효과가 반감될 가능성이 높다.

또 입구 선택에 있어 상대방의 흥미를 끌 수 있는가, 강한 인상을 줄 수 있는가를 충분히 고려해야 한다.

7 발명 성공사례

1) 홀의 알루미늄 제련법

알루미늄처럼 널리 쓰이는 금속도 흔치않다. 그러나 1888년 까지만 해도 은보다도 비싼 귀금속에 속했다. 이 때문에 많은 과학자와 발명가들이 알루미늄 제련법에 도전하기도 했다.

최초의 발명가는 덴마크의 물리학자 외르스테드로 1825년 알루미늄을 만들었고, 1827년 독일의 뵐러도 외르스테드의 제련법을 개선하여 알루미늄을 만들었으나 두 사람 모두 실험실의 수준에 그쳐버렸다.

대량생산이 가능한 알루미늄 제련법의 발명에 성공한 사람은 미국 오하이오주 출신인 찰스 마틴 홀.

"알루미늄이 뭐 길래 은보다도 비싸단 말인가?"

대학에서 금속공학을 공부하는 홀은 도무지 이해할 수가 없었다. 홀은 이때부터 창고에 임시 연구실을 차리고 알루미늄 제련법 연구에 착수했다.

'금속이라는 것은 자연 상태로는 많은 화합물로 구성되어 있다. 따라서 이 화합물에서 금속을 끄집어내려면 다른 비금속의 물질을 분리하지 않으면 안 된다. 보크

사이트는 불순한 산화알루미늄이다. 그러므로 산소와 알루미늄으로 분리해야 한다. 그러나 알루미늄과 산소의 결합은 매우 강력하다. 산화철은 코크스(탄소)와 함께 데우면 산소와 쇠를 분리할 수 있다. 이것이 제철의 원리이다.'

홀의 머리는 금속 공학도답게 핑핑 돌았다.

그러나 산화알루미늄인 보크사이트는 코크스를 사용해도 산소가 분리되지 않았다. 물에 녹여 전기 분해를 시도하려 했으나 물에 녹지도 않았다. 홀의 연구는 벽에 부딪쳐버렸다. 그렇다고 물러설 홀은 아니었다. 홀의 연구는 더욱 활기를 띠었다.

"어쩌면 천연의 광물 속에 보크사이트를 녹이는 것이 있을 지도 모를 일이야. 그렇게만 된다면 전기분해로 알루미늄을 만들 수 있는데…"

홀은 수많은 광물을 대상으로 실험에 착수했다. 그러나 번번이 실패였다. 그러던 어느 날 빙정석이라는 유백색의 유리덩어리와 같은 광물을 실험대상으로 한 것이 행운을 안겨주었다.

빙정석을 계속 데우니 섭씨 1,000도 가까이에서 녹기 시작했다. 이것에 소량의 보크사이트를 넣어보니 빙정석은 보크사이트를 탐나는 것처럼 녹여갔다.

"됐다. 성공이야!"

홀은 이 데워진 액체 속에 전극을 넣어 직류 전류를 흘려보았다. 잠시 후에 금속 알루미늄이 음극에 반짝 반짝 비치면서 모여들었다. 마침내 알루미늄 제련법이 발명되는 순간이었다.

홀이 대학을 졸업한지 1년 뒤인 1886년의 일로, 당시 홀의 나이 22세였다.

2. 휴그무어의 종이컵

'필요는 발명의 어머니'라는 격언은 동서고금의 진리.

엉뚱하고 작은 아이디어 상품이면서 세계적인 발명품으로 손꼽히는 종이컵도 필요가 낳은 발명품이다.

음료자판기 시대를 꽃피운 종이컵의 발명가는 미국사람 휴그무어.

캔사스 출신인 그는 1907년 하버드대에 입학할 때까지만 해도 발명과는 무관한 평범한 학생이었다. 종이컵 발명을 결심한 것은 발명가인 형의 자동판매기 발명이 계기로 한 살 위인 형 로렌스루 엘랜은 생수를 판매하는 자동판매기를 발명하여 이미 그 명성을 떨치고 있었다.

그러나 형이 발명한 생수자동판매기는 자기로 된 컵을 사용하고 있어서, 하루에도 몇 개의 컵이 깨지는 것이 가장 큰 문제점이었다. 이 때문에 형의 자동판매기는 날이 갈수록 그 인기가 하락했다.

'그렇다면 깨지지 않는 종이컵을 만들면 되지 않아!'

휴그무어의 머리는 하버드 대학생답게 팽팽 돌았다. 그렇지만 생각처럼 쉬운 일은 아니었다. 한마디로 종이는 물에 젖으면 힘이 없기 때문이었다. 그러나 그는 물에 쉽게 젖지 않는 태블릿 종이를 찾아내는데 성공했고, 다음 단계는 별 문제가 아니었다.

종이컵 발명에 성공한 휴그무어는 대학을 그만두고 생수 공급회사를 설립했다.

그는 사람이 모이는 곳마다 형이 발명한 자동판매기를 설치하고, 컵은 자신이 발명한 종이컵을 사용했다. 그러나 생수 장사로는 회사운영이 어려워 도산 위기에 몰렸다.

바로 그때 W.T. 그래함이라는 자본가가 20만 달러를 지원하겠다며 종이컵 회사 설립을 제안해왔고, 휴그무어는 반갑게 받아들였다.

휴그무어의 종이컵은 건강 컵이라는 이름으로 생산되었고, 처음에는 호기심 많은 소비자들에게만 팔려나갔다.

하늘은 스스로 돕는 사람을 돕는다고 했던가? 휴그무어에게 엄청난 행운이 안겨졌다. 민간보건연구소에 근무하는 사무엘 크름빈 박사가 '인간을 바이러스로부터 구하는 길은 오직 1회용 컵을 사용하는 것 뿐'이라고 강조하여 엄청난 호응을 불러일으킨 것이 바로 그것.

휴그무어의 종이컵은 광고 하나 없이도 날개 돋친 듯 팔려 나갔다.

종이컵 발명으로 큰돈을 모은 휴그무어는 1920년에는 아이스크림을 담아 파는 종이용기까지 선보여 종이컵과 종이용기 발명에 관한 한 세계적인 발명가로 떠오를 수 있었다.

3) 스텐서의 전자레인지

　　　　　1946년 이른 봄날 아침, 미국 보스턴 번화가에 위치한 '스타' 라는 레스토랑 입구에 수많은 사람들이 모여 웅성거리고 있다.

'우리 레스토랑에서는 종래의 불이나 전열방식에 의하여 음식물을 요리하는 것이 아니라 극초고주파를 음식물에 직접 침투시켜 요리하고 있습니다' 라고 쓰인 스타 레스토랑의 안내문 때문이었다. 이것이 전자레인지 사용의 효시이다.

전자레인지의 발명가는 퍼시 L 스텐서. 놀랍게도 초등학교를 중퇴한 시골 출신이다.

돌이 갓 지났을 때 아버지를 여위고, 어머니마저 개가 해버려 숙모 손에서 자랐다. 불행하게도 숙모마저 끼니를 잇기 어려울 정도로 가난하여 열두 살 때 초등학교를 중퇴하고 생활전선에 뛰어들어야 했다.

스텐서의 첫 직장은 철공소. 그러나 어린 그에게는 너무 벅차 곧 레이턴사 보조공원으로 자리를 옮겼다.

스텐서의 전자레인지 발명 동기는 실로 우연 중의 우연. 레이턴사에 입사한 지 20년이 지나서야 기술자가 된 스텐서는 꿈에도 그리던 전자관을 자기 손으로 만들 수 있었다. 바로 그날, 한참동안 정신없이 일하던 스텐서는 주머니에 손을 넣는 순간 깜짝 놀랐다. 주위에 열 같은 것이 전혀 없었는데도 주머니 속의 사탕이 모두 질퍽하게 녹아버렸던 것.

이상하다는 생각이 들었으나 그냥 지나칠 수밖에 없었다.

그러나, 다음날 또 유사한 사건이 벌어졌다. 이번에는 간식으로 사탕대신 옥수수와 달걀을 준비했는데, 이것이 스스로 터져버린 것이다.

'여기에는 분명히 이유가 있다.'

새로운 가능성을 확신한 스텐서는 비밀리에 연구에 들어갔다. 우선 사탕이 녹은 이유와, 옥수수와 달걀이 터진 이유부터 찾아보았다. 쉬운 일이 아니었다. 그러나 자신이 만드는 전자관에서 나올 수 있는, 눈에 보이지 않는 무엇을 찾아야겠다는 생각을 하면서 수수께끼는 의외로 손쉽게 풀릴 수 있었다.

'틀림없어! 극초고주파일거야!'

스텐서는 극초고주파를 낼 수 있는 전자용기와, 여기에 음식을 담아 넣을 수 있는 쟁반을 만들어 실험해 보았다. 성공이었다. 음식물은 기적처럼 익었다.

스텐서가 근무하는 레이턴사는 즉시 특허출원을 마치고 생산을 시작했다.

날개 돋친 듯 팔려나갔다 이와 함께 스텐서의 승진은 당연한 결과. 스텐서는 이 우연한 발명으로 부와 명예를 거머쥘 수 있었다.

4) 돌의 접착테이프

'약방의 감초'처럼 생활 구석구석에서 활용되고 있는 접착테이프는 누구의 발명품일까.

바로 작은 오케스트라에서 밴조를 켜다가 문구용품을 취급하는 3M사의 보조사원으로 입사한 미국인 리처드 돌의 작품이다.

입사 후 돌이 처음으로 맡은 일은 제품판매원. 자동차 수리 센터를 돌며 샌드페이퍼를 파는 것이 그의 일과였다. 당시에는 자동차가 귀했기 때문에 칠이 군데군데 벗겨질 정도로 낡은 자동차라도 다시 칠해 굴리는 것이 상례였다. 차체를 다시 칠하기 위해서는 먼저 샌드페이퍼로 페인트칠을 말끔하게 벗겨야만 했는데, 돌은 바로 여기에 필요한 샌드페이퍼를 팔려고 수리 센터를 전전했던 것.

당시에는 지금과 달리 차체를 두 가지 색깔로 장식하는 게 유행이었다.

우선 한 가지 색을 칠한 다음 그 부분을 종이로 덮고 남은 부분에 다른 색을 칠하는 것이 도색작업의 순서. 때문에 경계부분에서 번번이 종이 틈으로 페인트가 스며들어 작업을 망치기 일쑤였다

'페인트가 번지는 것을 효과적으로 막을 방법이 없을까'

여기서 돌이 생각해낸 것이 바로 꼭 달라붙어 페인트가 배어들 틈이 없는 테이프.

6개월에 걸친 200여회의 실험 끝에 아교와 글리세린을 배합한 강력한 접착용 풀을 만들어냈다.

그런데 또 문제가 발생했다. 상품화를 위해선 이것을 둘둘 말아 쓸 수 있는 종이가 필요한데 걸 맞는 소재를 발견할 수 없었던 것.

그런 상태로 1년 6개월이 지나자 지친 나머지 3M사는 돌에게 연구 중단을 명령, 모든 것은 원점으로 돌아갔다. 바로 그날 돌은 너무도 가까운 곳에서 해결의 실마리를 찾았다.

페인트를 벗기는데 사용하던 샌드페이퍼를 만드는 종이가 바로 그 해답. 두껍고 질긴 이 종이는 둘둘 말아도 풀리지 않아 강력한 접착력을 그대로 보존해 주는 받침대 역할을 훌륭히 소화해 냈다.

'감압 접착테이프'라는 이름으로 특허출원이 이뤄지고, 뒤를 이어 이를 응용한 공업 및 의료용 반창고도 속속 발명됐다. 이때가 1925년. 돌은 입사 4년 만에 책임연구원으로 승진했고, 3M사는 이후 5년 동안 연간 50만-70만 달러의 순이익을 올려 대기업으로 변신했다.

1930년 1월, 전 세계가 대공황에 빠졌을 때도 3M사만은 호황을 누렸다는 사실은 그 인기가 어떠했는가를 단적으로 보여주고 있다.

5) 실버의 포스트 잇

포스트 잇. 노란색의 조그마한 접착성 종이쪽지가 바로 그것으로, 작성 중인 보고서의 가장자리를 장식하기로 하고, 때로는 전화 수화기에도 붙어있고, 책상의 결재함에서 불쑥 튀어나와 잠깐 잊어버렸던 사실을 상기시켜 주기도 하는 히트상품이다.

그런데 이 발명품이 처음 발명될 당시만 해도 쓰임새가 없어 겨우 특허출원을 마친 상태에서 방치되어 버렸다.

발명가는 '3M'이라 불리는 미네소타 마이닝 엔드 매뉴팩터링사 중앙연구소 연구원이었던 스펜서 실버.

실버는 당시 접착성 중합제의 신소재로 불리는 '모노마'를 구입하여 새로운 접착제를 연구하고 있었다. 연구와 연구를 거듭하던 어느 날. 실버는 '모노마를 다량으로 반응혼합물 속에 넣으면 어떻게 될까?' 하는 엉뚱한 생각과 함께 실험에 착수했다.

엉뚱한 생각인 만큼 결과에는 별 다른 기대를 걸지 않았다. 그러나 신기한 결과가 나타났다. 접착성 라기 보다는 응집성 정도의 신기한 접착제가 탄생한 것이다.

"접착성이 약해 붙었다가도 떨어져버리는 이것을 어느 짝에 씁니까?"

3M사는 특허출원만 하고 생산은 하지 않았다.

그로부터 5년 후인 1974년. 3M사의 제품사업부에서 일하던 '아서 프라이'는 교회 합창단에서 찬송가를 부르는 도중 새로운 쓰임새를 떠올렸다. 다음에 부를 찬송가의 페이지에 '포스트 잇' 같은 쪽지를 붙어두면 여간 편리할 것이라는 생각이었다.

프라이의 제안을 받아들여 3M사는 '포스트 잇'의 생산을 시작했다. 결과는 실패. 소비자의 반응이 전혀 없었던 것이다.

보다 못해 중역인 '제프리 니콜스'와 '조셉 테미'가 나섰다. 이들은 '홍보로는 안 된다. 직접 써보게 해야 한다.'는 전략으로 영업을 지휘했다. 성공이었다. 한번 사용한 사람은 마약중독자처럼 말려들었고, '포스트 잇'은 일약 히트상품이 되어 전 세계에서 불티나게 팔려나갔던 것이다.

6) 홍려의 '깎지 않는 연필'

40여 년 동안 꾸준히 사랑을 받아온 '깎지 않는 연필'은 이런저런 발명을 쫓다가 엉뚱하게 얻어진 재미있는 발명품이다.

발명가는 끈기의 표본으로 꼽히는 대만의 홍려.

대장장이 아버지를 따라 기술을 익히며 자란 그는 일찍이 발명의 매력에 빠져들었다. 연구실인 헛간에는 밤새 불이 꺼지는 일이 거의 없었다.

남다른 노력과 끈기는 1백여 건에 달하는 작품을 만들어냈지만 어느 것 하나 제대로 히트하지 못해 항상 빚에 쪼들렸다. 하루밤새 기록하는 아이디어나 연구 과정만도 16절지로 20여장에 달할 정도. 따라서 가장 번거로운 작업 중의 하나가 연필 깎는 일이었다.

"연필을 깎지 않고 필요할 때마다 편하게 쓸 수 있는 방법이 없을까."

당장의 불편에 지친 그는 모든 다른 연구를 중단하고 '깎지 않는 연필'에 매달렸다. 연필심만 자유롭게 조정하면 만사가 해결된다는 생각으로 시작했으나 쉬운 일이 아니었다. 머리를 싸매고 끙끙 앓기를 한 달. 밤새 뜬 눈으로 지새고 양치질을 하기위해 치약을 손에 잡는 순간 '아하!' 하고 홍려는 손벽을 쳤다.

'꽁무니를 누르면 치약이 나오는 원리를 연필에 응용해보자.'

며칠 만에 번듯하고 맵시 있는 '깎지 않는 연필'이 탄생했다. 연필심을 카트리지(Cartridge)에 끼우고 그곳을 속이 빈 플라스틱 파이프에 열 개씩 넣은 것이 전부.

연필심이 닳으면 카트리지를 빼고 파이프 꽁무니를 누르면 다른 것이 나오도록 고안했다.

특허로 등록되자 제일 먼저 찾아온 사람은 대만 굴지의 문구회사인 백능주식회사 사장. 홍려는 2억 원에 특허를 팔아넘겼다. 이는 대만에서 전례가 없던 최고액이었다. 이 같은 사실은 곧바로 기업계의 화젯거리가 됐고 백능주식회사 사장은 미친 사람으로 조소받았다.

그러나 생산개시와 함께 상황은 180도로 달라졌다. 제품을 밤낮으로 만들어내도 밀려드는 주문에 계속 쫓겼다. 어쩔 수 없이 공장을 늘리기 시작, 1년 후에는 2개, 3년 후에는 3개로 쑥쑥 커졌고, 어느 사이 86개국에 수출하는 세계상품으로 떠올라 해마다 50만 달러를 벌어들이는 황금카드로 자리 잡았다.

7) 베어의 비디오 게임기

우리는 십대의 어린 발명가를 볼 수 있었던 반면, 육칠십 대 노령의 발명가도 볼 수 있었다. 우리가 지금 즐기고 있는 비디오 게임의 창시자도 67세의 노인이었다. 그의 이름은 랄프 H. 베어이다.

그는 뉴햄프셔 주 나슈아 시에 자리 잡은 방위산업 회사인 샌덜즈사에 다니는 기술자였다.

"이봐! 자네 집에서는 텔레비전을 어디에 쓰나?"

"보는 거죠. 뭐, 달리 쓸 데가 있겠어요? 텔레비전은 텔레비전일 뿐이잖아요."

베어의 엉뚱한 질문에 동료 직원은 당황해 하며 말끝을 흐렸다.

'미국의 가정에는 집집마다 텔레비전이 있다. 심지어 한 집에 텔레비전이 두세 대씩 있는 곳도 있다. 이렇게 많은 텔레비전들로 뭔가 다른 일을 할 수는 없을까?'

베어는 항상 이 문제를 골똘하게 생각했다. 밥을 먹을 때도, 길을 걸을 때도, 심지어는 화장실에 앉아 있을 때에도 베어는 생각을 멈추지 않았다.

'뭔가 꼭 있을 거야. 600만 대가 넘는 텔레비전. 이것을 잘 이용한다면 멋진 사업을 할 수 있어.'

이렇게 몇 달이 흐른 뒤였다. 뉴욕의 어느 정류장에서 베어는 버스를 기다리고 있었다. 앞에는 자신의 손자뻘 되는 아이들이 뛰어 다니고 있었다. 그는 그 아이들을 무심히 바라보다가 갑자기 무릎을 탁 쳤다.

"맞아! 게임을 하는 거야. 텔레비전으로 하는 게임. 얼마나 멋진 생각인가? 텔레비전을 가진 사람이라면 누구나 하고 싶어 할 거야. 빨리 시작해야지!"

베어는 기쁨에 넘쳐 격앙된 어조로 외쳤다.

뉴햄프셔로 돌아온 베어는 틈틈이 텔레비전 앞에 앉아서 게임을 만드는 데 열중하였다. 그의 작업실에서는 늦은 밤에도 항상 불빛이 새어나왔다.

이렇게 열심히 일한 덕에 1967년에는 패드보올 게임과 하키게임을 만들어낼 수 있었다. 그리고 5년 후인 1972년 4월 25일, 그는 특허청으로부터 특허품으로 등록되었다는 통지서를 받게 되었다.

그해 봄에 마그나복스사를 통해 '오디세이'라는 가정용 비디오 게임을 보급했고, 약 10만 개가 팔렸다. 베어가 상당한 부자가 된 것은 당연하였다.

제2부
지식재산권과 산업재산권

1 지식재산권제도

1) 주요용어 정의

(1) 지식재산권

지식재산권이란 인간의 정신적 창작물에 관한 권리의 총칭이라고 말할 수 있음. 세계지식재산권기구(WIPO)설립협약에 의하면 지식재산권이란 문학·예술 및 과학 작품, 연출·예술가의 공연 음반 및 방송, 모든 분야에 있어서의 인간노력에 의한 발명, 과학적 발견, 공업디자인, 등록상표·서비스표·상호 및 기타 명칭, 부당경쟁에 대한 보호에 관한 권리, 공업·과학·문학 또는 예술 분야의 지적활동에서 발생하는 모든 권리를 포함한다고 정의하고 있음(협약 제3조).

(2) 산업재산권

특허권, 실용신안권, 디자인권 및 상표권을 총칭하며, 산업 활동과 관련된 사람의 정신적 창작물(연구결과)이나 창작된 방법에 대해 인정하는 독점적 권리인 무체재산권임.

(3) 특허

아직까지 없었던 물건 또는 방법을 최초로 발명한 것(대 발명).

(4) 실용신안

물건에 대한 간단한 고안(소 발명)이나 이미 발명된 것을 개량해서 보다 편리하고 유용하게 쓸 수 있도록 한 물품에 대한 고안.

(5) 디자인

물품의 형상·모양·색채 또는 이들을 결합한 것으로서 시각을 통하여 미감을 느끼게 하는 것.

(6) 상 표

타인의 상품과 식별하도록 하기 위하여 사용되는 기호·문자 도형·입체적 형상 또는 이들을 결합한 것이거나 이들 각각에 색채를 결합한 것으로서 타인의 것과 명확히 구분되는 것.

2) 지식재산권제도의 개요

(1) 지식재산권제도의 의의 및 목적

지식재산권이란 무엇인가? 한마디로 인간의 정신적 창작물에 관한 권리의 총칭이라고 말할 수 있다. 즉, 인간의 지식활동으로 얻어진 정신적, 무형적 결과물에 대하여 재산권으로써 보호받는 권리라 말할 수 있다.

따라서 지식재산권은 동산과 부동산 등의 유체물에 대한 유체재산권과는 반대되는 인간의 지적·정식적 산물 즉, 외형적인 형태가 없는 무체물에 대한 재산권으로 일종의 무체재산권에 속한다.

지식재산권제도는 발명가 및 예술가 등 창작자에게 창작물에 대한 독점배타적인 권리를 일정기간 부여함으로써 창작의욕을 고취시키고 창작활동을 장려하여 국가의 산업 및 문화발전을 도모하는데 그 목적이 있다.

지식기반사회에서는 기술과 아이디어 등 지식재산이 국가경쟁력을 좌우하므로 선진국들은 지식재산의 보호를 강화하는 등 지식재산권 중시정책을 강력하게 추진하고 있다. 드디어 한명의 발명가 또는 저작권자가 1백만 명을 먹여 살리는 믿기 어려운 세상이 열렸기 때문이다.

(2) 지식재산권제도의 중요성

우리는 지금 지식이 기반이 되는 세계경제(Global Economy) 시대에 살고 있다. 한마디로 지식과 기술이 개인과 기업의 이익은 물론 국가 경제의 성장을 보장하게 된 것이다.

과거에는 성공의 자원이 토지·금·석유와 같은 천연자원이었다면 이제는 지식이 가장 고부가가치의 재산권으로 등장한 것이다.

석유왕 록펠러, 철강왕 카네기와 달리 이 시대 최고 갑부인 빌게이츠와 제프베조스는 무형의 자산인 '지식'을 기반으로 하고 있다는 사실이 그 단적인 예다.

미국 MIT대학의 써로우(Lester Thurow) 교수는 세계경제 시대의 개인과 기업과 국가의 가장 중요한 생존 전략은 지식의 장악에 있다고 하면서, 지식재산권이 경제의 변두리에서 핵심으로 옮겨왔다고 강조한 바 있다.

실제로 미국의 500대 기업은 전 자산의 80%가 지식재산권으로 형성되어 있다.

미국의 평범한 바이오 벤처에 불과했던 암젠사가 세계 최대의 바이오 기업으로 성장한 비결은 '에리스로포이에틴(EPO)이라는 빈혈치료제를 만드는 유전자 특허권을 선점했기 때문이었다. 에리스로포이에틴은 1g에 70만 달러를 호가하는 지상에서 가장 비싼 발명품이다. 이것이 바로 지식재산권의 위력인 것이다.

지식이 부(富)의 원천이 되는 21세기 지식기반경제에서의 부의 창출에 대한 새로운 패러다임은 지식재산권제도를 통하여 비로소 가능하게 된 것이다. 이러한 시대적인 상황 속에서 세계 각국은 새로운 지식과 기술 개발에 국가의 운명을 걸고 모든 역량을 경주하고 있다.

우리나라 역시 세계 일류의 선진국으로 도약하기 위해서는 기존의 지식 및 산업분야는 물론 정보통신과 생명공학 등 이른바 신산업 분야에서 끊임없이 최첨단의 고부가가치 기술을 개발해 나가야할 것이다. 그리고 이러한 국가적 과제를 해결하는 출발점은 자라나는 어린이들에게 창의력과 탐구정신을 키워주고 도전과 개척정신에 충만한 발명풍토를 조성하는 데서 시작되어야 한다.

이제 21세기 지식혁명의 시대에는 획일화된 생각을 가지고 현실에 안주하는 사람은 더 이상 경쟁에서 살아남을 수 없다.

이를 반증하듯이, 미국을 비롯한 선진국에서는 '100명의 박사보다 1명의 발명가'라는 새로운 구호를 내걸고 우수 발명 인재의 양성에 국가적 운명을 걸고 있다.

우리 모두 발명가가 되자. 누구나 발명가가 될 수 있다.

(3) 지식재산권의 종류

지식재산권은 사상(Idea)의 보호를 목적으로 하는 산업재산권과 표현의 보호를 목적으로 하는 저작권으로 대별되고, 여기에 신지식재산권을 추가하는 것이 최근의 경향이다.

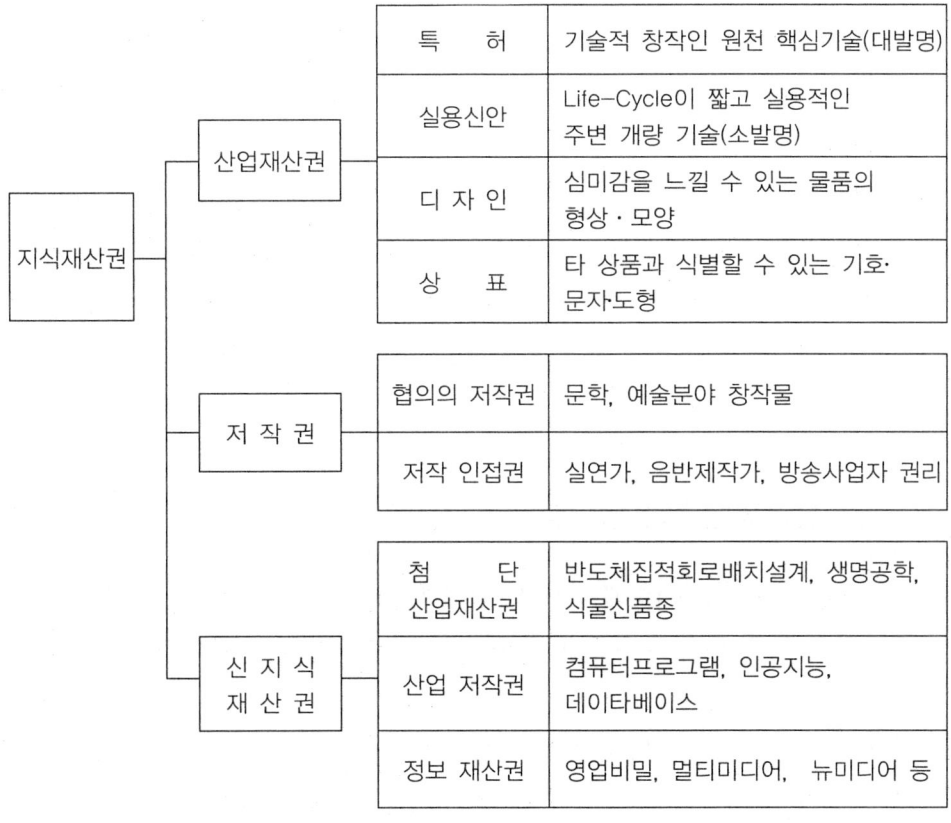

2 산업재산권제도

1) 산업재산권의 의의 및 목적

산업재산권이란 무엇인가? 한마디로 특허권, 실용신안권, 디자인권 및 상표권의 총칭이며, 산업 활동과 관련된 인간의 정신적 창작물(연구결과)이나 창작된 방법에 대해 인정하는 독점적 권리인 무체재산권이다.

즉, 산업재산권은 인간의 머리에서 생겨난 발명과 고안이 권리화 된 것이므로, 그 명칭을 산업재산권이라고 하지만 동산이나 부동산처럼 손으로 잡을 수 없는 무체의 재산이기 때문에 무체재산권이라고도 한다.

한편, 산업재산권은 다른 어떠한 분야보다도 국제성이 강한 제도로서 다른 제도에 비해 국가 간에 제도상의 차이점이 아주 적다. 즉, 각국의 국익에 따라 약간의 차이점이 있을 뿐이다.

산업재산권의 목적은 새로운 발명 등에 대하여 그 발명자 및 승계인에게 일정기간 동안 독점배타적인 권리를 부여하는 대신 이를 일반에게 공개하여야 하며, 일정 존속기간이 지나면 누구나 이용·실시하도록 함으로써 기술진보와 산업발전을 도모하는데 있다.

2) 산업재산권의 중요성

21세기 지식기반사회에서 산업재산권은 산업발전의 핵이라 할 수 있다. 연일 보도되는 눈부신 경제성장과 개인과 기업의 성공 비화는 모두 산업재산권에서 비롯되고 있는 것이다.

성공한 여성발명가로 알려진 고영란 사장(바이오 유기농 면제품 발명), 정정례 사장(청국장 잼 발명) 사장, 이길순(소형 공기청정기 발명) 사장, 이가연(노블크린과 롱매직 발명) 사장 등의 성공도 산업재산권 즉, 특허에서 비롯되었다.

한편, 산업재산권은 출원과 등록에 의해 여러 나라에서 보호를 받을 수 있을 뿐 아니라 국가적 이익을 가져오는 기술의 수출에 있어서 그것이 산업재산권에 의해 뒷받침이 되지 않는 한 단순한 용역수출의 범주를 벗어나지 못하게 된다.

우리나라는 아직도 기술의 도입을 위해 해마다 천문학적인 외화를 지불하고 있다. 기술의 도입을 위해 그 대가로서 지불하는 로열티(특허권 또는 상표권 사용료)만 보더라도 산업재산권이 얼마나 중요한 것이라는 것을 쉽게 알 수 있다.

대표적인 예로 다중접속방식(CDMA) 원천기술 휴대폰의 경우 미국 퀄컴사에 판매가의 5.25%(내수용)~5.75%(수출용)를 로열티로 지급하고 있다. 내수용의 경우 30만원 기준 15,750원이 로열티로 나가고 있는 것이다.

몇 년 전부터는 공룡보다 무서운 특허괴물까지 등장, 대한민국을 공격해오고 있다. 대표적인 예로 미국의 대표적인 특허전문 업체인 '인텔렉추얼벤처스'는 자사가 보유한 휴대폰 특허 10건을 우리나라 S전자와 L전자가 침해했다며 두 회사에 수천억 원대의 로열티를 요구해 오기도 했다.

3) 산업재산권 출원의 중요성

발명품 하나를 만들어내기 위해 발명가가 쏟은 정열은 이루 말할 수가 없을 것이다. 이 발명에 대한 자신의 권리를 확실하게 보장받고 싶다면 발명 즉시 출원을 서둘러야 한다.

어떤 사람들은 발명의 과정이나 발명품만을 중시하여 출원 절차에 대해서는 대수롭지 않게 생각하는 경우가 있는데, 이는 매우 위험한 자세이다. 구슬이 서 말이라도 꿰어야 보배인 것이다. 아무리 훌륭한 발명이라 할지라도 출원을 거치지 않은 것은 법적으로 보호를 받을 수 없기 때문이다.

또한 출원을 차일피일 미루는 것도 바람직한 태도가 아니다. 동일한 사안이라면 가장 먼저 출원되는 것이 그 권리를 인정받기 때문이다. 이것이 바로 선출원주의로 우리나라를 비롯한 대부분의 나라가 이 제도를 채택하고 있다.

실제로 알렉산더 그레헴 벨은 엘리사 글레인 보다 한 시간 먼저 특허출원을 하여 전화기의 발명가가 되었다.

    1876년 2월15일 오후 1시경, 알렉산더 그레헴 벨은 전화기에 대한 자신의 연구결과를 종합하여 특허로 출원했다. 그런데 공교롭게도 그로부터 약 한 시간 뒤인 오후 2시경, 엘리사 글레인도 특허출원을 했다.

    "누가 특허권을 따내게 될까?"

    글레인은 가난한 농부의 아들로 태어나 여러 가지 어려움을 견디면서 천신만고 끝에 전화기를 발명했다. 그러나 안타깝게도 이 팽팽한 싸움은 벨의 승리로 끝났다.

    두 사안을 검토한 결과 기술적 차이는 거의 없었고, 특허출원 접수 시간이 빠른 벨에게 특허권이 돌아갈 수밖에 없었던 것이다. 그러나 현재 미국은 선발명주의를 채택하고 있다.

    또 19세기 후반에는 특허권 하나로 두 나라의 체면이 올라서기도 했고, 꺾이기도 했다. 바로 영국과 독일의 합성염료 전쟁이다.

    당시 영국은 세계 제일의 부강국이었고, 독일은 낙농을 하는 후진국이었다. 그런데 우연한 기회에 영국의 합성염료 개발소식을 전해들은 독일이 서둘러서 특허출원을 했다. 그 일로 인해 경제적으로나 정신적으로 크게 상처를 입은 영국은 콧대가 꺾일 수밖에 없었다.

    출원의 세계에 2등은 존재하지 않는다. 출원이 발명의 마지막 절차임을 결코 잊어서는 안 된다.

4) 산업재산권의 확보의 필요성

    (1) 시장에서 독점적 지위 확보

    (2) 특허분쟁의 사전 예방

    (3) R&D 투자비 회수 및 향후 추가 기술개발비 원천

    (4) 정부의 각종 정책자금 및 세제지원 혜택

5) 산업재산권의 종류

구 분	특 허	실용신안	디자인	상 표
정 의	아직까지 없었던 물건 또는 방법으로 최초로 발명 한 것 (대 발명)	자연법칙을 이용한 기술적 사상의 창작(이미 발명된 것을 개량해서 보다 편리하고 유용하게 쓸 수 있도록 한 물품)	물품의 형상·모양 색체, 또는 이들의 결합으로 미감을 느끼게 하는 것	타인의 상품과 식별되도록 사용하는 기호·문자·도형·입체적 형상 또는 이들을 결합한 것이거나 이들 각각에 색체를 결합한 것으로 타인의 것과 명확히 구분되는 것
보 기	벨이 전자를 응용하여 처음으로 전화기를 생각해 낸 것과 같은 발명	분리된 송수화기를 하나로 하여 편리하게 한 것과 같은 형상이나 구조에 관한 것	탁상전화기를 반구형이나 네모꼴로 한 것과 같이 물품의 외관에 대한 형상·모양 색체에 관한 것	전화기 제조회사가 자사제품의 신용을 유지하기위해 제품이나 포장 등에 표시하는 표장으로서 상호, 마크 등
보호 대상	물건(물질, 장치), 방법(사용, 제조방법)	물품의 형상, 구조 또는 이들의 조합에 관한 고안	물품의 형상, 모양, 색체 또는 이들의 결합을 통한 심미감	상표사용자의 업무상의 신용, 수요자의 이익
등록 요건	•산업상 이용가능성 •신규성 •진보성	•산업상 이용가능성 •신규성 •진보성	•공업상 이용가능성 •신규성 •창작성	자타상품의 식별력 여부
부등록 대상	•공서양속, 공중위생을 해치는 발명	•국기 훈장과 동일 유사한 고안 •공서양속, 공중위생을 해치는 고안	•국기, 국장 등과 동일 유사한 디자인 •공서양속 위배 디자인 •타인 업무와 혼동 우려가 있는 디자인	•국기, 국장 등과 동일, 유사한 상표 •공서양속문란 상표 •타인의 성명 명칭, 상호 •타인의 등록상표와 유사한 상표
존속 기간	설정등록일 후 출원일로부터 20년	설정등록일 후 출원일로부터 10년	설정등록일로부터 15년	설정등록일로부터 10년 (10년마다 갱신가능, 반영구적 권리)

6) 세계특허(산업재산권)제도의 뿌리

21세기에 들어서면서 핵무기에 버금가는 위력을 과시하고 있는 특허제도. 그 뿌리는 어디인가?

인류의 신기술 개발 역사가 짧은 관계로 많은 사람들이 특허제도의 역사 또한 짧을 것으로 지레 짐작하고 있다. 그러나 놀랍게도 그 뿌리는 1475년으로 거슬러 올라간다.

국가명은 베네치아공과국. 베네치아는 르네상스시대인 이때 벌써 10년간 특허권을 주었다. 실로 선각자들이라 할 수 있겠다. 이 제도는 1475년부터 1550년까지 약 75년간이나 존속되었고, 그 동안에 약 100건 정도의 발명이 나왔다.

이 기간 중인 1594년에는 천문학자 갈릴레오 갈릴레이가 '양수·관계용 장치' 발명으로 특허를 받기도 하였다.

근대적 의미의 특허제도가 세계에서 처음으로 실시된 것은 1624년 영국에서 제정 시행된 전매조례(專賣條例)이다. 영국에서도 15세기경부터 위와 유사한 제도가 있었으나 1560년경에 와서 처음으로 독점적 특허장 즉, 전매특허장을 부여하게 되었다.

그러나 이 무렵의 특허장은 영국 왕실의 재정수입을 꾀하는 수단으로 남용되어 발명특허라기보다 소금의 독점판매권과 같은 일용품의 영업특권으로 악용되었다.

따라서 시민의 항의와 이로 인한 소송사건들이 빈번하게 일어났다. 이에 따라 영국 의회는 1624년 전매조례를 제정·공포하여 이전에 국왕이 부여한 모든 전매권을 무효화하였다.

전매조례의 주요내용은 "전매특허의 허여는 반드시 신규의 발명품이어야 하고, 특허의 내용에는 방법의 특허와 물건의 특허가 있으며, 특허장의 기한은 14년 또는 그 이하로 한다." 등이었다.

그 후 1790년에 미국, 1791년에 프랑스, 1877년에 독일이 각각 특허제도를 도입하였다. 아시아에서는 근대화에 먼저 눈을 뜬 일본이 1885년에 전매특허조례를 제정하여 처음으로 특허제도를 실시하였다.

7) 우리나라의 특허제도의 역사

훈민정음, 고려청자, 금속활자, 측우기 등 세계적인 발명으로 명성을 떨친바 있는 우리나라의 특허제도 역사는 과연 어떠한가?

일본이 특허제도를 시행한 1885년보다 3년 앞선 1882년(고종19년), 당시의 선각자지 석영 선생이 급변하는 세계정세와 우리보다 한발 앞선 일본의 근대화 등을 알고 과학기술의 장려와 특허제도의 필요성을 고종에게 상소한 것이 계기가 되어 비로소 특허제도에 눈을 뜨게 되었다. 그러나 이것은 상소에 그쳐버렸다.

이 때문에 1882년부터 1908년까지 특허제도에 관한 자료나 흔적을 찾아볼 수 없다. 실로 안타까운 일이 아닐 수 없다. 당시의 우리나라 산업과 기술의 일반적 수준이 아직 특허제도가 실시될 만한 수준에까지 미치지 못하였던 것 같다.

우리나라 최초의 특허법은 1908년 8월 12일 공포된 일본의 칙령 제196호 한국특허령, 제197호 한국 의장령, 제198호 한국 상표령 등이다. 그 후, 1910년 일제통치하에 들어가면서 위의 칙령마저 폐지되고, 1945년까지 일본의 특허법을 그대로 시행하는 시련을 감수해야 했다.

8·15해방 후, 과도기의 특허제도 운영을 위하여 1946년 10월 5일 미국정법령 제91호로 이른바 '1946년 특허법'이 제정, 시행되었다.

이에 따라 우리나라에서는 1947년부터 실질적인 출원업무를 시작하게 되었다. 그 후, 특허제도가 전면 개정된 것은 1961년이다.

원래 임시법으로 제정된 '1946년 특허법'은 그 내용면에서 많은 모순점을 안고 있었다. 즉, 실용신안과 의장(지금의 디자인)을 함께 규정함으로써 발명, 실용신안, 의장의 개별적인 특성에 맞는 시행이 거의 불가능한 실정이었다.

이에 따라 특허법, 실용신안법, 의장법 등으로 각각 독립된 법을 제정하였고(상표법은 1949년 11월 28일에 별도로 제정 시행), 비로소 지금의 산업재산권제도의 근간을 마련하게 되었다.

8) 산업재산권 도서발간

우리나라의 산업재산권 교육은 생각보다 짧은 편이다. 이는 특허청이 1977년에야 개청(그 이전에는 상공부 특허국)된 이유도 있지만 그 보다는 산업재산권 관련 도서가 부족했기 때문이었다.

1950년대 특허관련 업무를 했던 사람들은 대부분 일본 도서를 참고했다고 한다.

우리나라 산업재산권 관련도서는 1960년부터 발간되기 시작하여 오늘에 이르고 있다. 우리나라 최초의 특허관련 도서는 발명가 윤유택 씨가 편저한 '특허 · 실용신안 · 의장 · 상표수속의 실제'였고, 이어 서대석 변리사 등 전문가들의 도서가 발간되기 시작했다.

 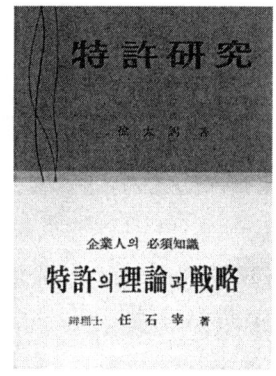

1970년대에는 임석재 변리사 등이, 1980년대에는 이수웅 변리사 등이 집필에 나서면서 드디어 수많은 도서가 쏟아져 나오게 된다.

최근에는 최성우 변리사와 박종태 변리사 등 젊은 변리사들의 수준 높은 도서가 다수 발간되어 우리를 즐겁게 하고 있다.

3 특허제도

1) 특허제도의 의의

특허제도란 무엇인가? 많은 사람들이 '황금 알을 낳는 거위'라고 표현한다. 미국의 링컨대통령도 특허제도에 비유하여 '천재라는 불꽃이 더 잘 타오를 수 있도록 이익이라는 기름을 부어주는 격'이라고 하였다.

특허법상의 특허제도는 근대산업경제의 발달과 더불어 채택된 제도로서, 발명자가 새로 개발한 유용한 발명을 사회일반에게 조속히 공개하여 산업발전에 이바지하게 하는 한편 발명자에게는 일정기간 범위 내에서 독점배타적인 권리를 부여하여 보호해 주는 것을 법으로 제도화한 것이다.

일본 니치아 화학 나까무라 연구원은 청색발광다이오드(LED)를 발명, 회사로부터 200억 엔을 받았다. 반면 1990년 폴라로이드사 즉석카메라 특허침해 판결로 코닥사는 30억 달러의 손실(손해배상금 873백만 달러포함)과 더불어 700명의 근로자 해고, 공장 폐쇄 등의 막대한 피해를 감수해야 했다.

2) 특허제도의 목적과 발명의 의의

발명을 보호·장려하고 그 이용을 도모함으로써 기술의 발전을 촉진하여 산업발전에 이바지함을 목적으로 한다.

특허법상 발명이란 '자연의 법칙을 이용한 기술적 사상의 창작으로서 고도한 것'을 말한다. 따라서 특허법상 발명이 특허를 받기 위해서는 우선 이 규정을 충족해야만 한다.

3) 발명과 발견의 차이

발명과 발견은 다 함께 새로운 것을 인간사회에 하나의 지식식견으로써 소개되는 것이며, 자연법칙을 이용하는 점에서는 공통점을 지니고 있다. 또한 발견에 의해 많은 발명이 이루어지고 있고, 발명이 발견을 촉진하는 예도 적지 않아 양자는 매우 밀접한 관계에 있다고 할 수 있다.

그러나 발견이라는 것은 그 대상이 이전부터 이미 존재하고 있는 것을 맨 처음 찾아내는 것이고, 발명이라는 것은 그것이 만들어지기 전에는 존재하지 않은 새로운 창작이라는 점에 양자는 본질적인 차이가 있는 것이다.

4) 특허를 받을 수 있는 발명

어떤 발명이 특허를 받을 수 있는가?

특허출원 발명이 모두 다 특허를 받을 수 있는 것은 아니며, 특허법이 규정하고 있는 일정한 요건을 갖추어야 특허를 받을 수 있다. 즉, 발명이 특허를 받기 위해서는 그 발명을 특허법상의 발명으로서, 산업상 이용가능성과 신규성 및 진보성을 갖추어야 한다.

특허의 요건과 객체적 요건 및 주체적 요건에 대해 알아본다.

(1) 특허의 요건

특허를 받기 위해서는 출원발명이 다음과 같은 요건을 갖추어야 한다.

가) 자연법칙을 이용한 기술적 사상인가?
나) 산업상 이용할 수 있는 것인가?
다) 출원 전에 그 기술사항이 없었는가?
라) 기술자·연구자가 용이하게 발명할 수 없는 것인가?
마) 불 특허 사유에 해당되지 아니한 것인가?
바) 명세서에 발명이 구체적으로 기재되고 청구범위는 명확한가?
사) 다른 사람보다 먼저 출원하였는가?

(2) 객체적 요건(특허를 받을 수 있는 발명)

가) 발명의 성립성

특허법에서는 '자연법칙을 이용한 기술적 사상의 창작으로서 고도한 것을 말한다.'라고 발명의 개념을 정의하고 있다.

특허를 받기 위해서는 그 창작이 특허법상의 발명의 개념에 해당되어야 한다.

나) 산업상 이용가능성

그 발명이 산업에 실제 활용되고 있는 것을 의미하며, 지금 당장 산업에 이용되고 있지 않는다 하더라도 앞으로 이용될 가능성이 있으면 된다.

다) 신규성

발명이 사회일반에 아직 알려지지 않은 새로운 기술적 사상의 창작임을 말한다. 특허법에서는 출원한 발명이 공지발명과 동일하지 않으면 신규성이 있는 것으로 규정하고 있다.

라) 진보성

당해 발명이 속하는 기술 분야에서 통상의 지식을 갖춘 자가 특허출원 시 공지발명으로부터 용이하게 발명할 수 없을 정도의 기술수준을 의미하며, 산업상 이용가능성 및 신규성을 갖춘 발명이 다음 단계로서 갖추어야 할 특허요건이다.

이는 특허권의 난립, 발명의 모방에 따른 질 저하 등을 방지하고 기술의 비약적 발전을 유도하고자 함이다.

(3) 주체적 요건(특허를 받을 수 있는 자)

가) 정당한 권리자일 것

발명에 대하여 특허를 받을 수 있는 자는 발명을 한 자 또는 그 승계인이어야 한다.

나) 권리능력이 있을 것

권리능력이란 권리·의무의 주체가 될 수 있는 법률상의 지위 또는 자격을 말한다. 민법은 모든 살아있는 사람(자연인)과 법인(일정한 사람의 집단인 사단과 일정한 목적을 가진 재단의 집단)에게 권리능력을 인정하고 있으며, 특허법상으로도 특허에 관한 권리능력이 인정된다. 특허법상 권리능력에 문제가 되는 경우는 다음과 같다.

① 외국인은 우리 법에 의해 특허를 받을 수 있는 권리능력을 인정받은 자라야 한다.
② 비법인은 권리능력이 없다.
③ 특허청 또는 특허심판원 직원은 재직 중 상속 또는 유증의 경우를 제외하고는 특허를 받을 수 없다.

5) 특허를 받을 수 없는 발명

(1) 일반적 불 특허 대상 발명

공공의 질서 또는 선량한 풍속을 문란하게 하거나 공중의 위생을 해할 염려가 있는 발명 (예 : 지폐위조기, 도박에 필요한 기구, 아편 흡입기구 등에 관한 발명).

6) 산업재산권 관련 주요 원칙

(1) 선출원주의

권리를 등록받기 위해서는 다른 사람보다 먼저 특허청에 출원하여야 한다. 이를 선출원주의라고 하는데, 이는 선발명주의에 대응하는 개념으로서 우리나라, 일본, 독일 등 거의 전 세계 각국이 채택한 제도이다. 즉, 선출원주의란 어떤 동일한 발명을 2인 이상이 각각 독자적으로 개발한 경우 이들 중 가장 먼저 출원한 자에게만 권리를 부여하는 주의를 말한다.

타인보다 하루라도 늦게 출원하면 특허를 받지 못하므로 빨리 서두를 필요가 있으며, 또 출원을 하기 전에 누가 먼저 출원하지 않았는지 특허정보검색을 해보는 것이 좋다. 단, 미국은 먼저 발명한 사람에게 권리를 부여하는 선발명주의를 채택하고 있다.

(2) 속지주의

특허 등 산업재산권은 각 나라마다 서로 별개로 존재한다. 그러므로 여러 국가에서 권리를 인정받으려면 각 나라마다 출원해야 한다. 어느 1국에서 등록을 받았다고 해서 다른 나라에서도 권리가 인정되는 것은 아니다.

특허 등 산업재산권은 각 나라마다 권리가 발생하고, 각 나라마다 권리가 소멸한다.

(3) 1발명 1출원주의

하나의 발명은 한 건의 출원으로 해야 한다. 이를 1발명 1출원주의 또는 1발명 1건주의 라고 하는데, 이는 '1인' 1출원이 아니라 '1발명' 1출원이라는 것이 핵심이다.

그러므로 만약 여러 개의 발명을 동일인이 했다고 해서 이를 한건의 출원으로 하면 방식 위반으로 거절결정을 받게 된다. 이런 경우 출원인이 거절결정을 받은 날로부터 일정한 기간 내에 분할출원을 하면 구제될 수 있다.

(4) 출원공개제도

특허나 실용신안의 경우 출원일로부터 1년 6개월이 경과하면 출원발명을 전부 공개(특허청구범위 및 발명의 상세한 설명 등 기술을 전부 공개 함)하는 제도이다. 이는 동일한 발명의 이중연구에 따른 손실방지 및 중복출원방지 등의 취지로 만들어진 제도이며, 출원일로부터 1년 6개월이 되기 전이라도 출원인의 신청에 의해서 출원 공개할 수도 있다.

이러한 출원공개제도는 특허법과 실용신안법 및 디자인법에 존재하며(단, 디자인법은 신청에 의한 공개제도만 있다.) 상표법에는 출원공개제도가 없다.

단, 미국은 발명자 보호 입장에서 비공개주의를 채택하고 있다. 미국은 출원의 비밀이 특허청에 의해 유지되며, 어떠한 정보도 출원인의 동의 없이 공개되지 않는다.

(5) 심사주의

특허권을 부여하는 방식으로 산업상 이용가능성, 신규성, 진보성 등의 실질적 특허요건의 판단에 대해 심사가 행해진 후 특허부여 여부가 결정된다.

(6) 등록주의

특허권은 설정등록에 의해 발생한다. 특허사정을 받았다 하더라도 등록절차를 이행하지 않으면 특허권은 발생하지 않는다.

7) 특수한 출원

(1) 분할출원

원출원이 여러 개의 발명을 하나의 출원으로 한 경우 즉, 1발명 1출원을 위반한 경우 이를 분할하여 다시 출원함으로써 구제될 수 있다.

이는 출원이 1발명 1출원 원칙을 위반하였다고 심사관으로부터 거절결정을 받은 경우 출원인은 일정한 기간 내에 보정할 수 있는데, 그 보정기간 내에 분할하여 다시 출원함으로써 구제되는 것을 말한다. 그러므로 분할출원은 최초로 발명자가 자신의 발명을 처음 출원할 때의 출원과는 그 의미가 다르다. 즉, 출원 도중에 일어나는 현상이다.

분할출원을 하면 그 출원은 처음 출원한 때 출원한 것으로 본다.

(2) 변경출원

특허와 실용신안은 그 성질이 매우 유사하다. 그러므로 국가에 따라서는 양자를 구별하지 않는 국가도 있다. 이러한 관계로 우리 법은 특허와 실용신안은 상호간에 이를 변경하여 출원할 수 있도록 하고 있다.

즉, 특허로 출원했다가 그 기술이 특허 받을 수준은 안 되지만 실용신안을 받을 정도는 되는 경우 특허거절결정을 받은 날로부터 30일 내에 이를 실용신안으로 변경하여 다시 출원하면 등록받을 수도 있다.

반대로 실용신안으로 출원한 것이 그 기술이 고도하여 특허도 되겠다고 판단되는 경우 이를 특허로 변경 출원할 수 있다.

(3) 특허권 존속기간 연장등록 출원

특허권은 그 존속기간이 연장되지 않음이 원칙이다. 다만 의약품, 농약 등 일정한 발명의 경우에는 식품의약청 및 농촌진흥청 등의 법령에 의하여 특별한 허가를 받아야만 판매할 수 있기 때문에 출원인이 그 허가를 위하여 활성 및 안정성 검사 등을 수년간 해야 하는 경우가 있다.

그런데 이런 경우조차도 출원일로부터 20년을 그대로 적용한다면 특허존속기간이 현저히 짧아져 특허권자가 손해를 보게 된다.

이 경우에는 예외적으로 최장 5년의 기간 내에서 그 기간만큼의 특허권 존속기간을 연장해 준다.

(4) 우선권주장 출원

우선권주장 출원이라는 말은 출원인이 출원을 할 때 우선권을 주장한다는 뜻이고, '우선권주장 출원'이라는 출원이 별도로 존재하는 것은 아니다.

우선권주장제도란 제1국에 출원한 발명에 대해서 그 출원일로부터 1년 이내에 제2국에 출원을 하면 제1국에 출원한 것과 동일하게 취급하는 제도를 말한다. 이는 파리조약에 의해서 인정되는 제도이다(조약우선권제도).

다만 조약우선권제도와는 달리 개량기술을 보호하기 위한 제도로서 국내우선권제도라는 것이 있다.

국내우선권제도란 기본발명을 출원한 자가 1년 이내에 개량발명을 출원하는 경우 이를 우선권주장출원하면 기본발명은 취하 간주하고, 개량발명에 대해서 소급효를 주어 등록하는 제도를 말한다. 조약우선권제도는 특허, 실용신안, 디자인, 상표법 모두에 존재하나, 국내우선권제도는 특허법 및 실용신안법에만 존재한다.

8) 심사 및 등록

(1) 심사청구제도

심사청구제도란 모든 출원에 대하여 심사하는 것이 아니라 심사청구가 있는 출원에 대하여만 출원의 선·후와 관계없이 심사청구 순서에 따라 심사하는 것을 말한다.

특허출원의 심사청구는 출원일로부터 5년 내에 누구든지 할 수 있다. 참고로 실용신안은 3년 내이다.

기간 내에 출원심사의 청구가 없는 때에는 그 출원은 취하한 것으로 간주한다.

심사청구제도는 특허 및 실용신안법에만 존재한다.

(2) 방식심사

방식심사란 출원인이 제출한 서류나 절차에 하자가 없는지를 심사하는 것으로, 이는 특허요건을 심사하는 실체심사와는 다르다.

미성년자가 대리인 없이 직접 출원을 했다든지 또는 필요한 기재사항을 누락했다든지, 수수료를 미납했다든지 하는 등이 방식을 위반한 경우이다.

특허청장은 방식심사의 결과 절차의 하자가 있을 때는 보정을 명하고, 보정으로도 그 하자를 치유할 수 없는 경우는 무효처분을 한다.

(3) 실체심사

실체심사는 발명이 특허가 될 수 있는 것인지를 심사하는 것으로서, 출원된 발명의 산업상 이용가능성, 신규성, 진보성 등 특허요건을 심사하게 된다.

심사결과 특허 등록결정서나 거절결정서를 출원인에게 통지하게 된다.

거절결정을 받은 출원인은 이에 대해 30일 내에 불복할 수 있다.

(4) 심사결정 및 등록

심사결과 특허결정이 되면 출원인은 등록료를 납부해야 하고, 이로써 특허권이 설정등록되면 그 때부터 독점배타권이 발생한다.

(5) 등록공고

심사결과 특허결정이 되면 특허청장은 특허권을 설정등록하고 그 내용을 3개월간 일반인에게 공표한다.

다만, 비밀취급을 요하는 특허발명에 대하여는 비밀취급의 해제 시까지 등록공고를 보류하여야 하며, 그 비밀취급이 해제된 때에는 지체 없이 등록공고를 하여야 한다.

특허청장은 등록공고가 있는 날부터 3개월간 출원서류 및 그 부속물건을 공중의 열람에 제공하여야 한다.

(6) 특허권 등록

등록료를 납부하면 특허권이 등록되고, 이때부터 독점배타적인 권리가 발생하게 된다. 특허권의 존속기간은 특허출원일 후 20년이 되는 날까지이다.

9) 등록절차

(1) 특허료 납부

특허결정을 받은 자는 결정등본을 받은 날로부터 3개월 내에 최초 3년분의 특허료를 일시에 납부하여야 한다.

특허료 납부기간이 경과한 경우에도 다시 6개월의 추납기간이 주어진다.

다만 이 경우에는 납부하여야할 특허료의 2배의 금액을 납부하여야 한다.

4 실용신안제도

1) 실용신안제도의 의의

실용신안제도란 무엇인가? 자연법칙을 이용한 기술적 사상의 창작을 보호하는 제도에는 특허제도 이외에 실용신안제도가 있다.

쉽게 말하면 이미 발명된 것을 개량하여 보다 편리하고 유용하게 쓸 수 있도록 구조나 형상을 새로 고안해 내는 것이다.

독일에서 특허제도를 보완할 목적으로 처음 채택하였다. 이에 따라 그 내용도 특허제도와 매우 유사하다. 기술사상을 보호하는 제도적 장치로써 세계 대다수 국가는 특허제도만을 두고 있으나 우리나라, 독일, 일본 등은 특허제도와 함께 실용신안 제도를 함께 두고 있다.

2) 실용신안제도의 목적

실용적인 고안을 보호·장려하고, 그 이용을 도모함으로써 기술의 발전을 촉진하여 궁극적으로 산업발전에 이바지함을 그 목적으로 한다.

실용신안제도의 목적은 특허제도의 목적과 동일하나, 고도한 기술만을 보호하는 특허제도와는 달리 고도하지 못한 작은 기술도 보호한다는 점에서 차이가 있다.

즉, 고도한 기술 사상만을 보호하는 특허법만으로는 소발명 정도의 기술은 경시될 우려가 있으므로 실용신안법을 통해 이를 별도로 보호함으로써 산업발전에 이바지하기 위함이다.

학생, 개인(여성 포함), 중소기업의 출원건수가 증가한 것도 실용신안제도가 있기 때문인 것으로 분석되고 있다.

3) 보호의 대상

(1) 물품성 유무

특허법상의 발명은 물품성이 요건이 아니나, 실용신안법상 고안은 물품성이 요건이다. 실용신안법에서 실용신안법상 등록을 받기 위해서는 '산업상 이용 가능한 기술적 사상의 창작으로서 물품의 형상·구조·조합에 관한 고안일 것'을 등록요건으로 규정하고 있기 때문이다.

그러므로 실용신안은 물품의 외형상 고안만을 그 보호의 대상으로 하는 이상 물품이 아닌 방법, 용도, 물질 등은 실용신안의 등록대상이 아니라 특허의 등록 대상이다.

또 물건이라 하더라도 일정한 형체를 가지지 않는 것, 예를 들어 약품이나 화학물질 또는 유리, 시멘트 등과 같은 입상물(粒狀物)이나 분상물(粉狀物)은 물건으로 볼 수 없으므로 이들 또한 실용신안의 대상이 아니고 특허의 대상이다.

(2) 실용신안법상의 물품의 범위

우리나라의 실무 관행은 물품을 넓게 해석하고 있기 때문에 고안이 표현될 수 있는 형태성을 갖는 물건이라면 모두 실용신안 등록 대상이 된다.

따라서 부동산(도로의 입체적 교차, 경기장의 형상, 원형 교사 등), 플랜트(plant), 복잡한 기계류도 물품으로 해석하고 있다.

또한, 물품의 일부(지팡이의 손잡이, 스푼의 손잡이, 병 주둥이 등)와 같이 물품의 구성부분이기 때문에 독립물품으로서 취급되지 않는 물품도 실용신안법상의 물품으로 해석한다.

4) 실용신안의 성립요건

(1) 물품의 형상, 구조, 조합

가) 물품의 형상

물품의 형상이란 외부로부터 관찰할 수 있는 물품의 외형(유선형 자동차, 기어의 톱니바퀴, 다각형 연필 등)을 말한다.

형상은 입체적인 것(6각 연필)은 물론 평면적인 것(줄을 긋는 자)도 포함된다.

나) 물품의 구조

물품의 구조란 물품의 외관적인 형상만이 아니라 내면적·입체적으로 조립된 구성에 관한 고안(2색 연필, 합판 등)을 말한다.

즉, 부재 또는 소재의 유기적인 연결이나 결합을 뜻한다.

다) 물품의 조합

물품의 조합이란 독립한 일정의 형상 또는 구조를 갖는 2 이상의 부분이 상호 관련하여 1개의 물품으로서 사용가치를 높이는 경우에, 이들 2 이상의 부분의 결합을 조합이라 한다.

물품의 조합에는 2 이상의 상이한 물품이 집합하여 사용 시 밀접불가분의 상태가 되어 일정 목적을 달성하는 것(볼트와 너트, 지우개와 연필)과 2 이상의 동종 물품의 집합으로서 사용 시 일체가 되어 하나의 목적을 달성하는 것(손톱 깎기, 손톱갈이 등)이 있다.

5) 실용신안의 등록요건

(1) 등록요건

실용신안에서도 특허와 마찬가지로 고안이 등록을 받기 위해서는 산업상 이용가능성, 신규성, 진보성 등의 등록요건을 갖추어야 한다. 다만, 요구하는 진보성의 정도가 특허에 비해 약하다.

고안의 진보성 판단기준은 기본적으로 발명의 진보성 판단 경우와 같지만 '진보성의 정도'에 있어서 양자는 조금 다르다. 즉, 실용신안도 등록요건으로서 진보성을 요구하지만 그 정도가 특허에 비해 약해도 상관없다.

특허법상 발명의 진보성은 누구든지 '용이하게' 발명해 낼 수 있는 것은 진보성이 없다고 규정되어 있는데 비해 실용신안법상 고안의 진보성은 누구든지 '극히 용이하게' 고안해 낼 수 있는 것은 진보성이 없다고 규정하고 있기 때문이다.

어느 정도를 '극히' 용이한 것으로 볼 것인지는 사실상 심사관의 지식과 경험에 의한 가치판단에 의해 정해질 수밖에 없지만, 일반적으로 말할 수 있는 기준은 발명의 진보성에 까지는 달하지 않지만 공지기술에 기초하여 당업자가 당연히 생각해 낼 정도를 넘는 고안이라면 족하다.

(2) 부 등록 사유

가) 국기 또는 훈장과 동일하거나 유사한 고안

나) 공서양속을 문란하게 하거나 공중의 위생을 해할 염려가 있는 고안

6) 심사절차

(1) 실용신안등록출원에 대한 심사는 청구가 있을 때에 한한다.

(2) 심사청구기간이 특허는 5년인데 비해, 실용신안은 3년이다. 권리존속기간이 짧은 만큼 심사청구 기간도 짧은 것이다.

(3) 일단 청구한 출원심사의 청구는 취하할 수 없으며, 위 기간(3년) 내에 심사청구가 없는 때에는, 그 실용신안등록출원을 취하한 것으로 본다.

(4) 변경출원은 최초의 거절결정을 받은 날로부터 30일이 경과한 후에는 할 수 없다.

7) 실용신안권

(1) 권리존속기간

실용신안권의 존속기간은 출원일로부터 10년이다. 존속기간연장제도는 실용신안법에는 없다.

(2) 권리의 효력 및 제한

기타 모든 내용은 특허와 거의 동일하다.

5 디자인제도

1) 디자인의 의의

디자인이란 무엇인가?
디자인보호법에는 '디자인이라 함은 물품의 형상, 모양이나 색채 또는 이들을 결합한 것으로서 시각을 통하여 미감을 일으키게 하는 것을 말한다.'고 규정하고 있다.
따라서 디자인보호법상의 디자인은 독립거래의 대상이 되는 유체 동산인 물품의 외관에 관한 디자인이라고 할 수 있다.

2) 디자인제도의 목적

보기 좋은 떡이 먹기 좋은 법이고, 같은 값이면 다홍치마라는 속담은 인간이 미(美)를 추구한 것이 어제오늘이 아님을 알 수 있다. 요즘 사람들은 좀더 예뻐지기 위해 성형수술까지 한다.
때문에 기업들도 앞 다투어 새로운 디자인, 좀더 예쁘고 다양한 모양의 제품개발에 심혈을 기울이고 있는 것이다.
특허와 실용신안 못지않게 디자인이 중요시되는 시대가 열린 것이다.
이에 따라 디자인제도의 목적도 디자인의 보호 및 이용을 도모함으로써 디자인의 창작을 장려하여 산업발전에 이바지함에 있다.

궁극적으로 산업발전에 이바지한다는 점에서는 특허 및 실용신안법과 그 목적이 동일하나, 특허 및 실용신안법은 기술의 발전·촉진에 그 핵심이 있는데 비하여, 디자인제도는 소비자의 구매의욕을 촉진시키는데 핵심이 있다는 점에서 서로 차이가 있다.

3) 디자인의 중요성

요즘 소비자들이 물건을 살 때 고려하는 요소는 디자인이 52%로 가장 높다고 한다. 이는 소비형태가 기능성이나 가격 면에서의 만족보다는 감성적 만족하는 바뀌었다는 것을 말해준다.

특히 디자인은 기업경영을 좌우하기도 한다.

미국의 컴퓨터 제조업체인 애플사는 판매부진으로 도산 직전까지 몰렸으나 부드러운 형태와 화려한 색체에 속이 훤히 보이는 누드컴퓨터 '아이 맥'을 출시해 소비자들의 폭발적인 인기를 끌게 되었고, 결국 부도위기에서 벗어났다고 한다.

벤처기업인 디지털웨이가 독특하고 세련된 디자인으로 무장된 휴대용 MP3 플레이어 '엠피오(MPIO)'를 내세워 까다롭기로 소문난 일본시장에서 소니를 제치고 시장점유율 1위를 차지한 것도 좋은 예이다.

2006년 TV사업 후 34년 만에 처음으로 LCD TV 판매 세계 1위에 등극한 삼성전자의 보르도 TV는 연구원이 '잔에 남아있는 붉은 와인과 조명을 받고 있는 와인 잔'에서 영감이 떠올라 디자인했다고 해서 화제가 되기도 했다.

또 중소기업 줄자전문 업체인 코메론은 줄자는 무채색이라는 고정관념을 깨고 줄자를 보다 산뜻하게 디자인하고 고운 색을 입혀 일약 세계 줄자시장 점유율 3위로 급성장, 화제가 되기도 했다.

미국 비즈니스 위크는 'Made in OOO'시대는 가고, Designed in OOO'시대가 왔다고 강조했고, 스티브 잡스 애플 CEO는 '디자인은 인간이 만든 창조물의 중심에 있는 영혼'이라고 말했다.

또 로버트 헤이스 하버드 경영대 교수는 '미래의 가장 핵심적인 경쟁요소는 디자인'이라고 강조하고 있다.

영국의 디자인연구기관인 디자인 카운슬(Design Council)에 의하면 디자인 개발은 첨단기술(특허) 개발에 비해 투자비용은 10분의 1 수준이면서 회수기간이 3분의 1로 빠르고, 종래 제품위주의 디자인에서 웹·게임·애니메이션으로 디지털 디자인의 커지게 된다고 한다.

'같은 값이면 다홍치마' 시대에서 '값이 비싸도 다홍치마'를 찾는 시대가 열린 것이다.

4) 디자인등록을 받을 수 있는 자

디자인을 창작한 자가 원칙적으로 디자인등록을 받을 수 있는 권리를 가진다. 디자인등록을 받을 수 있는 권리는 재산권의 일종으로서, 출원 전·후를 불문하고 양도가 가능하다.

2인 이상이 공동으로 디자인을 창작할 때에는 디자인등록을 받을 수 있는 권리는 공유로 한다.

5) 디자인의 성립요건

(1) 물품성

가) 디자인은 물품과 불가분의 관계이며, 물품을 떠나서는 존재할 수 없다. 즉, 디자인법은 창작된 도안을 보호하는 것이 아니라, 그 도안이 적용된 물품 자체를 보호하는 것이다.

나) 물품이란 '독립성이 있는 구체적인 유체 동산'을 의미한다. 그러므로 디자인법상 다음과 같은 것은 물품이 될 수 없다.

① 부동산(예: 건축모양·교각 모양 등. 이들은 저작권의 보호대상이 될 수는 있다.)

다만, 공중전화박스·이동화장실·이동방범초소·비행기 트랩 등과 같이 동산에 준하는 부동산류에 대한 디자인은 디자인등록 대상이 된다.

② 빛·광·열, 기체, 액체, 전기 등과 같이 형체가 없는 것

③ 설탕, 밀가루, 시멘트 등과 같은 분상물 및 입상물

④ 물품 자체의 고유형태가 아닌 것(예: 손수건을 접어서 꽃 모양으로 만든 것)

다) 부분디자인제도의 시행으로 양말의 뒷굽, 병의 주둥이, 커피 잔의 손잡이 등과 같이 물품의 '부분'에 관한 디자인도 디자인으로 등록받을 수 있다.

다만, 디자인의 대상이 되는 물품명은 양말, 포장용 병, 커피 잔과 같이 기재하여야 한다.

라) 1물품 위에는 1디자인권이 성립됨이 원칙이다.

커피 잔과 잔 받침 또는 한 벌의 숟가락 및 젓가락 등과 같이 하나의 물품보다 여러 개의 물품이 합쳐져서 전체가 하나의 새로운 통일감을 일으키는 경우에는 예외적으로 이러한 다 물품 외에 전체에 대해서 1디자인권을 인정하고 있다.

(2) 형태성

디자인은 형상, 모양, 색채 또는 이들의 결합에 의한 것인데, 그 각각의 구성요소의 의미는 다음과 같다.

가) 형상

형상이란 공간을 점하고 있는 물품의 형체, 물품을 구성하고 있는 입체적 윤곽을 말한다.

나) 모양

모양이란 물품의 외관에 나타나는 선, 도, 색 흐림, 색 구분 즉, 무늬를 말한다.

다) 색채

색채란 시각을 통하여 식별할 수 있도록 물품에 채색된 빛깔을 말한다.

(3) 시각성

디자인은 인간의 육안으로 식별할 수 있는 것만을 대상으로 한다.

따라서 시각 이외의 감각에 의하여 인식 가능한 것, 예를 들면 소리나 촉감 등 청각이나 감각으로 파악되는 것은 제외된다.

또 밀가루나 시멘트와 같은 분상물이나 설탕 같은 입상물 같은 것, 육안으로는 식별할 수 없는 것(예를 들면 현미경으로 관찰 가능한 것), 저금통 내부 모양처럼 외부에서 볼 수 없는 것은 디자인보호의 대상이 될 수 없다.

(4) 심미성

디자인은 미감을 일으키는 것이어야 한다. 다만, 미감은 사람의 주관에 따라 천차만별일 수 있으므로 명확한 판단기준을 세우기는 어렵다.

따라서 심사 실무에 있어서는 고도의 심미성에 대한 판단보다는 아름다움을 느낄 수 있을 정도의 형태적 처리가 된 것이면 심미감이 있는 것으로 보고 있다.

6) 디자인 등록요건

(1) 공업상 이용가능성

공업상 이용가능성이란 공업적 생산방법으로 동일한 디자인물품을 다량 생산할 수 있는 것을 말한다. 공업적 생산방법이란 기계에 의한 생산방법 뿐만 아니라 수공업적 생산도 포함한다.

여기서 공업상 이용가능성이 없는 경우란 자연물을 그대로 디자인의 구성 주체로 사용한 것으로써, 다량 생산할 수 없는 것과 순수미술의 분야에 속하는 저작물은 공업상 이용가능성이 없다.

(2) 신규성

디자인출원 전에 국내 또는 국외에서 공지·공용되었거나, 반포된 간행물에 기재된 디자인과 동일·유사한 디자인인 경우에는 신규성이 없으므로 등록받을 수 없다.

즉, 그 디자인이 출원 전에 간행물이나 카탈로그 등에 기재되거나, 판매·전시 등을 통하여 일반 대중에게 공개되었거나 또는 누구든지 알 수 있는 상태에 놓여 있었던 것이면 신규성을 상실하여 등록될 수 없다.

단, 디자인등록을 받을 수 있는 권리를 가진 자의 디자인이 국내외에서 공지·공용(공연실시)되거나 국내외에 반포된 간행물에 기재된 디자인 또는 이들에 유사한 디자인에 해당할 경우, 그 날로부터 6월 이내에 출원하면 신규성을 상실하지 않은 것으로 본다.

이러한 혜택을 받으려면 출원 시에 그러한 취지를 기재한 서면을 출원서에 첨부하여 제출하여야 하며, 이를 증명하는 서류를 출원일로부터 30일 내에 제출하여야 한다.

(3) 창작성

당업자가 용이하게 창작할 수 있는 디자인은 디자인등록을 받을 수 없다. 용이하게 창작될 수 있는 디자인은 다음과 같다.

가) 주지의 형상, 모양 등에 의한 용이 창작 : 삼각형, 장방형, 원, 원기둥, 정다면체 등 주지의 도형의 형상을 그대로 이용한 것에 불과한 경우

나) 물품의 전형적인 형상을 그대로 이용한 경우 : 비행기, 자동차, 기차 등

다) 흔한 모양을 단순 배열한 것에 불과한 경우 : 바둑판무늬, 물방울무늬 등

라) 자연물, 유명한 저작물, 유명한 건조물, 유명한 경치 등을 기초로 한 용이 창작

마) 주지디자인을 기초로 한 용이 창작 : 당 업계에서 간행물이나 TV 등을 통하여 널리 알려져 있는 디자인을 전용한 경우
(예 : 유명한 자동차의 형상 및 모양을 완구에 전용한 경우, ET인형의 형상 모양을 저금통에 전용한 경우, 주지의 라디오 형상과 주지의 시계 형상모양이 결합된 경우)

바) 공지디자인의 결합에 기초한 용이 창작 : 디자인 구성요소의 일부분을 다른 디자인으로 치환한 경우, 복수의 디자인을 합하여 하나의 디자인을 구성한 경우, 공지디자인 구성요소의 배치를 변경한 것에 지나지 않는 경우

7) 부 등록 사유

(1) 국기, 국장, 군기, 훈장, 기장, 기타 공공기관 등 표장과 외국의 국기, 국장 또는 국제기구 등의 문자나 표지와 동일 또는 유사한 디자인

(2) 공공의 질서나 선량한 풍속을 문란하게 할 염려가 있는 디자인

(3) 타인의 업무에 관계되는 물품과 혼동을 가져올 염려가 있는 디자인

(4) 물품의 기능을 확보하는데 불가결한 형상만으로 된 디자인

8) 출원 심사 및 등록

(1) 출원 일반

디자인등록출원에는 디자인심사등록출원과 디자인무심사등록출원이 있다.
물품의 특성상 유행성이 강하고 라이프 사이클이 짧은 의복류, 침구류, 사무용지 제품류, 포장지, 포장용 용기, 직물지, 편물지, 합성수지지 등에 대해서는 디자인무심사등록출원으로 하여야 하며, 기타 물품에 대해서는 디자인심사등록출원으로 하여야 한다.

(2) 심사

가) 디자인심사등록출원인 경우

출원서가 접수되면 일정 방식심사 후 담당심사관이 출원순서에 따라 실체심사를 한다. 심사결과 거절이유를 발견할 수 없을 때에는 등록결정이 되며, 출원인은 등록료를 납부하여 설정등록이 됨으로써 디자인권이 발생한다.

심사관은 심사결과 거절이유 발견 시에는 그 이유를 출원인에게 통지하고, 기간을 정하여 의견서를 제출할 기회를 주어야 한다.

나) 디자인무심사등록출원인 경우

방식심사를 거쳐 등록결정이 되고 출원인이 등록료를 납부하여 디자인설정등록을 하면 특허청은 등록공고를 한다. 누구든지 등록공고일로부터 3개월 이내에 공고된 출원에 대하여 이의신청이 가능하고, 이의신청이 이유 있는 경우에는 등록을 취소한다.

(3) 등 록

가) 등록결정을 받은 후 소정의 등록료를 납부하면 특허청에 디자인설정등록이 되고 이때부터 디자인권이 발생한다.

나) 등록료는 처음 권리설정등록 시에는 최초 3년분을 일시불로 납부하여야 하며, 그 후 4년차 분 이후 등록료에 대하여서는 매 1년 단위로 납부하거나 필요한 기간 단위로 분할하여 납부 가능하다.

다) 설정등록료 및 연차 등록료의 납부시기를 놓친 경우에도 6개월의 유예기간이 주어지므로 이때에 할증료(2배)와 함께 재등록할 수 있다.

라) 6개월의 유예기간마저 놓친 경우에도 본인이 책임질 수 없는 불가항력적인 사유에 의하여 등록료를 납부하지 못한 경우에는, 그 사유가 없어진 날부터 14일 이내에 증거서류 등을 첨부하여 등록료를 추가 납부할 수 있다.

9) 디자인권

(1) 존속기간

디자인권의 존속기간은 디자인의 설정등록일로부터 15년이다.
다만, 유사디자인권의 존속기간은 기본 디자인권과 함께 소멸한다.

10) 디자인법상 특유의 제도

(1) 유사디자인제도

디자인은 기본디자인이 창작된 이후에 이를 기초로 한 여러 가지 변형디자인이 계속 창작되는 특성이 있다.

또한 디자인권은 타인의 모방·도용이 용이하나, 그 유사범위는 추상적이고 불명확함에 따라 미리 유사범위 내의 유사디자인을 등록받아 침해·모방을 미연에 방지할 필요성이 있다. 따라서 자기가 등록 또는 출원한 기본디자인의 변형된 디자인을 '유사디자인'이라는 이름으로 등록받을 수 있도록 하는 제도를 두고 있다.

유사디자인권은 기본디자인의 디자인권과 불가분의 일체가 되어 이전·소멸된다.

단, 유사디자인권만을 무효심판의 대상으로 하거나 권리를 포기하는 것은 가능하다.

(2) 한벌물품디자인제도

디자인법은 출원대상을 명확히 하여 심사처리의 신속을 도모함과 동시에 권리범위를 명확화하기 위하여 하나의 물품은 독립된 하나의 출원이 되어야 한다는 1디자인 1출원주의를 취하고 있다. 그러나 예외적으로 상관습상 한벌로 판매되고, 한 벌로 사용되는 물품으로서 전체적인 통일성이 있는 경우에는, 하나의 출원으로 심사·등록할 수 있도록 한벌물품디자인제도를 두고 있다.

즉, 끽연용구 세트, 차 세트, 화채용 세트, 수저세트, 나이프·포크 및 스푼세트, 반상기 세트가 그 대상이다.

(3) 비밀디자인제도

디자인은 모방이 용이하고 유행성이 강하므로 디자인권자가 아직 사업실시 준비가 완료되지 않은 상황에서 디자인이 공개되는 경우에는 곤란한 경우가 있다.

타인이 금방 그 디자인을 흉내 내어 모방품을 판매할 수 있기 때문이다. 따라서 디자인출원인의 신청이 있는 경우에는 디자인권 설정등록일로부터 3년 이내의 기간에서 이를 공고하지 아니하고 비밀상태로 둘 수 있도록 하는 제도이다.

비밀디자인 청구 시기는 출원인의 사정변경 등에 탄력적으로 대응할 수 있도록 출원 시는 물론 최초디자인등록료 납부 시까지 청구할 수 있다.

(4) 디자인무심사등록제도

디자인무심사등록제도는 직물지, 벽지, 합성수지지 등 제품의 특성상 유행성이 강하고 라이프사이클이 짧은 품목에 대하여서는 방식요건만 심사하여 등록함으로써 현행의 방식요건 및 신규성, 창작성 등 실체적 요건심사에 소요되는 기간을 대폭 줄일 수 있는 효과가 있는 제도이다.

등록 후 3개월 이내에 누구든지 당해 디자인등록이 부실권리임을 이유로 특허청에 이의신청을 할 수 있다.

이의신청이 이유 있다고 인정될 때에는 심사관 3인의 합의체의 결정으로 등록디자인권을 취소할 수 있도록 하고 있다.

무심사등록 대상물품은 다음과 같다.
① B1 : 의복류
② C1 : 침구, 마루깔개, 커튼 등
③ F3 : 사무용지제품 , 인쇄물 등
④ F4 : 포장지, 포장용 용기 등
⑤ M1 : 직물지, 편물지, 합성수지지 등

(5) 복수디자인등록출원제도

현행법상 1디자인은 반드시 독립된 1개의 출원서로 출원하여야 하나, 디자인 무심사등록출원에 한하여 20개 이내의 디자인을 1출원서로 출원할 수 있게 하여 출원절차를 대폭 간소화하며, 출원료 등 비용부담을 경감하여 주는 제도이다.

복수디자인등록출원을 하는 경우에는 1디자인마다 분리하여 표현하여야 한다.

복수디자인등록출원을 하고자 하는 자는 기본디자인과 함께, 그 기본디자인 분야에 속하는 유사디자인을 출원할 수 있다.

6 상표제도

1) 상표의 의의

상표란 무엇인가? 사람들의 이름도 상표인가?
　상표법상의 상표라 함은 상품을 생산·가공·증명 또는 판매하는 것을 업으로 영위하는 자가 자기의 업무에 관련된 상품을 타인의 상품과 식별되도록 하기 위하여 사용하는 기호·문자·도형·입체적 형상 또는 이들을 결합한 것 또는 이들 각각에 색채를 결합한 것을 말한다.

2) 상표제도의 목적

　상표를 보호함으로써 상표사용자의 업무상의 신용유지를 도모하여 산업발전에 이바지함과 아울러 수요자의 이익을 보호함을 목적으로 한다.

3) 상표의 중요성

　상표의 중요성은 새삼 강조할 여지가 없다. 얼굴 없는 사람이 없듯이 상표 없는 상품 또한 없기 때문이다. 상호 또한 마찬가지다.
　상표는 아침에 눈을 떠서 잠자리에 들 때까지 한시도 우리 곁을 떠나지 않을 만큼 우리의 생활 깊숙이 파고 들어와 있다. 오히려 그렇기 때문에 무관심하게 지나쳐 버리는 경우가 많은 것도 사실이지만 흔히 산업재산권하면 특허와 실용신안 및 디자인을 강조하고 상표에 대해서는 무시하는 경향도 있다. 크게 잘못 생각하고 있는 것이다.
　요즘 사람들은 자신의 좋은 이름을 갖기 위해 개명까지 한다.
　세계적인 브랜드자산 평가회사인 인터브랜드에서 발표한 순위를 보면 1위는 '코카콜라'로 그 가치가 무려 687억 달러에 달한다.
　코카콜라에 이어 IBM, 마이크로 소프트(MS), 맥도널드, 노키아, 구글, 도요다 등이 뒤를 따르고 있는데, 10위권 내에는 대부분 미국기업이고, 핀란드의 노키아가 5위, 일본의 도요다가 7위를 차지했다. 국내에서는 유일하게 삼성이 19위(175억 달러)로 20위권에 진입했으며, 현대자동차가 69위(46억 달러)로 뒤를 잇고 있다.

　건전지로 유명한 우리나라 '로켓트 전지'의 경우 1998년 9월에 질레트에 상표권과 영업권을 임대하면서 브랜드 대가 660억 원을 포함해 850억 원을 받은 바 있다.
　한편, 손톱 깎기를 주력상품으로 생산하는 대성금속은 '777'이라는 탄탄한 브랜드를 구축, 미국 거대기업인 보잉사와의 상표분쟁에서 승리하였으며, 문구 전문 업체인 양지사는 'Window'상표를 등록한 후 마이크로 소프트(MS)와의 상표분쟁을 승리로 이끌어 세계 상표계의 화제가 되기도 했다.
　그러나 우리나라의 기업브랜드와 국가 브랜드는 아직도 허약한 편이다. 우리나라에서 생산되는 제품들이 가격과 품질에서 우수한 경쟁력을 가지고 있음에도 불구하고 미국, 유럽, 일본 등 선진국 시장에서 제값을 받지 못하는 이유는 우리의 기업브랜드와 국가 브랜드에 프리미엄 가치를 지닌 명품 브랜드가 없기 때문이다.
　우리나라의 제품이 이들 국가에서 제대로 평가받기 위해서는 한국을 대표하는 독특하고 차별화된 제품개발과 함께 이들이 경쟁력 있는 글로벌 브랜드로 성장할 수 있도록 브랜드 네임, 상표권 획득과 관리, 브랜드 마케팅 전략, 브랜드 세계화 등 브랜드 중심 경영 패러다임으로 발상의 전환이 이루어져야 한다.
　또한, 국가적 차원에서도 세계 속에서 우리나라에 대한 긍정적이고 우호적인 이미지를 심어줄 수 있는 'Korea Premium' 정책으로 국가 브랜드 자체를 개선 강화하고, 이를 통해 우리나라의 기업브랜드가 세계 시장에서 보다 쉽게 경쟁력을 확보할 수 있도록 하는 체계적인 국가브랜드 전략이 필요하다.

브랜드 가치를 높이는 일은 중소기업에게는 더욱 더 중요하다. 최근, 삼성경제연구소의 한 설문조사에 의하면 중소기업 CEO들은 취약한 브랜드력 때문에 제품 가격을 제값 대비 64%밖에 받지 못한다고 생각하고 있으며, 중소기업 CEO의 87%가 브랜드 파워가 약해 손해를 본 경험이 있는 것으로 나타났다.

2009년 4월에 특허청 등록상표가 100만 건을 돌파했다.

가히 브랜드 홍수의 시대라고 할 수 있다. 넘쳐나는 브랜드 홍수 시대에 단순히 방어나 보호수단으로서의 브랜드 관리를 넘어 가치를 높이기 위한 적극적인 브랜드 전략이 너무나도 필요한 시점이다.

4) 상표의 종류

기호상표, 문자상표, 도형상표와 이들의 결합상표, 색채상표나 입체상표와 같이 시각적으로 인식될 수 있는 대부분의 것은 상표로서 인정된다.

광의의 상표개념으로서는 상표 외에 서비스표, 단체표장, 업무표장을 포함한다.

(1) 서비스표

서비스업(광고업, 통신업, 은행업, 운송업 등 용역의 제공업무)을 영위하는 자가 자기의 서비스업을 타인의 서비스업과 식별되도록 하기 위하여 사용하는 표장을 말한다.

즉, 상표는 상품의 식별표지임에 반하여, 서비스표는 서비스업의 식별표지라고 할 수 있다.

(2) 단체표장

상품을 공동으로 생산·판매 등을 하는 업자들이 설립한 법인이, 그 감독 하에 있는 단체원의 영업에 관한 상품 또는 서비스업에 사용하게 하기위한 표장을 말한다.

(3) 업무표장

YMCA, 보이 스카웃 등과 같이 영리를 목적으로 하지 아니하는 업무를 영위하는 자가, 그 업무를 나타내기 위하여 사용하는 표장을 말한다.
(예 : 대한적십자사, 청년회의소, 로터리클럽, 한국소비자보호원 등)

5) 상표의 기능

(1) 자타상품 식별 기능

상표의 가장 본질적 기능으로서, 이는 상표를 상품에 표시하여 사용하는 경우, 그 상표의 표시로 인하여 자기의 상품과 타인의 상품을 구별할 수 있는 기능이다.

(2) 출처표시 기능

동일한 상표를 표시한 상품은 동일한 기업에서 생산되었다는 것을 수요자에게 보여주는 기능이다.

(3) 품질보증 기능

동일한 상표를 표시한 상품은 그 품질이 동일한 것으로, 수요자에게 품질을 보증하는 기능이다.

(4) 광고 선전 기능

상표의 상품에 대한 심리적인 연상 작용을 동적인 측면에서 파악한 것으로, 상품거래사회에서 판매촉진수단으로서의 기능을 말한다.

(5) 재산적 기능

상표가 갖는 재산적·경제적 가치로서의 기능으로서, 상표의 재산적 기능은 상표권의 양도 및 사용권 설정 등을 통해 구현된다.

6) 상표의 등록요건

(1) 등록요건

상표의 등록요건은 다음과 같다.

가) 상표법상 상표에 해당할 것.

나) 자타 상품 식별력이 있을 것.

즉, 식별력이 없는 상표는 등록되지 아니한다. 단, 사용으로 인한 식별력 취득 상표는 등록을 받을 수 있다.

- 다음과 같은 경우에는 식별력이 없는 것으로 취급된다.
  ① 상표의 보통명칭(예: 스낵-Corn Chip, 밀크우유-카페라떼)
  ② 그 상품에 관용적으로 사용되는 표장 (예: 과자류- 깡, 청주- 정종)
  ③ 그 상품의 산지나 품질과 같은 특성을 설명하는 표장(記述的 標章)
  ④ 상품의 산지(굴비- 영광, 법성포), 품질(속내의- 하이런닝), 원재료(넥타이-Silk), 효능(샴푸- No more tears), 용도(서적- 상가록), 수량(비디오테이프-L830), 형상(스낵- 고깔콘), 가격(의료기- 밀리온), 생산방법/가공방법/사용방법(통닭- 멕시칸 치킨, 양복- Hand Made), 시기(부동액- Four Season)
  ⑤ 현저한 지리적 명칭, 그 약어 또는 지도(JAVA, Manhattan, 천마산 곰탕)
  ⑥ 흔히 있는 성 또는 명칭(윤씨농방, Choi's President)
  ⑦ 간단하고 흔히 있는 표장(●,■,K-Y,9V)

⑧ 기타 식별력이 없는 표장
⑨ 일반적으로 쓰이는 구호, 표어, 인사말 등(예: Believe it or not, I can do, www 등)

• 다음으로 식별력이 있더라도 다음의 경우에는 공익상의 이유에서 또는 타인의 이익보호 차원에서 상표등록이 허용되지 않는다.
① 저명한 타인의 성명·명칭 또는 상호·초상 등을 포함하는 상표
② 타인의 선등록 또는 선 출원 상표와 동일·유사한 상표
③ 타인이 선사용하여 유명해진 상표와 혼동을 일으키게 할 염려가 있는 상표
④ 품질을 오인하게 하거나 수요자를 기만할 염려가 있는 상표

다) 부 등록 사유에 해당하지 말 것.

(2) 인적요건(상표등록을 받을 수 있는 자)

우리나라에서 상표권자가 될 수 있는 자격을 갖는 자(개인 또는 법인)로서, 국내에서 상표를 사용하는 자(법인·개인·공동사업자) 또는 사용하고자 하는 자는 상표법이 정하는 바에 의하여 자기의 상표를 등록받을 수 있다.

상표권자가 될 수 있는 자격은 우리나라 국민(법인포함)은 모두 해당되며, 외국인은 상호주의원칙과 조약에 의거하여 그 자격이 결정된다.

(3) 상표의 절차적 요건

가) 선출원주의

특허 등 산업재산권은 가장 먼저 출원한 자에게 등록을 허여한다.
다만, 특허, 실용신안, 디자인 경우에는 동일 경합 출원인 경우에는 당사자 간에 협의를 하고 만약 협의불성립 경우에는 모두 거절하는데 비해, 상표는 동일경합 출원 시에 협의한다는 점은 동일하나 만약 협의 불성립 시에는 특허청장이 행하는 '추첨'에 따른다는 점이 다르다.

나) 1상표 1출원주의와 상품의 지정

상표등록출원은 산업자원부령이 정하는 상품류 구분 내에서 상표를 사용할 1 또는 2개 이상의 상품을 지정하여 상표마다 출원하여야 하는데, 이를 '1상표 1출원주의'라고 하며, 하나의 출원으로 동시에 2이상의 상표를 출원하는 것이 허용되지 않는다는 의미이다.

한편, '1상표 다류 1출원주의'에 따라 상표마다 출원하되 상표와 서비스업을 동시에 지정하여 출원할 수도 있다.

다) 지정상품추가등록출원

상표등록출원인은 동일 상품류 구분 내에서는 1 또는 2개 이상의 상품을 일시에 지정할 수 있으나, 상표등록출원 후 또는 등록 후에 지정상품을 추가할 필요가 있으면 별도로 지정상품의 추가등록출원서를 제출하여 지정상품을 추가할 수 있는 제도이다.

지정상품의 추가등록의 요건은 원 상표권 또는 원 상표등록출원이 존재하여야 하고, 추가등록출원의 출원인은 등록상표의 상표권자 또는 상표등록출원의 출원인과 동일인이어야 하며, 지정상품의 추가등록의 상표는 당해 등록상표 또는 상표등록출원의 상표와 동일하여야 하고, 통상의 상표등록출원에 관한 거절이유에 해당하지 않아야 한다.

라) 존속기간갱신등록출원

상표권의 존속기간은 설정등록일로부터 10년이나, 10년간씩 몇 번이고 계속하여 갱신할 수 있으므로 상표권은 반영구적인 권리이다.

7) 심사 및 등록

(1) 심사

가) 일정한 방식심사 후 담당심사관이 출원순서에 따라 심사한다.

나) 심사결과 거절이유를 발견하지 못하였을 때에는 출원공고결정을 하고 공고한다. 다만, 일정한 경우에는 공고결정을 생략할 수 있다.

다) 심사결과 거절이유 발견 시에는 그 이유를 출원인에게 통보하고, 기간을 정하여 의견서 제출의 기회를 주어야 한다.

라) 특허청장은 출원공고가 있는 날로부터 출원서류 및 부속서류를 특허청에서 공중의 열람에 제공한다.
이 때 누구든지 공고일로부터 2개월 이내에 공고된 상표에 대하여 이의신청을 할 수 있다. 심사관은 이 기간 중 제3자로부터 이의신청이 있을 때에는 출원인과 이의신청인의 의견을 들어 이의의 성립 여부를 결정하여야한다.

마) 이러한 절차 후에 최종적으로 등록결정을 받게 되면 상표등록 절차를 밟게 된다.

(2) 등록

상표권의 설정등록을 받고자 하는 자는 상표등록료를 상표등록결정 등본을 받은 날로부터 30일 내에 10년분 전액 또는 2회에 걸쳐 납부하여야 한다.
상표법에서는 특허법과는 달리 등록료추납제도는 없으나, 그와 유사한 제도로서 30일 이내에서의 등록료납부기간 연장제도가 있다.

(3) 상표권 발생

상표권은 설정등록에 의하여 발생한다. 상표권의 존속기간은 설정등록이 있는 날로부터 10년간이다.
다만, 계속 갱신할 수가 있으므로 이러한 존속기간갱신등록출원에 의하여 상표권은 반영구적인 효력이 있다.
갱신등록출원은 존속기간만료 전 1년 이내에 하여야 한다. 만약, 이 갱신 기회를 놓친 경우에도 6개월의 유예기간이 주어지며, 이 경우에는 수수료에 가산금이 붙는다.

8) 상표법상 특유제도

(1) 존속기간갱신등록제도

상표권의 존속기간은 계속 갱신할 수가 있으므로 반영구적이다. 갱신등록출원은 존속기간만료 전 1년 내에 하여야 한다.

상표권이 공유인 경우에는 공유자 전원이 공동으로 갱신 출원하여야 한다.

등록상표의 지정상품이 2 이상의 상품으로 되어 있는 경우에는, 분할하여 상표권의 존속기간갱신등록출원을 할 수 있다.

상표권의 존속기간갱신등록출원이 2 이상의 상품을 지정상품으로 하여 출원된 경우에는 보정을 할 수 있는 기간 내에 2 이상의 상표권의 존속기간갱신등록출원으로 분할할 수 있다.

(2) 지정상품 추가등록제도

지정상품의 추가등록제도란 상표권자 등록출원의 지정상품을 추가하여 지정상품의 추가등록을 받을 수 있는 것을 말한다.

만약, 추가등록출원이 거절되더라도 원래의 등록상표나 상표등록출원에는 아무런 영향을 미치지 않는다.

출원인은 출원 또는 등록 후에 지정상품을 추가등록하고 싶은 경우가 있다. 즉, 출원인의 결정변화에 따라 지정상품의 범위를 확대할 필요가 있을 때 상표권의 권리범위를 확장할 수 있도록 함으로써 상표권자의 이익을 보호하고자 한다.

7 특허출원과 특허료의 감면

1) 출원서류 작성

(1) 출원인(대리인) 등록

특허청에 처음으로 특허출원 등 각종 절차를 밟고자하는 자연인과 법인은 특허청에 출원인(대리인) 코드 부여신청을 하여 자신의 고유번호를 부여받아야 한다.

출원인 코드는 주민등록번호와 유사하며, 특허청에서만 통용되는 출원인을 구분하는 코드이다.

출원인 코드는 한번 등록하면 계속해서 사용할 수 있다.

출원인 코드는 향후 특허출원 등 각종 절차를 밟고자하는 경우 특허청에 제출하는 서식에 반드시 기재하고 등록된 인장 사용. 기재하지 않을 경우 반려 처리된다.

준비사항은 도장, 본인을 증명하는 서류 (개인: 주민등록증, 여권, 운전면허증/ 법인: 법인등기부 등본)가 요구되며, 온라인 신청은 특허로 홈페이지 접속→ 사용자 등록신청 → 서비스신청 및 조회 순서로 진행하면 된다.

(2) 출원인 코드 등록시 출원인란 작성방법

가) 출원인이 자연인(개인)일 경우 : 주민등록번호와 성명(사업자등록은 되어 있으나 법인등록이 되어있지 않을 경우는 자연인으로 신청)

나) 출원인이 법인일 경우 : 법인등록번호와 명칭

다) 출원인이 국가기관인 경우 : 대한민국(소속기관장)

라) 출원인이 지방 자치단체인 경우 : 지방자치법 제2조에 의한 자치단체 명

마) 출원인이 사립학교인 경우 : 학교명이 아닌 학교법인 명 및 법인등록번호

바) 출원인이 국 공립대학인 경우 : 학교명이 아닌 기술이전 촉진법에 의한 법인 명 및 법인등록번호(기술이전 전담조직 이 설립된 경우에 한함.

(3) 전자문서 이용신고

가) 전자문서(온라인)로 출원하고자 할 경우에는 먼저 전자문서 이용신고서(인장 날 인)을 제출하여 등록을 하고, 특허청 인증절차(본인의 전자 서명키 생성)를 거친 후에 전자문서 작성용 소프트웨어를 특허청 홈페이지에서 온라인 수령하여 전자출원 가능.

나) 전자출원을 위해서는 반드시 전자문서 이용신고를 해야 함 .

(4) 출원서 등 각종 서류작성

출원서 작성 : 출원서류의 내용을 보고 일반인도 기술(창작)의 내용을 사용할 수 있을 정도로 충실하게 기재되어야 한다.

출원서류를 직접 작성코자 하면 이미 등록된 특허(실용신안 · 디자인)공보를 견본으로 이용하면 매우 유익하다. 또한, 자신이 직접 작성할 수 없는 경우 변리사 등 전문가의 도움을 받을 수 있다.

2) 출원방법

(1) 전자출원

온라인 출원 : 전자문서 작성용 소프트웨어를 이용하여 작성된 출원서 및 중간서류 등을 온라인으로 전송한 후 접수번호(출원번호)를 확인하면 절차 종료
http://www.kipo.go.kr → 특허路 → 출원 · 등록 → 소프트웨어 다운로드

3) 구비서류

구분 \ 권리	특허 · 실용신안	디자인	상표
전자출원 ON-LINE	1. 출원서 : 1통 2. 요약서, 명세서, 도면 : 각 1통 ※방법특허인 경우 도면생략 가능(단, 실용신안은 반드시 도면 필요)	1. 출원서 : 1통 2. 도면(또는 사진, 모형, 견본) : 1통	1. 출원서 : 1통 2. 상표견본 : 1통(가로세로 각각 3cm이상 7cm이내) 3. 색채(입체)상표 또는 지정상품에 대한 설명서 : 1통 (출원인이 필요하다고 인정하는 경우에 한함.)
기 타 구비서류 (해당자에 한함)	- 대리인의 경우 대리권 증명서류 1통 - 미성년자 등 무능력자가 법정대리인에 의하여 출원하는 경우 주민등록등본 또는 호적등본 1통		
	- 특허료 · 등록료 및 수수료 면제 또는 감면 사유 기재 및 이를 증명하는 서류 1통		- 단체표장등록 출원시 단체표장의 사용에 관한 정관 1통 - 업무표장등록 출원시 업무의 경영사실을 입증하는 서면 1통

☞ 출원서 등 작성요령은 특허청 특허고객서비스센터(대전), 특허청 서울사무소, 각 지역 지식재산센터에서 배부하고 있으며, 특허청 홈페이지에서도 다운로드 가능
http://www.kipo.go.kr → 출원에서 등록까지 → 출원신청 → 서면신청

4) 출원하는 곳

(1) 온라인 출원

가) 특허청 홈페이지 : http://www.kipo.go.kr → 특허路
나) 출원가능시간 : 평 일 · 토요일 : 00:00~24:00
　　　　　　　　　일요일 · 공휴일 : 09:00~21:00

5) 특허료의 감면

특허청장은 생활보호대상자 및 지식경제부령이 정하는 자[국가유공자와 그 유가족, 장애인, 재학생(대학원생은 제외), 기능대학의 재학생, 미성년자]의 출원발명에 대해서는 특허료 및 기타 수수료를 감면할 수 있다.

즉, 이들에 대해서는 출원료 및 심사 청구료와 최초 3년분의 특허료는 징수하지 아니한다.

6) 학생 무료 변리 제도

(1) 목적

지식재산권과 관련하여 경제적으로 어렵거나 법을 모르기 때문에 법의 보호를 충분히 받지 못하는 자에게 대한변리사회 소속 변리사가 무료변리를 하여 줌으로써 지식재산권분야에서의 권리행사의 형평을 확보하고 나아가 지식재산권의 창출기반의 확대에 이바지함을 목적으로 한다.

(2) 지원범위 및 내용

출원에서 등록에 이르기까지 서류작성 지원(특허, 실용신안 출원 명세서, 의견제출통지서에 대한 의견서, 보정서, 심판서류 등)

(3) 지원절차

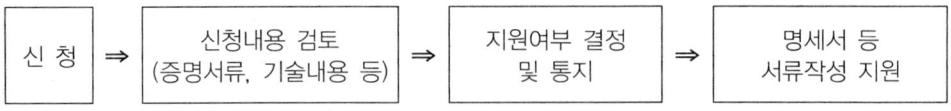

(4) 필요한 서류

가) 무보수대리인선임신청서
나) 확인서(재학생, 교장 또는 학부장 이상의 직인 필요)
다) 발명의 상세요약서 & 도면
라) 재학증명서(재학생)
마) 주민등록등본
바) 위임장
사) 기초생활수급자(장애인) 증명(동사무소에서 발급)

(5) 수행기관 및 문의처

구 분	대한변리사회	공익변리사 특허상담센터
주 소	서울시 서초구 서초3동 1497-13	서울특별시 강남구 역삼동 647-9
연락처	02-3486-3486	02-553-5861(5863, 5864)
팩 스	02-3486-3511	02-553-5865
홈페이지	www.kpaa.or.kr	www.pcc.or.kr

※ 지원 절차, 서식 등 세부사항은 수행기관별로 차이가 있을 수 있음

(6) 무료변리 절차

신 청	접 수	무료변리 수임의뢰	무료변리 진행	출원완료
신청인이 신청서 작성, 제출	방식심사	전공별 가입일 순서대로 의뢰	1. 수행 대리인이 출원에서 등록까지 진행 2. 만약 수행대리인의 부득이한 사정으로 수임하지 못할 시는 다른 변리사에게 수임의뢰	수행 대리인이 출원시 보조금 지급 특허:10만원 실용: 8만원

(7) 학생 무료 변리 제도 각종 서식

가) 무료 변리요청 공문 양식

"창의성으로 앞서가는 교육"

○○ 학교

수신   대한변리사회장
(경유)
제목   학생무료변리요청

학생의 발명 고안에 대한 변리사 업무 취급 규정(대한 변리사회 자체 규정)에 의거 다음과 같이 무료 변리를 요청합니다.

- 다 음 -

순	소 속	학 년	성 명	발명 고안 내용	구 분
1					특 허
2					실용실안

첨 부 : 1. 무보수 대리인 선임 신청서 1부.
　　　 2. 재학 증명서 1통.
　　　 3. 본인이 발명 고안임을 증명하는 학교장 확인서 1부.
　　　 4. 발명 고안의 요지 설명서 1부.
　　　 5. 위임장 1부.
　　　 6. 주민등록등본 1부. 끝.

○○학교장

수신자   수신자 참조

　　　　　　　　　　　　　　　　　　　　　　　　　　02/03
담당자　　　　　　　교감　　　　　　　교장
협조자
시 행 ○○- (2013. 01. 03)　　　　접수
우 000-000   000도 00군 00면 00리 111-1　　/ http://
전 화　　　　　　　　　전송　　　　　　/　　　　　/ 공개

나) 무료 변리신청서 양식

무보수대리인선임신청서

신청인	성 명		주민등록번호		생년월일	
	주 소				전화번호	

발 명 고안내용	

대한변리사회 생활보호대상자 및 학생 등의 발명·고안에 대한 "변리사무료 수임업무취급규정" 제4조에 의거 위와 같이 신청합니다.

2013 년   월   일

신청인   (인)

대한변리사회장 귀하

【구비서류】
(생활보호대상자)
 1. 국민기초생활보장법에 의한 수급자증명서류 1통.
 2. 발명·고안의 요지설명서(도면포함) 1통.
(학생)
 1. 재학증명서 1통.
 2. 본인의 발명·고안임을 증명하는 소속학교장 또는 학장의 확인서 1통.
 3. 발명고안의 요지설명서(도면포함) 1통.
 4. 주민등록 등본 1통.
 5. 미성년자인 경우, 부모 위임장 1통.

다) 발명고안의 요지설명서 양식

발명고안의 요지설명서

1. 발명품 :

2. 고안 내용 :

3. 대표 도면

라) 학교장 확인서 양식

확 인 서

성 　　　 명 :
학과 및 학년 :
주민등록번호 :
발명의 명칭 : _____

상기와 같이 본 학교 학생이 발명(고안)한 것임을 확인합니다.

2013 . . .

학교장 (인)

대한변리사회 회장 귀하

마) 부모 위임장 양식

위 임 장

(위임인 : 미성년자)

성 명 : (인)

주민등록번호 :

주 소 :

(수임인 : 친권자)

성 명 : (인)

주민등록번호 :

주 소 :

상기 위임인은 대한변리사회에서 시행하는 무료변리에 관한 사항 일체를 수임인에게 위임하였기에 위임장을 제출합니다.

2013 년 월 일

대한변리사회 회장 귀하

8 브랜드란 무엇인가?

1) 브랜드의 정의

자신의 회사, 제품, 또는 서비스에 정체성(Identification)을 부여하고 경쟁자의 회사, 제품, 또는 서비스와 차별화(Differentiate) 시키기 위하여 사용되는 네임, 디자인 또는 이들의 결합체를 말한다.

사전적 의미는 특정한 매주(賣主)의 제품 및 서비스를 식별하는 데 사용되는 명칭·기호·디자인 등의 총칭. 말로써 표현할 수 있는 것을 브랜드명(名), 말로써 표현할 수 없는 기호 디자인, 레터링 등을 브랜드 마크라고 한다.
또, 브랜드명, 브랜드 마크 가운데에서 그 배타적 사용이 법적으로 보증 되어 있는 것은 상표라고 한다.

현실적으로는 브랜드는 제품이나 서비스 또는 기업이 지속적으로 신뢰성 있는 가치를 제공하겠다는 약속을 차별화해 주는 독특한 주체이고, 그 약속의 출처를 나타낸다. 브랜드가 가지고 있는 가치 제공 약속은 유형적이고 기업의 사업 행태를 통해 해당 기업의 제품과 서비스에 예측 가능하게 나타나야 한다.
예를 들면 IBM "IBM제품이 경쟁업체 제품과 비슷한 가격이라면 IBM이 제공하는 서비스와 지원 때문에 우리는 언제나 IBM을 구입한다는 것이다.

강력한 브랜드를 구축하기 위해서는 차별성, 관련성, 존중성, 인지성 등 네 가지 요소를 고려해야 한다.
여기서 차별성이란 소비자가 그 기업이나 상품이 경쟁자와 어떻게 다른가를 인식하는 정도, 관련성이란 소비자가 자신의 사용 목적에 얼마나 부합되는가를 평가하는 정도, 존중성이랑 그 상품이 소비자들로부터 얼마나 좋은 인식을 받고 있는가, 인지성이란 얼마나 많은 소비자들이 그 브랜드를 알고 있는가를 말한다.

강력한 브랜드는 영속적인 가치 제공 약속은 브랜드가 신기술에 직면하거나, 심각한 품질 문제를 겪고 있을 때, 시간을 벌 수 있게 해 준다.

2) 브랜드의 역할

브랜드 충성도를 통해 기업의 마케팅 활동비용을 절감 시켜주는 효과를 가지며 경쟁사와의 관계에서 우위를 나타내 줄 수 있는 실체로서 가장 큰 무형 자산이라 할 수 있다.

또한 소비자가 어떤 브랜드를 인식하고 그에 관한 지식을 가지고 있다면 제품구입시 추가적으로 생각하거나 정보를 얻으려고 할 필요가 없음으로 구매에 따른 탐색비용을 줄일 수 있다.

특히 소비자와 기업을 연결하는 매개체로서 가장 큰 역할을 할 수 있다.

3) 브랜드의 중요성

브랜드의 중요성은 앞서 '상표의 중요성'에서 구체적으로 설명한 바 있다. 그러나 그 중요성은 끝이 없다. 2000년대 들어 브랜드 경영 시대라고 말할 만큼 마케팅 전략 수립에 있어서 브랜드는 매우 중요한 역할을 차지하고 있기 때문이다.

이는 정보화 시대에 기술 정보가 일반화되어 품질 우위나 가격 경쟁력만으로는 제품의 판매가 어려워 차별화의 유일한 대안으로 브랜드를 선택하였으며 또한 감성이나 이미지가 구매의 주요 결정 요소가 되어 제품의 본질적인 기능이나 품질보다는 브랜드를 통한 제품의 이미지가 구매에 더 큰 영향을 미치게 되었으며 무형 자산으로서의 브랜드 가치가 기업 자산이 되는 시대를 살고 있다.

브랜드는 네이밍이나 차별화된 상표이상의 의미를 가지는 것으로 기업에서는 소비자에게 보여주고자 하는 기업만의 차별화된 아이덴티티를 구축하여야 하고 이를 브랜드 커뮤니케이션을 통해 소비자에게 전달 소비자들이 그 브랜드에 대한 이미지가 기업이 처음 소비자에게 보여주고 싶었던 브랜드 아이덴티티의 긍정적인 평가로 이어져 소비자들이 브랜드를 경험해 보고 형성된 브랜드 로열티가 브랜드 자산이 되고 이 브랜드 자산이 경쟁하는 타사의 브랜드들 보다 클 때 파워 브랜드가 되는 것으로 브랜드는 공장에서 만들어지는 것이 아니라 소비자의 경험에 의한 브랜드 충성도에 의해서 결정되는 것이다.

브랜드 파워를 구축하기 위해서는 장기적인 측면에서의 생명체를 보살피듯 성장 시켜 나가는 장기적인 관리가 필요하다.

이를 위해서 기업 최고 경영자의 관심과 기업의 문화와 중장기 전략과 브랜드 전략을 동일시해야 한다.

4) 브랜드의 법률적 보호

상표등록

5) 브랜드 네이밍

가) 기억하기 쉬울 것

나) 해당제품을 적절히 암시할 것

다) 좋지 않은 의미를 내포하지 않을 것

라) 상표법상 등록이 가능할 것

마) 단어의 길이와 발음이 용이할 것

부록 관련 법률

I. 발명진흥법

[시행 2011.10. 1] [법률 제10489호, 2011. 3.30, 일부개정]

제1장 총칙

제1조(목적) 이 법은 발명을 장려하고 발명의 신속하고 효율적인 권리화와 사업화를 촉진함으로써 산업의 기술 경쟁력을 높이고 나아가 국민경제 발전에 이바지함을 목적으로 한다.

제2조(정의) 이 법에서 사용하는 용어의 뜻은 다음과 같다. 〈개정 2010.1.27, 2010.6.8〉

1. "발명"이란 「특허법」 「실용신안법」 또는 「디자인보호법」에 따라 보호 대상이 되는 발명, 고안 및 창작을 말한다.

2. "직무발명"이란 종업원, 법인의 임원 또는 공무원(이하 "종업원 등"이라 한다)이 그 직무에 관하여 발명한 것이 성질상 사용자·법인 또는 국가나 지방자치단체(이하 "사용자등"이라 한다)의 업무 범위에 속하고 그 발명을 하게 된 행위가 종업원등의 현재 또는 과거의 직무에 속하는 발명을 말한다.

3. "개인발명가"란 직무발명 외의 발명을 한 자를 말한다.

4. "산업재산권"이란 「특허법」 「실용신안법」·「디자인보호법」 또는 「상표법」에 따라 등록된 특허권, 실용신안권, 디자인권 및 상표권을 말한다.

5. "특허관리전담부서"란 사용자등에서 산업재산권에 관한 기획, 조사 및 관리 등의 업무를 담당하는 부서를 말한다.

5의2. "공익변리사"란 제26조의2에 따라 설치된 공익변리사 특허상담센터에서 업무를 수행하는 변리사를 말한다.

6. "산업재산권진단"이란 개인발명가 또는 사용자 등의 발명에 대한 종합적인 분석을 실시하여 그 발명의 연구개발의 방향 또는 기술도입의 추진 방법 등을 제시하는 것을 말한다.

7. "산업재산권 정보"란 산업재산권의 권리화 과정 또는 산업재산권에 대한 조사·분석 등의 과정에서 생성되는 자료를 말한다.

8. "산업재산권 정보산업"이란 산업재산권 정보를 수집·분석 또는 가공하여 새로운 재화나 서비스를 창출하는 산업을 말한다.

제3조(발명진흥종합시책) ① 정부는 매년 발명의 진흥을 위한 종합시책(이하 "발명진흥종합시책"이라 한다)을 수립·시행하여야 한다.

②제1항의 발명진흥종합시책에는 다음 각 호의 사항이 포함되어야 한다.

1. 국민의 발명에 대한 인식의 향상
2. 발명 활동의 진작과 발명 성과의 권리화 촉진
3. 우수 발명의 이전 알선과 사업화 촉진
4. 그 밖에 발명진흥을 위하여 필요한 사항

제4조(발명장려보조금의 지급 등) ① 정부는 발명 장려를 위하여 예산의 범위에서 다음 각 호의 어느 하나에 해당하는 자에게 보조금을 지급할 수 있다.

1. 발명자와 그 승계인(承繼人)
2. 발명의 연구나 장려사업을 수행하는 개인 또는 단체

②제1항에 따른 보조금의 지급대상, 교부신청 및 관리 등에 필요한 사항은 대통령령으로 정한다.

제5조(발명의 날) 정부는 국민에게 발명의 중요성을 인식시키고 발명 의욕을 북돋우기 위하여 매년 5월 19일을 발명의 날로 정하고 발명진흥을 위한 기념행사를 개최한다.

제2장 발명의 진흥

제1절 발명에 대한 인식의 향상

제6조(발명에 대한 인식 향상과 발명 활동의 촉진) 특허청장은 발명에 대한 국민의 인식 향상과 발명 활동의 촉진을 위하여 다음 각 호의 사업을 한다. 〈개정 2010.6.8〉

1. 발명 장려 행사의 개최
2. 학생·여성 및 사회적 약자의 발명 활동의 촉진

3. 우수 발명품에 대한 전시회 개최와 우수 발명자에 대한 해외 전시회 참가 지원

4. 발명 활동에 대한 산업재산권 정보 등의 지원

5. 발명과 산업재산권에 대한 교육 및 연수

6. 발명 유공자와 우수 발명의 발굴 및 포상

7. 그 밖에 발명에 대한 국민의 인식 향상과 발명 활동의 촉진을 위하여 필요한 사업

제7조(학생 발명 활동의 촉진) ① 정부는 「유아교육법」 제2조제2호에 따른 유치원, 「초·중등교육법」 제2조 및 「고등교육법」 제2조에 따른 학교(이하 "각급학교"라 한다)에 재학 중인 학생들의 발명에 대한 창의력을 개발하고 발명의 생활화를 진작시키며 나아가 기술개발 인력의 양성에 기여할 수 있는 지원시책을 수립·시행하여야 한다.

②제1항에 따른 시책에는 다음 각 호의 사항이 포함되어야 한다.

1. 각급학교에 학생 발명반의 설치·운영과 그 활성화를 위한 지원

2. 각급학교 학생 발명반 지도교사에 대한 우대 조치

3. 각급학교의 해당 학교 내 또는 각급학교가 공동으로 참여하는 발명촉진행사에 대한 지원

③정부는 각급학교 중 필요하다고 인정되는 학교의 교육과정에 산업재산권에 관한 내용을 반영하거나 산업재산권에 관련된 학과 및 강좌를 설치할 수 있다.

제8조(여성 발명 활동의 촉진) ① 정부는 여성의 발명에 대한 창의력을 개발하고 우수한 여성 발명 인력을 육성하기 위한 지원시책을 수립·시행하여야 한다.

②제1항에 따른 시책에는 다음 각 호의 사항이 포함되어야 한다.

1. 여성 발명인에 대한 산업재산권에 관한 교육

2. 여성 발명의 사업화

3. 여성 발명진흥 행사의 개최 등 여성의 발명을 진흥하기 위하여 필요한 사항

제8조의2(사회적 약자의 발명 활동 촉진) ① 정부는 사회적 약자의 발명 활동을 촉진하기 위한 지원시책을 수립·시행하여야 한다.

② 제1항에 따른 지원시책에는 다음 각 호의 사항이 포함되어야 한다.

1. 사회적 약자에 대한 산업재산권 정보 등의 지원

2. 사회적 약자의 발명 촉진을 위한 변리(辨理)서비스의 지원

3. 사회적 약자의 산업재산권 보호

[본조신설 2010.6.8]

제9조(발명교실의 설치) ① 정부는 학생, 청소년 및 국민의 발명 의욕을 촉진시키기 위하여 사용자등의 시설물에 부설하여 발명실습을 위한 시설물(이하 "발명교실"이라고 한다)을 설치·운영하게 할 수 있다.

②특허청장은 제1항에 따라 설치되는 발명교실의 설치·운영을 지원하기 위하여 필요한 사항을 사용자등과 협의할 수 있다.

③특허청장은 제1항에 따라 설치되는 발명교실의 설치·운영을 지원하는 사용자등에 대하여 필요한 지원을 할 수 있다.

④제1항에 따른 발명교실의 설치·운영에 필요한 사항은 대통령령으로 정한다.

제2절 직무발명의 활성화

제10조(직무발명) ① 직무발명에 대하여 종업원등이 특허, 실용신안등록, 디자인등록(이하 "특허 등"이라 한다)을 받았거나 특허 등을 받을 수 있는 권리를 승계한 자가 특허 등을 받으면 사용자등은 그 특허권, 실용신안권, 디자인권(이하 "특허권 등"이라 한다)에 대하여 통상실시권(通常實施權)을 가진다.

②제1항에도 불구하고 공무원의 직무발명에 대한 권리는 국가나 지방자치단체가 승계하며, 국가나 지방자치단체가 승계한 공무원의 직무발명에 대한 특허권 등은 국유나 공유로 한다. 다만, 「고등교육법」 제3조에 따른 국·공립학교(이하 "국·공립학교"라 한다) 교직원의 직무발명에 대한 권리는 「기술의 이전 및 사업화 촉진에 관한 법률」 제11조제1항 후단에 따른 전담조직(이하 "전담조직"이라 한다)이 승계하며, 전담조직이 승계한 국·공립학교 교직원의 직무발명에 대한 특허권 등은 그 전담조직의 소유로 한다.

③직무발명 외의 종업원등의 발명에 대하여 미리 사용자등에게 특허 등을 받을 수 있는 권리나 특허권 등을 승계시키거나 사용자등을 위하여 전용실시권(專用實施權)을 설정하도록 하는 계약이나 근무규정의 조항은 무효로 한다.

④제2항에 따라 국유로 된 특허권 등의 처분과 관리(특허권 등의 포기를 포함한다)는 「국유재산법」 제8조 에도 불구하고 특허청장이 이를 관장하며, 그 처분과 관리에 필요한 사항은 대통령령으로 정한 다. 〈개정 2009.1.30, 2010.1.27〉

제11조(직무발명보상제도의 실시와 지원시책) ① 정부는 종업원등의 직무발명을 장려하기 위하여 직무발명보상제도 등의 실시에 관한 지원시책을 수립·시행하여야 한다.

②제1항에 따른 지원시책에는 다음 각 호의 내용이 포함되어야 한다.

1. 표준이 되는 보상규정의 작성 및 보급

2. 보상과 관련된 분쟁을 해결하기 위한 합리적인 절차규정의 작성 및 보급

③정부는 직무발명에 대한 보상을 실시하는 사용자등에 대하여는 제3장과 제4장에 따른 발명의 권리화와 사업화를 촉진하기 위한 조치를 먼저 하여야 한다.

제12조(직무발명 완성사실의 통지) 종업원등이 직무발명을 완성한 경우에는 지체 없이 그 사실을 사용자등에게 문서로 알려야 한다. 2명 이상의 종업원등이 공동으로 직무발명을 완성한 경우에는 공동으로 알려야 한다.

제13조(승계 여부의 통지) ① 제12조에 따라 통지를 받은 사용자등(국가나 지방자치단체는 제외한다)은 대통령령으로 정하는 기간에 그 발명에 대한 권리의 승계 여부를 종업원등에게 문서로 알려야 한다. 다만, 미리 사용자등에게 특허 등을 받을 수 있는 권리나 특허권 등을 승계시키거나 사용자등을 위하여 전용실시권을 설정하도록 하는 계약이나 근무규정이 없는 경우에는 사용자등이 종업원등의 의사와 다르게 그 발명에 대한 권리의 승계를 주장할 수 없다.

②제1항에 따른 기간에 사용자등이 그 발명에 대한 권리의 승계 의사를 알린 때에는 그때부터 그 발명에 대한 권리는 사용자등에게 승계된 것으로 본다.

③사용자등이 제1항에 따른 기간에 승계 여부를 알리지 아니한 경우에는 사용자등은 그 발명에 대한 권리의 승계를 포기한 것으로 본다. 이 경우 사용자등은 제10조제1항에도 불구하고 그 발명을 한 종업원등의 동의를 받지 아니하고는 통상실시권을 가질 수 없다.

제14조(공동발명에 대한 권리의 승계) 종업원등의 직무발명이 제삼자와 공동으로 행하여진 경우 계약이나 근무규정에 따라 사용자등이 그 발명에 대한 권리를 승계하면 사용자등은 그 발명에 대하여 종업원등이 가지는 권리의 지분을 갖는다.

제15조(직무발명에 대한 보상) ① 종업원등은 직무발명에 대하여 특허 등을 받을 수 있는 권리나 특허권 등을 계약이나 근무규정에 따라 사용자등에게 승계하게 하거나 전용실시권을 설정한 경우에는 정당한 보상을 받을 권리를 가진다.

②제1항에 따른 보상에 대하여 계약이나 근무규정에서 정하고 있는 경우 그에 따른 보상이 다음 각 호의 상황 등을 고려하여 합리적인 것으로 인정되면 정당한 보상으로 본다.

1. 보상형태와 보상액을 결정하기 위한 기준을 정할 때 사용자등과 종업원등 사이에 행하여진 협의의 상황

2. 책정된 보상기준의 공표·게시 등 종업원등에 대한 보상기준의 제시 상황

3. 보상형태와 보상액을 결정할 때 종업원등으로부터의 의견 청취 상황

③제1항에 따른 보상에 대하여 계약이나 근무규정에서 정하고 있지 아니하거나 제2항에 따

른 정당한 보상으로 볼 수 없는 경우 그 보상액을 결정할 때에는 그 발명에 의하여 사용자등이 얻을 이익과 그 발명의 완성에 사용자등과 종업원등이 공헌한 정도를 고려하여야 한다.

④공무원의 직무발명에 대하여 제10조제2항에 따라 국가나 지방자치단체가 그 권리를 승계한 경우에는 정당한 보상을 하여야 한다. 이 경우 보상금의 지급에 필요한 사항은 대통령령이나 조례로 정한다.

제16조(출원 유보시의 보상) 사용자등은 직무발명에 대한 권리를 승계한 후 출원(出願)하지 아니하거나 출원을 포기 또는 취하하는 경우에도 제15조에 따라 정당한 보상을 하여야 한다. 이 경우 그 발명에 대한 보상액을 결정할 때에는 그 발명이 산업재산권으로 보호되었더라면 종업원등이 받을 수 있었던 경제적 이익을 고려하여야 한다.

제17조(직무발명 심의기구) ① 사용자 등은 종업원 등의 직무발명에 관한 다음 각 호의 사항을 심의하기 위하여 직무발명 심의기구를 설치·운영할 수 있다.
1. 직무발명에 관한 규정의 제정·개정 및 운용에 관한 사항
2. 직무발명 보상에 관한 종업원 등과 사용자 등의 이견 조정에 관한 사항
3. 그 밖에 직무발명과 관련하여 필요한 사항

②제1항에 따른 직무발명 심의기구는 사용자등과 종업원등의 대표, 제26조에 따른 특허관리전담부서의 장 등으로 구성하며, 필요한 경우에는 관련 분야의 전문가를 자문위원으로 위촉할 수 있다.

제18조(직무발명 관련 분쟁) 직무발명과 관련하여 분쟁이 발생하는 경우 사용자등이나 종업원등은 제41조에 따른 산업재산권분쟁조정위원회에 조정을 신청할 수 있다.

제19조(비밀유지의 의무) 종업원등은 사용자등이 직무발명을 출원할 때까지 그 발명의 내용에 관한 비밀을 유지하여야 한다. 다만, 사용자등이 승계하지 아니하기로 확정된 경우에는 그러하지 아니하다.

제3절 산업재산권 정보의 제공 및 활용 촉진 〈개정 2010.1.27〉

제20조(산업재산권 정보화추진계획의 수립 등) ① 특허청장은 연구개발의 효율성을 높이고 연구개발 성과의 신속한 권리화를 지원하기 위하여 산업재산권 정보화추진계획(이하 "추진계획"이라 한다)을 수립·시행하여야 한다.
② 추진계획에는 다음 각 호의 사항이 포함되어야 한다.
1. 산업재산권 정보의 생산 및 관리

2. 산업재산권 정보의 제공 및 활용 촉진

3. 산업재산권 정보산업 육성

4. 산업재산권 정보에 관한 국제협력

5. 그 밖에 산업재산권 정보화에 관련된 사항

③ 특허청장은 추진계획의 원활한 시행을 위하여 매년 산업재산권 정보화시행계획(이하 "시행계획"이라 한다)을 수립·시행하여야 한다.

④ 시행계획의 수립 및 시행에 필요한 사항은 대통령령으로 정한다.

[전문개정 2010.1.27]

제20조의2(산업재산권 정보의 제공) ① 특허청장은 산업재산권 정보산업에 종사하는 자 등이 신청하면 「특허법」 등 관련 법령이 허용하는 범위에서 산업재산권 정보를 제공할 수 있다. 이 경우 대통령령으로 정하는 바에 따라 「개인정보 보호법」에 따른 개인정보의 제공을 제한할 수 있다. 〈개정 2011.3.29〉

② 특허청장은 제1항에 따른 신청인에게 대통령령으로 정하는 바에 따라 수수료를 받을 수 있다.

[본조신설 2010.1.27]

제20조의3(산업재산권 정보의 제공 등에 관한 업무 수행) 특허청장은 대통령령으로 정하는 바에 따라 관련 전문기관 또는 단체를 지정하여 제20조제2항제2호에 따른 산업재산권 정보의 제공 및 활용 촉진에 관한 업무를 하게 할 수 있다. 이 경우 그 업무에 필요한 비용의 전부 또는 일부를 지원할 수 있다.

[본조신설 2010.1.27]

제20조의4(산업재산권 정보화 연구개발의 지원) ① 정부는 산업재산권 정보의 제공 및 활용과 관련된 기술 및 소프트웨어에 대한 연구개발을 촉진할 수 있도록 노력하여야 한다.

② 정부는 제1항에 따른 연구개발을 수행하는 자에게 그 사용되는 자금의 전부 또는 일부를 지원할 수 있다.

[본조신설 2010.1.27]

제20조의5(연구개발 성과의 민간 이전) 정부는 제20조의4에 따라 수행된 연구개발 성과(연구개발 결과물 및 연구개발을 수행하는 과정에서 투입되거나 생성된 연구기자재·재료·물품 등을 말한다)가 민간부문에 원활히 이전될 수 있도록 노력하여야 한다.

[본조신설 2010.1.27]

제20조의6(산업재산권 정보산업 진흥 활동) 정부는 산업재산권 정보산업에 대한 국민의 인식을 높이고 창업의 활성화 등을 위하여 다음 각 호의 사업을 할 수 있다.

1. 산업재산권 정보산업의 창업 및 진흥에 관한 행사의 개최
2. 창업사례 및 우수 산업재산권 정보 관련 사업자의 발굴 및 포상
3. 창업박람회 개최 및 우수 기술·소프트웨어에 대한 전시회 개최
4. 그 밖에 산업재산권 정보산업의 창업 및 진흥에 필요한 사항

[본조신설 2010.1.27]

제20조의7(산업재산권 정보산업의 경쟁력 강화) ① 정부는 산업재산권 정보산업의 경쟁력 강화를 위하여 다음 각 호의 사업을 할 수 있다.

1. 산업재산권 정보산업에 종사하는 자의 자질 향상을 위한 교육
2. 산업재산권 정보산업의 해외 진출에 필요한 전문인력의 양성 및 지원
3. 그 밖에 산업재산권 정보산업의 전문성을 제고하기 위하여 필요하다고 인정하는 사업

② 정부는 대통령령으로 정하는 바에 따라 관련 전문기관 또는 단체를 정하여 제1항 각 호의 사업을 하게 할 수 있다. 이 경우 그 사업에 필요한 비용의 전부 또는 일부를 지원할 수 있다.

[본조신설 2010.1.27]

제21조(특허기술정보센터) ① 산업재산권과 관련된 선행기술(先行技術) 정보자료를 효율적으로 보급하기 위하여 특허기술정보센터를 둘 수 있다. 〈개정 2010.1.27〉

②제1항에 따른 특허기술정보센터(이하 "특허기술정보센터"라 한다)는 다음 각 호의 사업을 한다. 〈개정 2010.1.27〉

1. 선행기술연구를 위한 시설 또는 설비의 제공
2. 선행기술정보의 분석 및 제공
3. 외부 용역에 따른 선행기술의 검색
4. 그 밖에 선행기술정보자료의 보급에 관한 사업

③특허기술정보센터를 설립하려는 자는 특허청장에게 등록하여야 한다. 〈개정 2010.1.27〉

④제3항에 따라 특허기술정보센터로 등록하려는 자는 제2항에 따른 사업을 수행할 수 있는 법인으로서 대통령령으로 정하는 인력, 시설, 데이터베이스 및 전산장비를 갖추어야 한다.

⑤특허기술정보센터는 제2항에 따른 사업 수행에 필요한 자금을 충당하기 위하여 수익사업을 할 수 있다.

⑥제3항에 따라 특허기술정보센터로 등록한 자는 매 사업연도가 시작되는 날의 1개월 전까지 그 사업연도의 사업계획서를, 사업연도가 끝난 날부터 3개월 이내에 그 사업연도의 사업실적서를 특허청장에게 제출하여야 한다.

⑦특허기술정보센터가 아닌 자는 특허기술정보센터의 명칭을 사용하지 못한다.

⑧정부는 특허기술정보센터에 필요한 경비를 예산의 범위에서 출연할 수 있다.

⑨제8항에 따른 출연에 필요한 사항은 대통령령으로 정한다.

제22조(특허기술정보센터의 등록말소 등) 특허청장은 특허기술정보센터가 다음 각 호의 어느 하나에 해당하면 그 등록을 말소하거나 6개월 이내의 기간을 정하여 그 업무의 정지를 명할 수 있다. 다만, 제1호에 해당하면 그 등록을 말소하여야 한다.

1. 거짓이나 그 밖의 부정한 방법으로 특허기술정보센터의 등록을 한 경우
2. 제21조제2항에 따른 사업을 수행할 능력을 상실한 경우
3. 제21조제4항에 따른 등록기준에 미달한 경우
4. 제21조제6항에 따른 사업계획서 및 사업실적서를 기간 이내에 제출하지 아니한 경우

제23조(지역지식재산센터) ① 지역 중소기업과 주민의 산업재산권에 관한 인식을 제고하고 산업재산권의 창출·보호 및 활용을 지원하기 위하여 지역별로 지역지식재산센터를 둘 수 있다. 〈개정 2011.3.30〉

②제1항에 따른 지역지식재산센터(이하 "지역지식재산센터"라 한다)는 다음 각 호의 사업을 한다. 〈개정 2010.1.27, 2011.3.30〉

1. 산업재산권에 관한 정보 제공 및 상담
2. 산업재산권에 관한 교육 및 홍보 등 인식제고
3. 산업재산권의 창출·보호 및 활용 지원
4. 그 밖에 산업재산권에 관한 지원 사업

③지역지식재산센터를 설립하려는 자는 특허청장에게 등록하여야 한다.

④제3항에 따라 지역지식재산센터로 등록하려는 자는 대통령령으로 정하는 시설, 인력 및 전산장비를 갖추어야 한다. 〈개정 2010.1.27〉

⑤지역지식재산센터가 아닌 자는 지역지식재산센터의 명칭을 사용하지 못한다.

⑥정부는 예산의 범위에서 지역지식재산센터를 운영하는 데 필요한 경비를 지원할 수 있다.

⑦ 지역지식재산센터는 제2항에 따른 사업수행에 필요한 자금을 충당하기 위하여 수익사업

을 할 수 있다. 〈개정 2011.3.30〉

⑧ 제3항에 따라 지역지식재산센터로 등록한 자는 매 사업연도가 시작되는 날의 1개월 전까지 그 사업연도의 사업계획서를, 사업연도가 끝난 날부터 3개월 이내에 그 사업연도의 사업실적서를 특허청장에게 제출하여야 한다. 〈신설 2011.3.30〉

⑨제3항에 따른 등록 절차 등에 필요한 사항은 대통령령으로 정한다. 〈개정 2011.3.30〉

⑩ 특허청장은 매년 지역 지식재산센터의 사업수행 실적과 성과 등에 대하여 평가할 수 있다. 〈신설 2011.3.30〉

⑪ 특허청장은 제10항에 따른 사업실적 평가결과 사업실적이 부진한 지역지식재산센터에 대하여 경고하고 제6항에 따른 지원을 중단하거나 축소할 수 있다. 〈신설 2011.3.30〉

제24조(지역 지식재산센터의 등록말소 등) 특허청장은 지역 지식재산센터가 다음 각 호의 어느 하나에 해당하는 경우에는 그 등록을 말소하거나 6개월 이내의 기간을 정하여 그 업무의 정지를 명할 수 있다. 다만, 제1호에 해당하는 경우에는 그 등록을 말소하여야 한다.

1. 거짓이나 그 밖의 부정한 방법으로 지역 지식재산센터의 등록을 한 경우
2. 제23조제2항에 따른 사업을 수행할 능력을 상실한 경우
3. 제23조제4항에 따른 등록기준에 미달하게 된 경우
4. 제23조제8항에 따른 사업계획서 및 사업실적서를 같은 항에 따른 기간 이내에 제출하지 아니한 경우
5. 최근 3년 이내에 두번 이상 제23조제11항에 따른 경고를 받은 경우

[전문개정 2011.3.30]

제3장 발명의 권리화 지원

제25조(선행기술 조사) ① 특허청장은 산업재산권의 출원이 있으면 이를 신속·정확하게 심사하고 처리하기 위하여 관련 분야의 국내외의 선행기술에 관하여 종합적으로 조사하는 시책을 수립·시행하여야 한다.

②제1항에 따른 시책에는 다음 각 호의 사항이 포함되어야 한다.

1. 선행기술정보의 수집·분석
2. 선행기술에 대한 외부 용역 의뢰
3. 그 밖에 선행기술조사에 필요한 사항

제26조(특허관리전담부서 설치) ① 특허청장은 사용자등의 특허관리 능력을 높여 국내외의 산업재산권 분쟁에 효율적으로 대처하고 산업의 경쟁력을 확보하는 데 기여할 수 있도록 특허관리전담부서의 효율적인 설치와 운영에 필요한 지원시책을 수립·시행하여야 한다.
② 제1항에 따른 시책에는 다음 각 호의 사항이 포함되어야 한다.
1. 특허관리전담부서 설치에 관한 정보 제공
2. 특허관리전담부서 요원에 대한 산업재산권 교육
3. 그 밖에 특허관리전담부서 설치에 필요한 사항

제26조의2(공익변리사 특허상담센터) ① 특허청장은 사회적 약자에 대한 특허 관련 상담 등 무료 변리서비스를 제공하기 위하여 공익변리사 특허상담센터(이하 "상담센터"라 한다)를 설치한다.
② 상담센터는 다음 각 호의 업무를 수행한다.
1. 산업재산권의 출원·심사·등록·심판절차와 관련한 상담 및 서류작성 지원
2. 「변리사법」 제2조에 따라 특허청 또는 법원에 대하여 하여야 할 사항의 대리
3. 산업재산권 관련 분쟁조정신청서 검토 및 잠정 합의권고안 작성 지원
4. 특허분쟁 경영컨설팅 및 법률 자문
5. 산업재산권 관련 설명회의 개최 및 상담
6. 그 밖의 산업재산권 관련 법률서비스 지원 및 대통령령으로 정하는 상담센터의 운영 목적에 부합하는 업무
③ 상담센터는 다음 각 호의 어느 하나에 해당하는 자를 지원대상으로 한다.
1. 「국민기초생활 보장법」 제2조제2호에 따른 수급자
2. 「국가유공자 등 예우 및 지원에 관한 법률」 제4조 및 제5조에 따른 국가유공자와 그 유족 및 가족
3. 「장애인복지법」 제32조제1항에 따라 등록된 장애인
4. 「초·중등교육법」 제2조 및 「고등교육법」 제2조에 따른 학교의 재학생(대학원 재학생은 제외한다)
5. 「중소기업기본법」 제2조에 따른 소기업
6. 그 밖에 상담·지원이 특별히 필요하다고 대통령령으로 정하는 자
④ 정부는 예산의 범위에서 상담센터의 운영에 필요한 경비를 지원할 수 있다.

⑤ 특허청장은 상담센터 운영을 대통령령으로 정하는 산업재산권 분야에 전문성이 있는 법인이나 단체에 위탁할 수 있다.

⑥ 상담센터의 구성, 운영, 업무범위 및 절차 등에 필요한 사항은 대통령령으로 정한다.

[본조신설 2010.6.8]

제27조(특허관리 비용의 지원) ① 특허청장은 대통령령으로 정하는 바에 따라 개인발명가 또는 종업원등이 연구개발한 발명의 신속한 권리화가 촉진될 수 있도록 출원 및 등록 비용을 줄이기 위하여 필요한 조치를 할 수 있다.

②특허청장은 각급학교의 학생, 「국민기초생활 보장법」 제5조에 따른 수급권자 및 대통령령으로 정하는 일정 규모 이하의 소기업에 대하여 우선적으로 제1항에 따른 조치를 할 수 있다.

제4장 발명의 사업화 촉진

제28조(발명의 평가기관 지정 등) ① 특허청장은 산업재산권으로 등록된 발명의 조속한 사업화가 필요하다고 인정되면 그 발명의 평가를 위하여 관계 행정기관의 장과 협의하여 국공립 연구기관, 정부출연연구소, 민간기업연구소 또는 기술성·사업성 평가를 전문적으로 수행하는 기관을 발명에 대한 평가기관으로 지정할 수 있다.

②제1항에 따른 발명의 평가기관을 지정할 때에는 대통령령으로 정하는 전문인력, 시설, 평가실적 또는 유사업무 경험을 참작하여야 한다.

③발명을 사업화하려는 자는 제1항에 따라 지정된 평가기관(이하 "평가기관"이라 한다)에 대하여 발명의 기술성과 사업성에 관한 평가를 요청할 수 있다.

④제3항에 따른 평가 요청을 받은 평가기관은 발명을 먼저 분석·평가하고 그 결과를 지체 없이 통보하여야 한다.

⑤특허청장은 다음 각 호의 사항에 관하여 평가기관의 장과 협의할 수 있다.

1. 평가대상 기술 및 평가범위

2. 평가기관에 대한 자금 지원 및 평가수수료

3. 평가기관과의 업무협약

⑥제1항과 제2항에 따른 지정 절차 등에 필요한 사항은 대통령령으로 정한다.

제29조(평가기관에 대한 지원) 특허청장은 다음 각 호의 사업을 하는 평가기관에 대하여 예산의 범위에서 그 사업에 드는 비용의 전부 또는 일부를 지원할 수 있다.

1. 발명평가 전문인력의 양성

2. 발명평가 기법의 연구

3. 발명평가에 관련된 정보의 수집 및 제공

4. 그 밖에 발명평가를 위하여 필요한 사항으로서 대통령령으로 정하는 사항

제30조(평가수수료의 지원) 특허청장은 제28조제3항 및 제4항에 따라 평가기관으로부터 발명의 기술성과 사업성을 평가받은 자에 대하여 예산의 범위에서 평가수수료의 전부 또는 일부를 지원할 수 있다.

제31조(평가기관의 지정취소 등) 특허청장은 평가기관이 제1호에 해당하면 그 지정을 취소하여야 하며, 제2호에 해당하면 그 지정을 취소하거나 6개월 이내의 기간을 정하여 그 업무의 정지를 명할 수 있다.

1. 거짓이나 그 밖의 부정한 방법으로 평가기관의 지정을 받은 경우

2. 제28조제2항 및 제3항에 따른 발명의 기술성과 사업성에 대한 평가능력을 상실한 경우

제32조(우수 발명의 사업화 지원) 특허청장은 개인발명가 또는 사용자등의 발명이 제28조제3항에 따라 기술성과 사업성이 우수하다고 인정되면 그 발명의 자금 지원 및 구매 촉진 등 사업화를 지원할 수 있다.

제33조 삭제 〈2009.3.18〉

제34조(특허기술사업화알선센터) ① 산업재산권의 사업화를 촉진하기 위한 업무를 행하기 위하여 특허기술사업화알선센터를 둔다.

②특허기술사업화알선센터는 다음 각 호의 사업을 행한다. 〈개정 2009.1.30, 2009.3.18〉

1. 발명 관련 기술(이하 "특허기술"이라 한다) 상설시장과 인터넷 특허기술 시장의 운영 등 산업재산권의 양도 또는 매매의 알선

2. 산업재산권의 실시권 허여(許與)의 알선(산업재산권자가 그 권리를 특허기술사업화알선센터에 실시를 허여하고, 특허기술사업화알선센터는 이를 제삼자에게 다시 허여하여 실시하게 하는 경우를 포함한다. 이 경우 그 제삼자로부터 받은 사용료는 산업재산권자와 체결한 계약에서 정한 범위와 절차에 따라 특허기술사업화알선센터가 산업재산권자에게 지급하여야 한다)

3. 산업재산권의 알선·평가와 관련 정보의 수집·분석 및 제공

4. 「산업기술혁신 촉진법」 제38조에 따른 한국산업기술진흥원 등 기술이전 관련 기관과의 연계 체제 구축

5. 그 밖에 특허기술의 사업화 촉진과 특허기술의 알선 사업의 활성화를 위하여 필요한 사업

③정부는 특허기술사업화알선센터의 설립·운영 또는 사업 수행에 필요한 경비의 전부 또는 일부를 출연할 수 있다.

④특허기술사업화알선센터의 구성, 기능, 운영, 정부 출연, 그 밖에 필요한 사항은 대통령령으로 정한 다.

제35조(시작품의 제작 지원) 정부는 제28조제3항에 따라 기술성과 사업성이 우수하다고 인정된 발명의 시작품(試作品)을 제작하는 데 필요한 자금의 전부 또는 일부를 예산의 범위에서 지원할 수 있다.

제36조(산업재산권진단기관의 지정 등) ① 특허청장은 개인발명가 및 사용자등의 산업재산권 관리 능력을 높이고 연구개발의 중복 투자를 방지하기 위하여 국공립 연구기관, 정부출연연구기관, 민간연구기관 또는 산업재산권 진단업무를 전문적으로 수행하는 기관을 산업재산권진단기관으로 지정할 수 있다.

②제1항에 따른 산업재산권진단기관을 지정할 때에는 전문인력, 시설, 진단실적 또는 유사업무 경험 등 대통령령으로 정하는 기준을 고려하여야 한다.

③특허청장은 제1항에 따라 지정된 산업재산권진단기관이 개인발명가 또는 사용자등의 신청에 따라 산업재산권진단을 실시한 경우 진단에 지출된 비용의 전부 또는 일부를 예산의 범위에서 지원할 수 있다.

④제1항에 따른 지정 절차 등에 필요한 사항은 대통령령으로 정한다.

제37조(산업재산권진단기관의 지정취소 등) 특허청장은 산업재산권진단기관이 제1호에 해당하면 그 지정을 취소하여야 하며, 제2호에 해당하면 그 지정을 취소하거나 6개월 이내의 기간을 정하여 그 업무의 정지를 명할 수 있다.

1. 거짓이나 그 밖의 부정한 방법으로 산업재산권진단기관의 지정을 받은 경우
2. 산업재산권진단기관이 산업재산권 진단업무를 수행할 능력을 상실한 경우

제38조(각종 규격의 개정 요청) 산업재산권으로 등록된 발명이 기존 규격과 달라 국가, 지방자치단체 또는 「공공기관의 운영에 관한 법률」 제4조에 따른 공공기관 등의 물품 구매 대상에서 제외되는 경우 특허청장은 해당 규격을 관리하는 관계 행정기관의 장에게 그 발명에 따른 제품이 구매 대상에 포함될 수 있도록 관련 규격의 개정이나 보완을 요청할 수 있다. 〈개정 2009.3.18〉

제39조(우수 발명품의 우선 구매) 「조달사업에 관한 법률」 제2조제4호에 따른 수요기관이 물품을 구매하려면 특허청장이 추천하는 중소기업의 우수 발명품을 먼저 구매할 수 있다.

〈개정 2009.3.18〉

제40조(세제 지원) 정부는 「조세특례제한법」에서 정하는 바에 따라 발명의 진흥, 산업재산권의 출원과 등록 또는 산업재산권의 양도와 실시 등에 따라 생기는 소득이나 비용에 대한 세제상 지원을 할 수 있다.

제5장 산업재산권 분쟁의 조정 및 기술공유 촉진

제41조(산업재산권분쟁조정위원회) ① 산업재산권과 관련된 분쟁(이하 "분쟁"이라 한다)을 심의·조정하기 위하여 산업재산권분쟁조정위원회(이하 "위원회"라 한다)를 둔다. 〈개정 2010.6.8〉

② 위원회는 위원장 1명을 포함한 15명 이상 40명 이하의 조정위원(이하 "위원"이라 한다)으로 구성한다. 〈개정 2010.1.27, 2010.6.8〉

③ 위원회의 위원은 다음 각 호의 어느 하나에 해당하는 자 중에서 특허청장이 위촉하며, 위원장은 특허청장이 위원 중에서 지명한다. 〈개정 2010.1.27, 2010.6.8〉

1. 특허청 소속 공무원으로서 3급의 직(職)에 있거나 고위공무원단에 속하는 공무원인 자
2. 판사 또는 검사의 직에 있는 자
3. 변호사 또는 변리사의 자격이 있는 자
4. 대학에서 부교수 이상의 직에 있는 자
5. 「비영리민간단체 지원법」 제2조에 따른 비영리 민간단체에서 추천한 자
6. 그 밖에 산업재산권에 관한 학식과 경험이 풍부한 자

④ 위원의 임기는 3년으로 한다. 다만, 제3항제1호 및 제2호에 해당하는 위원의 임기는 해당 직위에 재임하는 기간으로 한다.

⑤ 위원 중 결원이 생기면 제3항에 따라 보궐위원을 위촉하여야 하며, 그 보궐위원의 임기는 전임자의 남은 임기로 한다. 다만, 위원의 수가 15명 이상인 경우에는 보궐위원을 위촉하지 아니할 수 있다.

제41조의2(위원의 제척·기피·회피) ① 위원은 다음 각 호의 어느 하나에 해당하는 경우에는 해당 분쟁조정청구사건(이하 이 조에서 "사건"이라 한다)의 심의·조정에서 제척된다.

1. 위원 또는 그 배우자나 배우자이었던 자가 해당 사건의 당사자가 되거나 해당 사건에 관하여 공동권리자 또는 의무자의 관계에 있는 경우
2. 위원이 해당 사건의 당사자와 친족관계에 있거나 있었던 경우

3. 위원이 해당 사건에 관하여 심사·심판 및 재판에 직접 관여한 경우

4. 위원이 해당 사건에 관하여 당사자의 증인, 감정인 또는 대리인으로서 관여하거나 관여하였던 경우

5. 위원이 해당 사건에 관하여 직접 이해관계를 가진 경우

② 분쟁당사자는 위원에게 심의·조정의 공정을 기대하기 어려운 사정이 있는 경우에는 위원회에 기피신청을 할 수 있다. 이 경우 위원회는 기피신청이 타당하다고 인정하는 때에는 해당 위원에 대하여 기피의 결정을 하여야 한다.

③ 위원이 제1항 또는 제2항의 사유에 해당하는 경우에는 스스로 그 사건의 심의·조정을 회피할 수 있다.

[본조신설 2010.6.8]

제42조(조정부) 위원회는 분쟁 조정 업무를 효율적으로 수행하기 위하여 위원회에 3명의 위원으로 구성된 조정부(調停部)를 두되, 조정부의 위원 중 1명은 변호사 또는 변리사의 자격이 있는 자이어야 한다. 〈개정 2010.6.8〉

제43조(조정의 신청 등) ① 분쟁의 조정을 받으려는 자는 신청 취지와 원인을 적은 조정신청서를 위원회에 제출하여 조정을 신청할 수 있다. 〈개정 2010.6.8〉

②제1항에 따른 분쟁의 조정은 제42조에 따른 조정부가 행한다.

③위원회는 조정신청이 있는 날부터 3개월 이내에 조정을 하여야 한다. 다만, 특별한 사유가 있으면 양 당사자의 동의를 받아 1개월의 범위에서 한 번만 그 기간을 연장할 수 있다. 〈개정 2010.6.8〉

④제3항에 따른 기간이 지난 경우에는 조정이 성립되지 아니한 것으로 본다.

제43조의2(조정신청을 할 수 있는 자) ① 제43조제1항에 따라 분쟁의 조정을 신청할 수 있는 자는 다음 각 호의 어느 하나에 해당하는 자에 한한다. 다만, 국내에 주소 또는 영업소를 가지지 아니하는 자의 경우에는 국내에 주소 또는 영업소를 둔 대리인을 통하여서만 신청을 할 수 있다.

1. 권리자

2. 실시권자

3. 사용권자

4. 직무발명자

5. 그 밖에 해당 권리의 실시에 직접적인 이해관계가 있는 자

② 제1항에 해당하는 자 중 미성년자, 금치산자, 한정치산자는 법정대리인에 의하여서만 조정을 신청할 수 있다.

[본조신설 2010.6.8]

제44조(조정신청의 대상에서 제외되는 사항) 분쟁 중에서 산업재산권의 무효 및 취소 여부, 권리범위의 확인 등에 관한 판단만을 요청하는 사항은 조정신청의 대상이 될 수 없다.

제45조(출석의 요구) ① 위원회는 분쟁의 조정을 위하여 필요하면 당사자, 그 대리인 또는 이해관계인의 출석을 요구하거나 필요한 관계 서류의 제출을 요구할 수 있다. 〈개정 2010.6.8〉

②조정 당사자가 정당한 사유 없이 제1항에 따른 출석의 요구에 따르지 아니하면 조정이 성립되지 아니한 것으로 본다.

제46조(조정의 성립 등) ① 조정은 당사자 사이에 합의된 사항을 조서에 적음으로써 성립된다.

②제1항에 따른 조서는 재판상 화해와 같은 효력이 있다. 다만, 당사자가 임의로 처분할 수 없는 사항에 관한 것은 그러하지 아니하다.

제46조의2(조정의 거부 및 중지) ① 위원회는 다음 각 호의 어느 하나에 해당하는 경우에는 조정을 거부하거나 중지할 수 있다.

1. 분쟁당사자의 일방이 조정을 거부한 경우

2. 분쟁당사자 중 일방이 법원에 소를 제기하였거나 조정의 신청이 있은 후 법원에 소를 제기한 경우

3. 신청의 내용이 관계 법령 또는 객관적인 자료에 의하여 명백하게 인정되는 등 조정을 할 실익이 없는 것으로서 대통령령으로 정하는 경우

② 위원회는 제1항에 따른 조정 거부 또는 중지의 사유가 발생하는 경우에는 그 사유를 서면으로 분쟁당사자에게 알려야 한다.

[본조신설 2010.6.8]

제47조(소멸시효의 중단 등) ① 조정신청은 시효중단의 효력이 있다.

②조정이 성립되지 아니한 경우에는 그 불성립이 확정된 날부터 1개월 이내에 소(訴)를 제기하지 아니하면 시효중단의 효력이 없다.

제48조(위원회의 구성 등) 위원회의 구성·운영과 분쟁의 조정방법·조정절차 및 조정업무의 처리 등에 필요한 사항은 대통령령으로 정한다.

[전문개정 2010.6.8]

제49조(경비 보조) 정부는 예산의 범위에서 위원회를 운영하는 데 필요한 경비를 지원할 수 있다. 〈개정 2010.6.8〉

제49조의2(비밀누설의 금지) 위원회 위원 또는 위원이었던 자는 그 직무상 알게 된 산업재산권에 대한 비밀을 누설하여서는 아니 된다. 〈개정 2010.6.8〉

[본조신설 2007.8.3]

제50조(산업재산권의 공유 및 상호사용 촉진) ① 특허청장은 사용자등이 다른 사용자등과 산업재산권의 공유 또는 공동사용협약을 체결하여 각자 보유하고 있는 산업재산권에 대한 공동소유 또는 통상실시권의 상호허여(이하 "산업재산권의 공유 및 상호사용"이라 한다)를 촉진하기 위하여 필요한 지원시책을 수립·시행하여야 한다.

②제1항에 따른 지원시책에는 다음 각 호의 사항이 포함되어야 한다.

1. 산업재산권의 공유 및 상호사용에 대한 국내외 정보 제공
2. 산업재산권의 공유 및 상호사용의 촉진을 위한 설명회 개최
3. 그 밖에 산업재산권의 공유 및 상호사용의 촉진에 필요한 사항

③특허청장은 제1항에 따라 산업재산권의 공유 및 상호사용협약을 체결한 사용자등이 산업재산권의 공유 및 상호사용 대상 기술 분야에 대한 공동기술을 개발할 때 그에 따른 비용을 제55조 에 따른 기금, 「산업기술혁신 촉진법」 제11조제2항에 따른 산업기술개발사업을 위한 자금, 「중소기업진흥에 관한 법률」 제63조에 따른 중소기업창업 및 진흥기금 등에서 먼저 지원하도록 지식경제부장관 또는 제52조에 따른 한국발명진흥회 회장에게 요청할 수 있다. 〈개정 2008.2.29, 2009.5.21, 2010.1.27〉

제50조의2(산업재산권의 보호) ① 정부는 산업의 기술경쟁력을 높이고 공정한 거래질서를 확립하기 위하여 대통령령으로 정하는 바에 따라 산업재산권 보호사업을 할 수 있다.

② 정부는 대통령령으로 정하는 바에 따라 관련 전문기관이나 단체를 지정하여 제1항에 따른 산업재산권 보호사업을 하게 할 수 있다. 이 경우 그 사업에 필요한 비용의 전부 또는 일부를 지원할 수 있다.

[본조신설 2010.1.27]

제50조의3(해외산업재산권센터) ① 해외에서 수출기업의 산업재산권 확보, 활용 및 보호 등을 지원하기 위하여 해외산업재산권센터를 둘 수 있다.

② 제1항에 따른 해외산업재산권센터(이하 이 조에서 "해외산업재산권센터"라 한다)는 다음 각 호의 사업을 한다.

1. 해외에서 수출기업의 산업재산권 출원, 등록 및 활용 지원

2. 해외에서 수출기업 등의 산업재산권 분쟁 대응 지원

3. 해외에서 수출기업의 영업비밀보호 지원

4. 해외 산업재산권의 보호에 관한 정보의 공유 및 확산

5. 산업재산권의 출원·등록 등의 지원을 위한 관련 해외 자료의 수집

6. 해외에서 산업재산권 보호를 위한 협력 네트워크 구축

7. 해외 산업재산권 보호 관련 제도·통계·수요 조사 및 홍보

8. 그 밖에 수출기업의 해외 산업재산권 확보·활용 및 보호 등을 위하여 필요한 사항

③ 정부는 예산의 범위에서 해외산업재산권센터를 운영하는 자에게 사업 수행에 필요한 자금을 지원할 수 있다.

④ 해외산업재산권센터의 수익사업에 관하여는 제21조제5항을 준용한다.

[본조신설 2010.1.27]

제51조(지식재산권 연구소) ① 사용자등은 지식재산권에 관련된 국내외 분쟁에 대한 효율적인 대응방안을 세우고 국내외 지식재산권의 동향 분석과 신지식재산권 분야에 대한 연구를 하기 위하여 공동으로 지식재산권 연구소를 설립할 수 있다.

②정부는 제1항에 따른 지식재산권 연구소에 대하여 필요한 지원시책을 수립·시행하여야 한다.

③제2항에 따른 시책에는 다음 각 호의 사항이 포함되어야 한다.

1. 사업비 및 운영비의 보조

2. 지식재산권 연구를 위한 공무원의 파견

3. 그 밖에 지식재산권 연구를 위하여 필요한 사항

제6장 한국발명진흥회

제52조(한국발명진흥회의 설립) ① 발명진흥사업을 체계적, 효율적으로 추진하고 발명가의 이익 증진을 도모할 수 있는 사업을 하기 위하여 한국발명진흥회를 설립한다.

②한국발명진흥회는 법인으로 한다.

③한국발명진흥회는 그 주된 사업소의 소재지에 설립등기를 함으로써 성립한다.

④한국발명진흥회는 정관으로 정하는 바에 따라 국내외의 필요한 곳에 지부를 둘 수 있다.

⑤한국발명진흥회가 아닌 자는 한국발명진흥회의 명칭을 사용하지 못한다.

⑥한국발명진흥회에 관하여 이 법에 규정한 것 외에는 「민법」 중 재단법인에 관한 규정을 준용한다.

제53조(사업) ① 한국발명진흥회는 다음 각 호의 사업을 한다.

1. 발명진흥에 대한 조사・연구
2. 산업재산권 기술정보자료의 수집, 분석 및 보급
3. 특허관리 요원의 양성
4. 특허, 실용신안, 디자인 및 상표 공보의 보급
5. 산업재산권 관련 교육의 실시와 교육시설의 운영
6. 특허청장이 발명의 진흥에 관하여 위탁한 사업
7. 그 밖에 정관으로 정하는 사업

②한국발명진흥회는 제1항에 따른 사업수행에 필요한 재원을 조달하기 위하여 수익사업을 할 수 있다.

③정부는 발명진흥을 위하여 예산의 범위에서 한국발명진흥회에 대하여 사업비와 운영에 필요한 경비를 지원할 수 있다.

제54조(지도・감독) 특허청장은 한국발명진흥회의 업무를 지도・감독한다.

제55조(기금의 조성 등) ① 한국발명진흥회는 이 법에 따른 발명진흥을 위한 사업의 효율적인 지원을 위하여 기금(이하 "기금"이라 한다)을 조성・운용할 수 있다.

②기금은 다음 각 호의 재원으로 조성한다.

1. 제53조제2항에 따른 수익사업으로 발생된 수익금
2. 사용자등의 출연금 또는 기부금
3. 차입금
4. 기금 운용 수익금
5. 그 밖에 대통령령으로 정하는 수입금

③기금은 다음 각 호의 사업에 사용한다.

1. 발명 장려 행사 등 발명 활동의 촉진

2. 우수 발명 시작품의 제작 지원

3. 발명의 기술성 및 사업성 평가 지원

4. 발명의 양도, 실시 허여와 창업자금 지원 등의 사업화 지원

5. 직무발명제도 활용 촉진

6. 국내외 출원 및 등록의 장려

7. 학생 발명의 장려

8. 산업재산권 정보의 조사·분석

9. 산업재산권 제도 조사와 연구개발

10. 학생, 영세 발명가에 대한 무료 변리(辨理)에 관한 지원

11. 산업재산권의 사업화자금 지원을 할 때의 신용보증에 관한 지원

12. 그 밖에 한국발명진흥회 회장이 발명진흥을 위하여 필요하다고 인정하는 사업

제7장 보칙

제56조(권한과 업무의 위임·위탁) 이 법에 따른 특허청장의 권한과 업무는 대통령령으로 정하는 바에 따라 그 일부를 특별시장·광역시장·도지사 또는 특별자치도지사에게 위임하거나 특허기술정보센터, 한국발명진흥회, 발명기관의 장(직무발명을 한 당시 공무원이 소속된 기관의 장을 말한다) 또는 「기술의 이전 및 사업화 촉진에 관한 법률」 제10조에 따라 지정된 기술거래기관에 위탁할 수 있다. 〈개정 2010.1.27〉

제57조(청문) 특허청장은 다음 각 호의 어느 하나에 해당하는 처분을 하려면 청문을 하여야 한다.

1. 에 따른 특허기술정보센터의 등록말소

2. 제24조에 따른 지역지식재산센터의 등록말소

3. 제31조에 따른 평가기관의 지정취소

4. 제37조에 따른 산업재산권진단기관의 지정취소

제8장 벌칙

제58조(벌칙) ① 제19조를 위반하여 부정한 이익을 얻거나 사용자등에 손해를 가할 목적으로 직무발명의 내용을 공개한 자에 대하여는 3년 이하의 징역 또는 3천만원 이하의 벌금에

처한다.

②제1항의 죄는 사용자등의 고소가 있어야 공소를 제기할 수 있다.

제59조(벌칙 적용에서의 공무원 의제) 위원회 위원으로서 공무원이 아닌 자, 특허기술정보센터, 특허기술사업화알선센터 및 한국발명진흥회의 임원과 직원은 「형법」과 그 밖의 법률에 따른 벌칙의 적용에서는 공무원으로 본다. 〈개정 2007.8.3, 2010.6.8〉

제60조(과태료) ① 다음 각 호의 어느 하나에 해당하는 자에게는 1천만원 이하의 과태료를 부과한다.

1. 제21조제3항에 따른 등록을 하지 아니하고 같은 조 제7항을 위반하여 특허기술정보센터의 명칭을 사용한 자

2. 제23조제3항에 따른 등록을 하지 아니하고 같은 조 제5항을 위반하여 지역지식재산센터의 명칭을 사용한 자

3. 제52조제5항을 위반하여 한국발명진흥회의 명칭을 사용한 자

②제1항에 따른 과태료는 대통령령으로 정하는 바에 따라 특허청장이 부과·징수한다.

③ 삭제 〈2009.3.18〉

④ 삭제 〈2009.3.18〉

⑤ 삭제

부칙 〈법률 제8357호, 2007.4.11〉

제1조 (시행일) 이 법은 공포한 날부터 시행한다. 다만, 제10조제2항 단서와 제34조제2항제4호의 개정규정은 2007년 6월 29일부터 시행하고, 부칙 제6조제4항의 개정규정은 2007년 7월 1일부터 시행한다.

제2조 (시행일에 관한 경과조치) 부칙 제1조 단서에 따라 제10조제2항 단서 및 제34조제2항제4호의 개정규정이 시행되기 전까지는 그에 해당하는 종전의 제8조제2항 단서 및 제24조제2항제2호의3을 적용한다.

제3조 (직무발명보상에 대한 경과조치) 2006년 9월 4일 전에 이루어진 특허 등을 받을 수 있는 권리 또는 특허권 등의 승계나 전용실시권의 설정에 따른 보상은 종전의 「특허법」의 규정에 따른다.

제4조 (처분 등에 관한 일반적 경과조치) 이 법 시행 당시 종전의 규정에 따른 행정기관의 행위나 행정기관에 대한 행위는 그에 해당하는 이 법에 따른 행정기관의 행위나 행정기관에 대

한 행위로 본다.

제5조 (벌칙이나 과태료에 관한 경과조치) 이 법 시행 전의 행위에 대하여 벌칙이나 과태료 규정을 적용할 때에는 종전의 규정에 따른다.

제6조 (다른 법률의 개정) ①디자인보호법 일부를 다음과 같이 개정한다.

제54조제1항 중 "「발명진흥법」 제8조제1항"을 "「발명진흥법」 제10조제1항"으로 한다.

②산업교육진흥 및 산학협력촉진에 관한 법률 일부를 다음과 같이 개정한다.

제27조제2항 후단 중 "「발명진흥법」 제8조제2항 단서"를 "「발명진흥법」 제10조제2항 단서"로 한다.

③특허법 일부를 다음과 같이 개정한다.

제109조 중 "「발명진흥법」 제29조"를 "「발명진흥법」 제41조"로 한다.

④법률 제8197호 특허법 일부개정법률 일부를 다음과 같이 개정한다.

제118조제2항, 제119조제1항 및 제136조제7항 중 "「발명진흥법」 제8조제1항의 규정에 의한"을 각각 "「발명진흥법」 제10조제1항에 따른"으로 한다.

제7조 (다른 법령과의 관계) 이 법 시행 당시 다른 법령에서 종전의 「발명진흥법」 또는 그 규정을 인용한 경우에 이 법 가운데 그에 해당하는 규정이 있으면 종전의 규정을 갈음하여 이 법 또는 이 법의 해당 규정을 인용한 것으로 본다.

부칙 〈법률 제8601호, 2007.8.3〉

이 법은 공포한 날부터 시행한다.

부칙 〈법률 제8852호, 2008.2.29〉 (정부조직법)

제1조 (시행일) 이 법은 공포한 날부터 시행한다. 다만, ···〈생략〉···, 부칙 제6조에 따라 개정되는 법률 중 이 법의 시행 전에 공포되었으나 시행일이 도래하지 아니한 법률을 개정한 부분은 각각 해당 법률의 시행일부터 시행한다.

제2조 부터 제5조까지 생략

제6조 (다른 법률의 개정) ①부터 〈742〉까지 생략

〈743〉 발명진흥법 일부를 다음과 같이 개정한다.

제33조제1항 중 "산업자원부"를 "지식경제부"로 한다.

제33조제4항 각 호 외의 부분 중 "산업자원부차관"을 "지식경제부차관"으로 한다.

제33조제4항제2호 및 제50조제3항 중 "산업자원부장관"을 각각 "지식경제부장관"으로 한다.

〈744〉부터 〈760〉까지 생략

제7조 생략

　부칙 〈법률 제9369호, 2009.1.30〉　(산업기술혁신 촉진법)

제1조(시행일) 이 법은 공포 후 3개월이 경과한 날부터 시행한다.

제2조 부터 제7조까지 생략

제8조(다른 법률의 개정) ① 및 ② 생략

③ 발명진흥법 일부를 다음과 같이 개정한다.

제34조제2항제4호를 다음과 같이한다.

4. 「산업기술혁신 촉진법」 제38조에 따른 한국산업기술진흥원 등 기술이전 관련 기관과의 연계 체제 구축

④ 및 ⑤ 생략

제9조 생략

　부칙 〈법률 제9401호, 2009.1.30〉　(국유재산법)

제1조(시행일) 이 법은 공포 후 6개월이 경과한 날부터 시행한다. 〈단서 생략〉

제2조 부터 제9조까지 생략

제10조(다른 법률의 개정) ①부터 〈31〉까지 생략

〈32〉 발명진흥법 일부를 다음과 같이 개정한다.

제10조제4항 중 "「국유재산법」 제6조"를 "「국유재산법」 제8조"로 한다.

〈33〉부터 〈86〉까지 생략

제11조 생략

　부칙 〈법률 제9509호, 2009.3.18〉

이 법은 공포 후 6개월이 경과한 날부터 시행한다.

부칙 〈법률 제9685호, 2009.5.21〉 (중소기업제품 구매촉진 및 판로지원에 관한 법률)

제1조(시행일) 이 법은 공포 후 6개월이 경과한 날부터 시행한다.

제2조 부터 제6조까지 생략

제7조(다른 법률의 개정) ①부터 ⑦까지 생략

⑧ 발명진흥법 일부를 다음과 같이 개정한다.

제50조제3항 중 「중소기업진흥 및 제품구매촉진에 관한 법률」을 「중소기업진흥에 관한 법률」로 한다.

⑨부터 〈37〉까지 생략

제8조 생략

부칙 〈법률 제9986호, 2010.1.27〉

이 법은 공포 후 6개월이 경과한 날부터 시행한다.

부칙 〈법률 제10357호, 2010.6.8〉

① (시행일) 이 법은 공포 후 6개월이 경과한 날부터 시행한다.

② (조정의 거부 및 중지에 관한 적용례) 제46조의2의 개정규정은 이 법 시행 후 최초로 위원회에 신청하는 조정부터 적용한다.

부칙 〈법률 제10465호, 2011.3.29〉 (개인정보 보호법)

제1조(시행일) 이 법은 공포 후 6개월이 경과한 날부터 시행한다. 〈단서 생략〉

제2조 부터 제5조까지 생략

제6조(다른 법률의 개정) ①부터 ③까지 생략

④ 발명진흥법 일부를 다음과 같이 개정한다.

제20조의2제1항 중 「공공기관의 개인정보보호에 관한 법률」을 「개인정보 보호법」으로 한다.

⑤부터 ⑭까지 생략

제7조 생략

부칙 〈법률 제10489호, 2011.3.30〉

이 법은 공포 후 6개월이 경과한 날부터 시행한다.

1. 발명진흥법 시행령

[시행 2011.9.30] [대통령령 제23169호, 2011.9.29, 타법개정]

제1조(목적) 이 영은 「발명진흥법」에서 위임된 사항과 그 시행에 필요한 사항을 규정함을 목적으로 한다.

제2조(발명장려보조금의 지급 대상) 특허청장은 「발명진흥법」(이하 "법"이라 한다) 제4조제1항에 따라 다음 각 호의 어느 하나에 해당하는 사업에 대하여 발명장려보조금(이하 "보조금"이라 한다)을 지급할 수 있다.

1. 발명 장려를 위한 행사의 개최 및 참가

2. 발명의 창출·보호 및 활용을 위한 조사·연구

3. 지역별 발명의 창출 및 활용 촉진

4. 학생과 여성의 발명활동 촉진

5. 우수발명인력의 양성

6. 발명과 관련된 국내외 산업재산권 분쟁 및 해외출원·등록비용의 지원

7. 사회적 약자의 발명 촉진을 위한 무료 변리서비스의 지원

8. 발명의 평가 지원

9. 발명 관련 기술·제품의 거래 및 사업화 지원

제3조(보조금의 지급 신청) 제2조에 따라 보조금을 지급받으려는 자는 별지 서식의 발명장려보조금 지급 신청서에 다음 각 호의 서류를 첨부하여 특허청장에게 제출하여야 한다. 이 경우 특허청장은 「전자정부법」 제36조제1항에 따른 행정정보의 공동이용을 통하여 신청인의 법인등기부 등본(법인인 경우에만 해당한다)을 확인하여야 한다. 〈개정 2009.9.15, 2010.5.4〉

1. 사업계획서

2. 수지예산서

3. 법 제4조제1항 각 호에 따른 보조금 지급 대상자임을 증명하는 서류

제4조(보조금의 지급 결정 등) ① 특허청장은 제3조에 따른 신청에 대하여 보조금을 지급하기로 결정한 경우에는 지급조건을 붙여 보조금 지급 통지서를 발부한다.

②보조금 지급 통지서를 받은 자는 그 사업계획을 변경하려는 때에는 그 이유와 예산서를 첨부하여 미리 특허청장의 승인을 받아야 한다.

③특허청장은 제2조 각 호에 따른 사업을 효율적으로 추진하기 위하여 보조금을 분할하여 지급하거나 한꺼번에 지급할 수 있다.

제5조(발명교실의 설치·운영) ① 특허청장은 법 제2조제2호에 따른 사용자·법인 또는 국가나 지방자치단체(이하 "사용자등"이라 한다)가 운영·관리하는 다음 각 호의 시설에 대하여 법 제9조에 따른 발명실습을 위한 시설물(이하 "발명교실"이라 한다)을 설치·운영하도록 요청할 수 있다.

1. 어린이회관

2. 학생회관

3. 특별시·광역시·도·특별자치도·시·군·구민회관 등의 공공시설

4. 그 밖에 발명실습이 가능하다고 인정되는 시설

②제1항에 따라 발명교실의 설치·운영을 요청받은 사용자등이 발명교실을 설치하려는 때에는 그 설치계획서를 작성하여 특허청장과 협의할 수 있다.

제6조(발명교실의 운영 지원) ① 특허청장은 발명교실을 설치·운영하는 사용자등에게 다음 각 호의 지원을 할 수 있다.

1. 발명교실 운영요원에 대한 교육 및 연수 지원

2. 발명교실의 설치·보수 등에 필요한 비용의 지원

3. 발명교실 운영에 필요한 비용의 지원

4. 각급학교 학생 발명반 지도교사를 발명교실 지도교사로 위촉

5. 그 밖의 행정 지원

②특허청장은 기업체 또는 연구소의 연구요원, 각급학교 교사 및 학부모 등에게 발명교실 지도교사로 자원봉사를 할 것을 권장할 수 있다.

③발명교실을 운영하는 사용자등은 그 운영에 필요한 재료비와 시설유지비용 등의 실비를

이용자로부터 받을 수 있다.

제7조(승계 여부의 통지기간) 법 제13조제1항 본문에서 "대통령령으로 정하는 기간"이란 법 제12조에 따른 통지를 받은 날부터 4개월 이내를 말한다.

제8조(산업재산권 정보화시행계획의 수립) ① 특허청장은 법 제20조제1항에 따라 수립하는 산업재산권 정보화추진계획(이하 "추진계획"이라 한다)의 원활한 시행을 위하여 매년 4월 30일까지 산업재산권 정보화시행계획(이하 "시행계획"이라 한다)을 수립하여야 한다.

② 시행계획에는 다음 각 호의 사항이 포함되어야 한다.

1. 추진계획을 시행하기 위한 사업(이하 "세부사업"이라 한다)의 추진방향

2. 세부사업의 실시계획

3. 세부사업의 비용 및 그 조달계획

4. 그 밖에 세부사업 추진에 필요한 사항

[본조신설 2010.7.26]

[종전 제8조는 제8조의5로 이동 〈2010.7.26〉]

제8조의2(산업재산권 정보의 제공 등) ① 특허청장은 법 제20조의2제1항에 따른 산업재산권 정보의 제공 신청에 대하여 산업재산권 정보의 제공을 제한한 때에는 신청을 받은 날부터 10일 이내에 그 제한의 내용과 사유를 신청인에게 문서로 통지하여야 한다.

② 특허청장은 법 제20조의2제1항 후단에 따라 「개인정보 보호법」에 따른 개인정보의 제공을 제한하려는 경우에는 미리 그 제한기준을 정하여 특허청의 인터넷 홈페이지 등에 공고하여야 한다. 〈개정 2011.9.29〉

③ 특허청장이 법 제20조의2제2항에 따라 받을 수 있는 수수료는 원가산정 결과를 근거로 실비의 범위에서 정하여야 하며, 원가를 산정할 때에는 다음 각 호의 사항을 고려하여야 한다.

1. 산업재산권 정보의 제공 등에 필요한 일반 경비

2. 산업재산권 정보의 제공을 위한 정보시스템 개발 및 유지·보수 비용

3. 산업재산권 정보의 제공 방법

4. 그 밖에 원가산정에 필요하다고 특허청장이 인정하는 사항

④ 특허청장은 제3항에 따라 수수료의 금액을 정하여 고시하고 특허청의 인터넷 홈페이지를 통하여 알려야 한다.

[본조신설 2010.7.26]

제8조의3(산업재산권 정보의 제공 등에 관한 업무 수행을 위한 전문기관의 지정 등) ① 특허청장은 다음 각 호의 요건을 모두 갖춘 법인을 법 제20조의3에 따른 산업재산권 정보의 제공 및 활용 촉진에 관한 업무(이하 "산업재산권정보제공업무"라 한다)를 수행하는 전문기관 또는 단체(이하 "정보제공전문기관"이라 한다)로 지정할 수 있다.

1. 산업재산권정보제공업무에 필요한 데이터베이스와 장비를 보유하고 있을 것

2. 산업재산권정보제공업무를 수행할 수 있는 전담조직과 인력을 확보하고 있을 것

3. 산업재산권정보제공업무의 독립성과 공정성을 확보하기 위한 업무처리기준을 갖추고 있을 것

4. 그 밖에 특허청장이 산업재산권정보제공업무를 수행하는 데에 필요하다고 인정하는 사항을 갖추고 있을 것

② 정보제공전문기관으로 지정받으려는 자는 정보제공전문기관 지정신청서에 제1항 각 호의 요건을 갖춘 사실을 증명할 수 있는 서류를 첨부하여 특허청장에게 제출하여야 한다.

③ 특허청장은 정보제공전문기관을 지정하였으면 이를 고시하여야 한다.

④ 특허청장은 제1항에 따라 지정한 정보제공전문기관으로 하여금 산업재산권 정보의 제공을 신청한 자로부터 제8조의2제4항에 따른 수수료를 받게 할 수 있다.

⑤ 제1항 각 호에 따른 데이터베이스, 장비, 전담조직 및 인력의 확보에 관한 세부적인 기준과 정보제공전문기관의 지정 및 운영에 필요한 사항은 특허청장이 정하여 고시한다.

[본조신설 2010.7.26]

제8조의4(산업재산권 정보산업의 경쟁력 강화를 위한 전문기관의 지정 등) ① 특허청장은 다음 각 호의 어느 하나에 해당하는 기관을 법 제20조의7제2항에 따른 산업재산권 정보산업의 경쟁력 강화를 위한 사업을 하는 전문기관 또는 단체(이하 "정보산업전문기관"이라 한다)로 지정할 수 있다.

1. 산업재산권 정보산업과 관련된 연구기관 또는 대학

2. 법 제52조에 따른 한국발명진흥회(이하 "한국발명진흥회"라 한다)

3. 「민법」 제32조에 따라 특허청장의 허가를 받아 설립된 한국특허정보원

4. 그 밖에 특허청장이 정한 기준에 적합한 기관 또는 단체

② 정보산업전문기관으로 지정받으려는 기관 또는 단체는 정보산업전문기관 지정신청서에 제1항 각 호의 어느 하나에 해당하는 사실을 증명할 수 있는 서류를 첨부하여 특허청장에게 제출하여야 한다.

③ 특허청장은 제1항에 따라 정보산업전문기관을 지정하였으면 이를 고시하여야 한다.

④ 정보산업전문기관의 지정 및 운영에 필요한 사항은 특허청장이 정하여 고시한다.

[본조신설 2010.7.26]

제8조의5(특허기술정보센터의 등록기준 등) ① 법 제21조제3항에 따라 특허기술정보센터의 등록을 하려는 자는 다음 각 호의 서류(전자문서를 포함한다)를 갖추어 특허청장에게 신청하여야 한다. 이 경우 특허청장은 「전자정부법」 제36조제1항에 따른 행정정보의 공동이용을 통하여 신청인의 법인등기부 등본을 확인하여야 한다. 〈개정 2009.9.15, 2010.5.4〉

1. 정관

2. 사업계획서

3. 인력·시설·데이터베이스 및 전산장비 현황 명세서

②특허기술정보센터로 등록하려는 자는 법 제21조제4항에 따라 별표 1의 요건을 갖추어야 한다.

③특허청장은 특허기술정보센터의 등록을 하였으면 이를 고시하여야 한다.

[제8조에서 이동 〈2010.7.26〉]

제9조(지역지식재산센터의 등록기준 등) ① 법 제23조제3항에 따라 지역지식재산센터의 등록을 하려는 자는 다음 각 호의 서류(전자문서를 포함한다)를 갖추어 특허청장에게 신청하여야 한다. 이 경우 특허청장은 「전자정부법」 제36조제1항에 따른 행정정보의 공동이용을 통하여 신청인의 법인등기부 등본(법인인 경우에만 해당한다) 또는 사업자등록증을 확인하여야 하며, 신청인이 사업자등록증의 확인에 동의하지 않는 경우 신청인은 해당 서류를 직접 첨부하여야 한다. 〈개정 2009.9.15, 2010.5.4〉

1. 사업계획서

2. 자금의 조달방안·운영계획 및 그 지역지식재산센터가 정보를 제공할 지역 내 산업체·연구기관 및 교육기관 현황

3. 시설·인력 및 전산장비 명세서

②지역지식재산센터로 등록하려는 자는 법 제23조제4항에 따라 별표 2의 요건을 갖추어야 한다.

③특허청장은 지역지식재산센터의 등록을 하였으면 이를 고시하여야 한다.

제9조의2(공익변리사 특허상담센터의 업무) ① 법 제26조의2제1항에 따라 설치된 공익변리사 특허상담센터(이하 "상담센터"라 한다)가 수행하는 업무 중 법 제26조의2제2항제1호에

따른 서류작성 지원 업무의 범위는 다음 각 호와 같다.

1. 특허·실용신안 출원과 관련된 명세서, 의견서 및 보정서의 작성 지원

2. 디자인 출원과 관련된 도면, 의견서 및 보정서의 작성 지원

3. 상표출원과 관련된 의견서, 보정서 및 이의신청 답변서의 작성 지원

4. 거절결정불복심판과 관련된 심판청구서, 의견서 및 보정서의 작성 지원

② 상담센터가 수행하는 업무 중 법 제26조의2제2항제2호에 따른 대리 업무의 범위는 다음 각 호와 같다.

1. 특허권자·실용신안권자·디자인권자 또는 상표권자의 권리범위 확인심판·무효심판 및 정정심판에 관한 사항의 대리

2. 제1호의 심결에 대한 심결취소소송에 관한 사항의 대리

③ 법 제26조의2제2항제6호에서 "대통령령으로 정하는 상담센터의 운영 목적에 부합하는 업무"란 다음 각 호의 업무를 말한다.

1. 영업비밀보호 제도에 관한 기술적·정책적 상담

2. 특허권·실용신안권·디자인권 또는 상표권을 침해당한 자에 대한 민사소송비용 지원

[본조신설 2010.12.7]

제9조의3(상담센터의 지원 대상자) 법 제26조의2제3항제6호에서 "대통령령으로 정하는 자"란 다음 각 호의 자를 말한다.

1. 만 19세 미만인 자

2. 「중소기업기본법」 제2조에 따른 중기업으로서 대기업(「중소기업기본법」 제2조에 따른 중소기업이 아닌 기업을 말한다)과 산업재산권에 관련된 분쟁 중에 있는 기업. 다만, 제9조의2제1항에 따른 서류작성 지원 업무의 경우에는 제외한다.

3. 그 밖에 특허청장이 특별히 지원이 필요하다고 인정하는 자

[본조신설 2010.12.7]

제9조의4(상담센터 운영의 위탁) 법 제26조의2제5항에서 "대통령령으로 정하는 산업재산권 분야에 전문성이 있는 법인이나 단체"란 다음 각 호의 법인이나 단체를 말한다.

1. 한국발명진흥회

2. 「민법」 제32조에 따라 특허청장의 허가를 받아 설립된 한국지식재산보호협회

3. 그 밖에 특허청장이 정하여 고시하는 산업재산권 관련 전문성 기준을 갖춘 법인이나 단체

[본조신설 2010.12.7]

제9조의5(상담센터의 구성 및 운영) ① 상담센터에는 소장 1명을 둔다.

② 상담센터의 소장은 상담센터를 대표하고, 상담센터의 업무를 총괄한다.

③ 상담센터의 소장은 「변리사법」에 따른 변리사로서 실무경력이 5년 이상인 자 또는 변리사 자격이 있는 자로서 특허청에서 4급 이상 공무원으로 근무한 경력이 있는 자이어야 한다.

④ 상담센터의 소장은 매연도별로 업무계획을 수립한 후 관련 규정에 따라 사무를 처리하여야 한다.

⑤ 제1항부터 제4항까지에서 규정한 사항 외에 상담센터의 구성 및 운영에 필요한 사항은 특허청장이 정하여 고시한다.

[본조신설 2010.12.7]

제9조의6(업무 지원 절차 등) ① 법 제26조의2제2항에 따른 업무를 지원 받으려는 자는 지원 신청서에 다음 각 호의 서류를 첨부하여 상담센터에 신청하여야 한다.

1. 법 제26조의2제3항 각 호의 어느 하나에 해당하는 자임을 증명하는 서류

2. 발명과 관련된 업무의 경우에는 발명의 내용을 설명하는 서류

3. 그 밖에 주장사실을 증명하는 서류

② 상담센터의 소장은 제1항에 따른 신청을 받으면 등록가능성, 지원의 필요성 또는 승소가능성 등을 고려하여 지원 여부를 결정하여야 한다.

③ 제1항 및 제2항에서 규정한 사항 외에 상담센터의 지원 업무 수행을 위하여 필요한 사항은 특허청장이 정하여 고시한다.

[본조신설 2010.12.7]

제10조(출연금의 사용) ① 특허기술정보센터와 법 제34조에 따른 특허기술사업화알선센터는 법 제21조제8항과 법 제34조제3항에 따라 정부의 출연금을 받았으면 특허청장이 정하는 바에 따라 특허기술정보 도입비 등 선행기술정보자료의 효율적인 보급과 산업재산권의 알선업무를 위한 사업에 따르는 비용에만 사용하여야 한다.

②제1항에 따른 출연금을 받은 특허기술정보센터와 특허기술사업화알선센터는 별도의 계정을 설정하여 출연금을 관리하여야 한다.

③특허기술정보센터와 특허기술사업화알선센터는 제1항에 따른 비용의 사용실적을 특허청장이 정하는 바에 따라 작성하여 다음 해 3월 말일까지 특허청장에게 보고하여야 한다.

제11조(출원 및 등록비용의 경감) ① 특허청장이 법 제27조제1항에 따라 출원 및 등록비용

을 줄이기 위한 조치를 하는 때에는 「특허법」, 「실용신안법」, 「디자인보호법」 및 「상표법」에 따른 특허료·등록료와 수수료에 관하여 규정하는 지식경제부령에 따른다. 〈개정 2008.2.29〉

② 법 제27조제2항에서 "대통령령으로 정하는 일정 규모 이하의 소기업"이란 「중소기업기본법」 제2조에 따른 소기업을 말한다.

제12조(평가기관의 지정 등) ① 법 제28조제1항에 따라 발명의 평가기관(이하 "평가기관"이라 한다)으로 지정받으려는 자는 신청서에 제2항 각 호의 사항을 증명할 수 있는 자료(전자문서를 포함한다)를 첨부하여 특허청장에게 제출하여야 한다. 이 경우 특허청장은 「전자정부법」 제36조제1항에 따른 행정정보의 공동이용을 통하여 신청인의 법인등기부 등본(법인인 경우에만 해당한다) 또는 사업자등록증을 확인하여야 하며, 신청인이 사업자등록증의 확인에 동의하지 않는 경우 신청인은 해당 서류를 직접 첨부하여야 한다. 〈개정 2009.9.15, 2010.5.4〉

② 법 제28조제2항에 따라 평가기관을 지정할 때 고려하여야 할 사항은 다음 각 호와 같다. 〈개정 2010.12.7〉

1. 발명의 기술성 또는 사업성 평가를 수행한 경력이 있는 전문인력의 보유 여부

2. 구체적인 평가 기법과 평가 업무 수행에 필요한 관련 시설의 보유 여부

3. 해당 기관의 최근 3년간의 산업재산권 평가실적 또는 유사업무 경험 여부

③특허청장은 평가기관을 지정하였으면 이를 고시하여야 한다.

④특허청장과 평가기관의 장이 법 제28조제5항제2호에 따라 평가수수료의 협의를 할 때에는 평가대상기술, 평가범위, 평가기간 등을 고려하여야 한다.

⑤평가기관은 법 제28조제3항에 따라 평가를 요청한 자의 동의 없이는 다른 사람에게 평가결과를 공표할 수 없다. 다만, 공익상 필요한 경우에는 특허청장과 협의하여 평가결과를 공표할 수 있다.

⑥평가기관은 다음 각 호의 사항에 관하여 특허청장의 요청이 있을 때에는 특별한 사유가 없으면 그 요청에 협조하여야 한다.

1. 여러 평가기관이 동시에 평가를 하는 경우 그 합동평가에 참여

2. 합동평가에 필요한 평가요원 및 설비의 제공

제13조(발명평가를 위하여 필요한 사항) 법 제29조제4호에서 "대통령령으로 정하는 사항"이란 다음 각 호의 사항을 말한다.

1. 발명평가 기법의 개발 및 보급

2. 발명평가 관련 교재의 개발 및 보급

3. 발명평가 관련 국내외 학술대회 개최

4. 발명평가 정보 데이터베이스의 구축 및 운영

5. 그 밖에 특허청장이 발명평가 기반 조성을 위하여 필요하다고 인정하는 사항

제14조 삭제 〈2009.9.15〉

제15조 삭제 〈2009.9.15〉

제16조 삭제 〈2009.9.15〉

제17조 삭제 〈2009.9.15〉

제18조(특허기술사업화알선센터) ① 법 제34조제1항에 따라 특허기술사업화알선센터를 두는 기관이나 단체는 다음 각 호의 법인 중 특허청장이 고시하는 기관이나 단체로 한다. 〈개정 2009.4.30, 2010.7.26〉

1. 한국발명진흥회

2. 「산업기술혁신 촉진법」 제38조에 따른 한국산업기술진흥원

3. 다음 각 목의 어느 하나에 해당하는 기관 또는 단체 중 법인

가. 법 제23조제3항에 따라 등록한 지역지식재산센터

나. 법 제28조제1항에 따라 지정을 받은 발명의 평가기관

다. 「기술의 이전 및 사업화 촉진에 관한 법률」 제10조제1항에 따라 지정을 받은 기술거래기관

②특허기술사업화알선센터에는 소장 1명을 두되, 소장은 특허기술사업화알선센터를 둔 기관 또는 단체의 임원 중 그 기관 또는 단체의 정관에서 정하는 자가 된다.

③특허기술사업화알선센터를 둔 기관 또는 단체는 특허기술사업화알선센터의 사업수행 실적을 다음 해 3월 말까지 특허청장에게 보고하여야 한다.

④제2항과 제3항에 규정된 사항 외에 특허기술사업화알선센터의 조직·운영, 그 밖에 필요한 사항은 특허기술사업화알선센터를 둔 기관 또는 단체의 정관으로 정한다.

제19조(산업재산권 진단기관의 지정 등) ① 법 제36조제1항에 따라 산업재산권진단기관으로 지정받으려는 자는 신청서에 제2항 각 호의 사항을 증명할 수 있는 자료(전자문서를 포함한다)를 첨부하여 특허청장에게 제출하여야 한다. 이 경우 특허청장은 「전자정부법」 제36조제1항에 따른 행정정보의 공동이용을 통하여 신청인의 법인등기부 등본(법인인 경우에

만 해당한다) 또는 사업자등록증을 확인하여야 하며, 신청인이 사업자등록증의 확인에 동의하지 않는 경우 신청인은 해당 서류를 직접 첨부하여야 한다. 〈개정 2009.9.15, 2010.5.4〉

② 법 제36조제2항에 따라 산업재산권진단기관을 지정할 때 고려하여야 할 사항은 다음 각 호와 같다.

1. 산업재산권 진단업무를 수행한 경력이 있는 전문인력의 보유 여부
2. 진단 가능한 기술분야 및 구체적 진단기법 보유 여부
3. 전문인력 및 진단업무 수행에 필요한 시설의 보유 여부
4. 해당 기관의 최근 3년간 산업재산권 진단실적 또는 유사업무 경험 여부

③특허청장은 산업재산권진단기관을 지정하였으면 이를 고시하여야 한다.

제20조(산업재산권분쟁조정위원회 위원장의 직무) ① 법 제41조에 따른 산업재산권분쟁조정위원회(이하 "위원회"라 한다)의 위원장은 위원회를 대표하고, 위원회의 업무를 총괄한다. 〈개정 2010.12.7〉

②위원회의 위원장(이하 "위원장"이라 한다)이 부득이한 사유로 직무를 수행할 수 없을 때에는 위원장이 미리 지명하는 조정위원(이하 "위원"이라 한다)이 그 직무를 대행한다. 〈개정 2010.12.7〉

제21조(위원회의 운영) ① 위원장은 위원회를 소집하고 그 의장이 된다. 〈개정 2010.12.7〉

②위원회의 회의는 재적위원 과반수의 출석과 출석위원 과반수의 찬성으로 의결한다. 〈개정 2010.12.7〉

③위원회의 위원은 자기와 직접 이해관계가 있는 안건의 심의·조정에 참여할 수 없다. 〈개정 2010.12.7〉

[제목개정 2010.12.7]

제22조(조정절차 등) ① 법 제43조제1항에 따라 분쟁조정을 신청하려는 자는 위원회가 정하는 조정신청서를 위원회에 제출하여야 한다. 〈개정 2010.12.7〉

②위원장은 제1항에 따른 조정신청서를 받으면 법 제42조에 따른 조정부(이하 "조정부"라 한다)에 회부하고, 그 신청서의 사본을 분쟁상대방에게 송부하여야 한다.

③제2항에 따라 조정신청서를 회부받은 조정부가 법 제45조제1항에 따라 당사자, 그 대리인 또는 이해관계인의 출석을 요구하는 경우에는 회의 개최일의 7일 전까지 서면으로 의견 진술 요구의 사유 및 의견 진술의 일시·장소 등을 통지하여야 한다.

④제3항에 따른 통지서에는 정당한 사유 없이 이에 따르지 아니하는 경우에는 의견 진술을 포기한 것으로 본다는 뜻을 적어야 한다.

⑤제3항에 따라 통지를 받은 당사자, 그 대리인 또는 이해관계인은 지정된 일시에 출석하여 의견을 진술하거나 서면으로 의견을 제출할 수 있다.

⑥조정부는 조정안을 작성하여 당사자에게 제시하고 수락할 것을 권고할 수 있다.

[제목개정 2010.12.7]

제23조(조정사건의 분리 또는 병합) ① 위원회는 필요하다고 인정할 때에는 관련되는 조정사건을 분리하거나 병합하여 심의할 수 있다. 〈개정 2010.12.7〉

②위원장은 제1항에 따라 위원회가 조정사건을 분리하거나 병합하여 심의하기로 한 경우에는 당사자 쌍방에게 지체 없이 서면으로 그 사실을 알려야 한다. 〈개정 2010.12.7〉

제23조의2(조정의 거부 및 중지) 법 제46조의2제1항제3호에서 "대통령령으로 정하는 경우"란 신청의 내용이 관계 법령 또는 객관적인 자료에 의하여 명백하게 인정되어 조정을 할 실익이 없는 것으로 위원회가 인정한 경우를 말한다.

[본조신설 2010.12.7]

제24조(위원회의 간사) 위원회의 사무를 처리하기 위하여 위원회에 간사 1명을 두되, 특허청 소속 공무원 중에서 특허청장이 임명한다. 〈개정 2010.12.7〉

[제목개정 2010.12.7]

제25조(수당) 위원회에 출석한 위원에게는 예산의 범위에서 수당을 지급할 수 있다. 다만, 공무원인 위원이 그 소관업무와 직접 관련되어 출석한 경우에는 그러하지 아니하다. 〈개정 2010.12.7〉

제26조(운영세칙) 이 영에서 정한 것 외에 위원회의 운영에 필요한 사항은 위원회가 정한다. 〈개정 2010.12.7〉

제27조(산업재산권의 보호) ① 특허청장은 법 제50조의2제1항에 따른 산업재산권 보호사업으로 다음 각 호의 사업을 할 수 있다.

1. 산업재산권 보호를 위한 연구, 교육, 홍보 및 실태조사
2. 국내외에서 산업재산권 출원, 등록 및 분쟁에 관한 상담 및 법률자문
3. 국내외에서 산업재산권의 분쟁 대응 지원
4. 국내외에서 산업재산권 분쟁예방을 위한 조사, 연구 및 지원에 관한 사업
5. 산업재산권 침해방지 및 보호를 위한 정보관리시스템 구축 및 운영

6. 산업재산권 분쟁에 관한 보험 지원 사업

7. 산업재산권 보호를 위한 국제협력

8. 그 밖에 산업재산권 보호를 위하여 특허청장이 필요하다고 인정하는 사업

② 특허청장이 산업재산권 보호사업을 하게 하기 위하여 법 제50조의2제2항에 따라 지정하는 관련 전문기관이나 단체는 다음 각 호와 같다.

1. 한국발명진흥회

2. 「대한무역투자진흥공사법」에 따른 대한무역투자진흥공사

3. 「무역보험법」에 따른 한국무역보험공사

4. 법 제51조제1항 및 「민법」 제32조에 따라 특허청장의 허가를 받아 설립된 한국지식재산연구원

5. 「민법」 제32조에 따라 특허청장의 허가를 받아 설립된 한국지식재산보호협회

6. 「민법」 제32조에 따라 지식경제부장관의 허가를 받아 설립된 한국무역협회

7. 그 밖에 특허청장이 산업재산권 보호사업을 하게 하기 위하여 지정·고시하는 기관이나 단체

[본조신설 2010.7.26]

제28조(지식재산권 연구소의 지원 등) ① 법 제51조제1항에 따라 설립되는 산업재산권 관련 지식재산권 연구소(이하 "연구소"라 한다)가 법 제51조제2항 및 제3항에 따른 정부의 지원을 받기 위해서는 다음 각 호의 요건을 모두 갖추어야 한다.

1. 연구소는 법인일 것

2. 제2항에 따른 사업을 모두 수행할 수 있는 능력이 있고 재정적 기초가 확립되어 있거나 확립될 수 있을 것

② 연구소가 법 제51조제1항에 따른 연구 등을 위하여 수행할 수 있는 사업은 다음 각 호와 같다.

1. 산업재산권에 관련된 국내외 분쟁에 대한 대응방안 마련

2. 국내외 산업재산권에 관한 조사 및 연구

3. 국내외 산업재산권과 관련된 국제협력 및 교류

4. 국내외 산업재산권과 관련된 국민의 인식 향상, 정보 수집, 산업재산 전문도서관 운영 등을 위한 사업

5. 정부, 국내외 공공기관, 민간단체 또는 기업 등으로부터의 연구용역 수탁 또는 이들과의 공동연구

6. 산업재산권 관련 대정부 건의 및 정책 자문

7. 그 밖에 제1호부터 제6호까지의 사업에 따른 부대사업 및 연구소의 설립목적에 부응하는 사업

③ 특허청장은 연구소가 제1항의 요건을 충족하는 경우에는 정부의 지원 대상 연구소로 지정할 수 있다.

④ 제3항에 따른 정부의 지원 대상 연구소의 지정 및 운영에 필요한 사항은 특허청장이 정하여 고시한다.

[본조신설 2010.7.26]

부칙 〈대통령령 제20264호, 2007.9.10〉

제1조 (시행일) 이 영은 공포한 날부터 시행한다.

제2조 (다른 법령의 개정) ①공무원 직무발명의 처분·관리 및 보상 등에 관한 규정 일부를 다음과 같이 개정한다.

제1조 중 "「발명진흥법」 제8조 및 동법 제13조의 규정에 의한"을 "「발명진흥법」 제10조 및 제15조에 따른"으로 한다.

제4조 중 "「발명진흥법」 제8조제2항 본문의 규정에 의하여"를 "「발명진흥법」 제10조제2항 본문에 따라"로 한다.

②기술개발촉진법 시행령 일부를 다음과 같이 개정한다.

제11조제7호를 다음과 같이 한다.

7. 「발명진흥법」 제4조에 따른 발명장려보조금

③엔지니어링기술진흥법 시행령 일부를 다음과 같이 개정한다.

제2조의5제1항제7호를 다음과 같이 한다.

7. 「발명진흥법」 제4조에 따른 발명장려보조금

제3조 (다른 법령과의 관계) 이 영 시행 당시 다른 법령에서 종전의 「발명진흥법시행령」의 규정을 인용한 경우에 이 영 가운데 그에 해당하는 규정이 있으면 종전의 규정을 갈음하여 이 영의 해당 규정을 인용한 것으로 본다.

부칙 〈대통령령 제20729호, 2008.2.29〉 (특허청과 그 소속기관 직제)

제1조(시행일) 이 영은 공포한 날부터 시행한다.

제2조 생략

제3조(다른 법령의 개정) ①부터 ③까지 생략

④ 발명진흥법 시행령 일부를 다음과 같이 개정한다.

제11조제1항 중 "산업자원부령"을 "지식경제부령"으로 한다.

제14조제1호 및 제2호를 각각 다음과 같이 한다.

1. 교육과학기술부

2. 농림수산식품부

제14조제3호를 삭제한다.

제15조제5항 중 "산업자원부"를 "지식경제부"로 한다.

⑤부터 ⑩까지 생략

부칙 〈대통령령 제21461호, 2009.4.30〉 (산업기술혁신 촉진법 시행령)

제1조(시행일) 이 영은 2009년 5월 1일부터 시행한다.

제2조(다른 법령의 개정) ①부터 ④까지 생략

⑤ 발명진흥법 시행령 일부를 다음과 같이 개정한다.

제18조제1항제2호를 다음과 같이한다.

2. 「산업기술혁신 촉진법」 제38조에 따른 한국산업기술진흥원

⑥부터 〈21〉까지 생략

부칙 〈대통령령 제21732호, 2009.9.15〉

이 영은 2009년 9월 19일부터 시행한다.

부칙 〈대통령령 제22151호, 2010.5.4〉 (전자정부법 시행령)

제1조(시행일) 이 영은 2010년 5월 5일부터 시행한다.

제2조 및 제3조 생략

제4조(다른 법령의 개정) ①부터 〈72〉까지 생략

〈73〉 발명진흥법 시행령 일부를 다음과 같이 개정한다.

제3조 각 호 외의 부분 후단, 제8조제1항 각 호 외의 부분 후단, 제9조제1항 각 호 외의 부분 후단, 제12조제1항 후단 및 제19조제1항 후단 중 "「전자정부법」 제21조제1항"을 각각 "「전자정부법」 제36조제1항"으로 한다.

〈74〉부터 〈192〉까지 생략

부칙 〈대통령령 제22309호, 2010.7.26〉

이 영은 2010년 7월 28일부터 시행한다.

부칙 〈대통령령 제22515호, 2010.12.7〉

이 영은 2010년 12월 9일부터 시행한다.

부칙 〈대통령령 제23169호, 2011.9.29〉 (개인정보 보호법 시행령)

제1조(시행일) 이 영은 2011년 9월 30일부터 시행한다. 〈단서 생략〉

제2조 부터 제6조까지 생략

제7조(다른 법령의 개정) ① 및 ② 생략

③ 발명진흥법 시행령 일부를 다음과 같이 개정한다.

제8조의2제2항 중 "「공공기관의 개인정보보호에 관한 법률」"을 "「개인정보 보호법」"으로 한다.

④부터 ⑥까지 생략

제8조 생략

Ⅱ. 공무원 직무발명의 처분·관리 및 보상 등에 관한 규정

[시행 2011. 9.30] [대통령령 제23182호, 2011. 9.30, 일부개정]

제1조(목적) 이 영은 「발명진흥법」 제10조, 제15조 및 제56조에 따른 공무원의 직무발명의 처분·관리 및 그 보상 등에 필요한 사항을 규정함을 목적으로 한다.

[전문개정 2010.7.26]

제2조(용어의 정의) 이 영에서 사용하는 용어의 뜻은 다음과 같다.

1. "직무발명"이란 공무원(국가공무원을 말한다. 이하 같다)이 그 직무에 관하여 발명한 것이 성질상 국가의 업무 범위에 속하고 그 발명을 하게 된 행위가 공무원의 현재 또는 과거의 직무에 속하는 발명을 말한다.

2. "발명기관의 장"이란 직무발명을 한 당시 그 공무원이 소속된 기관의 장을 말한다.

3. "국유특허권"이란 이 영에 따라 국가 명의로 등록된 특허권을 말한다.

4. "처분"이란 다음 각 목의 어느 하나에 해당하는 것을 말한다.

가. 국유특허권 또는 특허출원 중인 직무발명에 대하여 특허를 받을 수 있는 권리의 매각

나. 국유특허권에 대한 「특허법」 제100조에 따른 전용실시권(이하 "전용실시권"이라 한다)의 설정 또는 같은 법 제102조에 따른 통상실시권(이하 "통상실시권"이라 한다)의 허락

다. 특허출원 중인 직무발명에 대한 전용실시 또는 통상실시를 내용으로 하는 계약

5. "처분수입금"이란 국유특허권 또는 특허출원 중인 직무발명에 대하여 특허를 받을 수 있는 권리의 처분에 따라 1회계연도 내에 발생한 수입금의 합계액을 말한다.

6. "발명자"란 직무발명을 한 공무원을 말한다.

[전문개정 2010.7.26]

제2조의2(적용 제외) 이 영은 「기술의 이전 및 사업화 촉진에 관한 법률」 제11조제1항 후단에 따른 전담조직이 설치된 국공립학교 교직원의 직무발명에 대해서는 적용하지 아니한다.

[전문개정 2010.7.26]

제3조(업무의 관장) ① 특허청장은 직무발명 및 국유특허권에 관하여 다음 각 호의 업무를 관장한다.

1. 직무발명의 장려
2. 직무발명에 대한 보상
3. 국유특허권의 처분·관리
4. 국유특허권의 활용 촉진

② 발명기관의 장은 직무발명에 관하여 다음 각 호의 업무를 관장한다.

1. 제4조제1항에 따른 직무발명의 국가승계
2. 제4조제1항에 따라 국가승계한 직무발명의 국내외 특허출원
3. 특허출원 중인 직무발명에 대하여 특허를 받을 수 있는 권리의 처분·관리

[전문개정 2010.7.26]

제3조의2 삭제 〈2011.9.30〉

제4조(직무발명의 국가승계) ① 국가는 「발명진흥법」 제10조제2항 본문에 따라 직무발명에 대하여 특허를 받을 수 있는 권리 및 특허권을 승계(이하 "국가승계"라 한다)한다. 다만, 분쟁 중이거나 국가승계가 적당하지 아니하다고 인정되는 경우에는 그러하지 아니하다.

② 직무발명이 발명자와 제3자가 공동으로 한 것인 경우 국가는 그 발명자가 가지는 지분만을 승계한다.

③ 제1항에 따라 국가승계하는 권리에는 직무발명에 대하여 외국에 출원하여 특허를 받을 수 있는 권리와 외국에서 받은 특허권을 포함한다.

[전문개정 2010.7.26]

제5조(발명의 신고) 공무원이 자기가 맡은 직무와 관계되는 발명을 한 경우에는 지체 없이 그 내용을 지식경제부령으로 정하는 바에 따라 발명기관의 장에게 신고하여야 한다.

[전문개정 2010.7.26]

제6조(직무발명의 승계결정) ① 제5조 및 제8조제2항에 따라 신고를 받은 발명기관의 장은 그 발명이 직무발명에 속하는지 여부와 해당 직무발명에 대한 국가승계 여부를 결정하여야 하며, 그 결과를 해당 공무원에게 서면으로 통지하여야 한다.

② 발명기관의 장으로부터 국가승계 결정의 통지를 받은 발명자는 지체 없이 그 직무발명에 대하여 특허를 받을 수 있는 권리 또는 특허권을 국가에 양도하여야 한다.

[전문개정 2010.7.26]

제7조(국가승계 발명의 출원) ① 발명기관의 장은 제6조제2항에 따라 특허를 받을 수 있

는 권리를 양도받았을 때에는 지체 없이 발명기관의 장을 부기하여 국가 명의로 특허출원을 하여야 하며, 그 발명의 내용을 판단하여 외국에 출원할 것인지를 결정하여야 한다.

② 발명기관의 장이 제1항에 따라 국내 또는 외국에 특허출원을 한 경우에는 그 사실을 발명자에게 통보하여야 한다.

[전문개정 2010.7.26]

제8조(발명자의 출원) ① 발명자는 제6조제1항에 따라 국가승계를 하지 아니한다는 결정의 통지를 받지 아니하고는 직무발명에 대하여 자기의 명의로 특허출원을 할 수 없다. 다만, 그 발명이 자기가 맡은 직무와 관계되는 발명에 해당되지 아니하는 경우에는 그러하지 아니하다.

② 제1항 단서에 따라 특허출원을 한 경우에는 제5조에 준하여 신고하여야 한다.

[전문개정 2010.7.26]

제9조(국유특허권의 등록) ① 발명기관의 장은 특허권을 국가승계하거나 특허출원 중인 직무발명이 특허결정되었을 때에는 지체 없이 지식경제부령으로 정하는 서류를 첨부하여 특허청장에게 국유특허권의 등록을 요청하여야 한다. 〈개정 2011.9.30〉

② 특허청장은 제1항에 따른 등록 요청을 받았을 때에는 다음 각 호와 같이 국가 명의로 국유특허권의 등록을 하여야 한다. 〈개정 2011.9.30〉

1. 특허권자: 대한민국
2. 관리청: 특허청장
3. 승계청: 발명기관의 장

[전문개정 2010.7.26]

[제목개정 2011.9.30]

제9조의2(국유특허권의 포기) 특허청장이 「발명진흥법」 제10조제4항에 따라 국유특허권을 포기하려는 경우에는 발명기관의 장과 관계기관의 장의 의견, 국유특허권 실시 이력, 기술평가 결과 및 국유특허권의 존속기간 등을 고려하여야 한다.

[본조신설 2010.7.26]

제10조(처분의 원칙) ① 국유특허권의 처분은 통상실시권의 허락을 원칙으로 한다. 다만, 통상실시권을 받으려는 자가 없거나 특허청장이 특히 필요하다고 인정하는 경우에는 국유특허권을 매각하거나 전용실시권을 설정할 수 있다.

② 국유특허권의 처분은 유상으로 한다. 다만, 다음 각 호의 어느 하나에 해당하는 경우에는

무상으로 할 수 있다.

1. 농어민의 소득 증대, 수출 증진, 그 밖의 국가시책 추진을 위하여 특허청장이 특히 필요하다고 인정하는 경우

2. 국가기관의 장(발명기관의 장을 포함한다. 이하 이 조에서 같다)이 공공의 목적을 위하여 특허청장의 승인을 받아 국유특허권을 직접 실시하려는 경우

③ 국가기관의 장이 제2항제2호에 따라 무상실시의 승인을 받으려면 지식경제부령으로 정하는 승인신청서를 특허청장에게 제출하여야 한다.

[전문개정 2010.7.26]

제11조(처분의 방법 등) ① 국유특허권에 대한 통상실시권의 허락은 수의계약의 방법으로 한다.

② 국유특허권의 매각 및 그 전용실시권의 설정은 경쟁입찰의 방법으로 한다. 다만, 다음 각 호의 어느 하나에 해당하는 경우에는 수의계약의 방법으로 할 수 있다. 〈개정 2010.11.15〉

1. 국유특허권의 특허내용상 그 실시에 특정인의 기술이나 설비가 필요하여 경쟁입찰을 할 수 없는 경우

2. 「공공기관의 정보공개에 관한 법률」 제9조제1항제1호 및 제2호를 준용하여 국가기관의 행위를 공개하지 아니할 필요가 있는 경우

3. 전용실시권의 설정을 받은 자에게 그 국유특허권을 매각하는 경우

4. 전용실시권의 설정기간이 만료된 후 그 전용실시권자가 계속 실시할 필요가 있다고 인정되어 재계약을 하는 경우

5. 천재지변이나 전시·사변 또는 그 밖에 이에 준하는 경우로서 경쟁입찰을 할 여유가 없는 경우

6. 「공공기관의 운영에 관한 법률」 제4조에 따라 지정된 공공기관 중 정부가 납입자본금의 5할 이상을 출자한 공공기관의 보호·육성을 위하여 그 공공기관에 필요한 국유특허권을 처분하는 경우. 다만, 「한국산업은행법」에 따른 한국산업은행, 「중소기업은행법」에 따른 중소기업은행, 「한국수출입은행법」에 따른 한국수출입은행 및 「은행법」 제2조 및 제5조에 따른 은행에 대해서는 적용하지 아니한다.

7. 2회 이상 유찰(流札)되거나 낙찰자가 계약을 체결하지 아니하는 경우

③ 국유특허권의 처분에 관하여 그 밖에 필요한 사항은 지식경제부령으로 정한다.

[전문개정 2010.7.26]

제12조(의견청취 등) 특허청장은 제10조에 따라 국유특허권을 처분하려는 경우에는 예정가격 결정, 무상실시 기간 및 무상실시 조건 등에 관하여 발명기관의 장 및 관계기관의 장의 의견을 들어야 하며, 발명기관의 장에게는 국유특허권의 처분을 위한 예정가격 산정에 필요한 자료의 제출을 요구할 수 있다.

[전문개정 2010.7.26]

제13조(국유특허권 등록 전의 처분) ① 발명기관의 장은 특허출원 중인 직무발명에 대하여 필요한 경우 국유특허권으로 등록되기 전이라도 그 직무발명에 대하여 특허를 받을 수 있는 권리를 처분할 수 있다.

② 제1항에 따른 직무발명에 대하여 특허를 받을 수 있는 권리의 처분에 관하여는 제10조부터 제12조까지의 규정을 준용한다. 이 경우 "국유특허권"은 "직무발명에 대하여 특허를 받을 수 있는 권리"로 본다. 〈개정 2011.9.30〉

[전문개정 2010.7.26]

[제목개정 2011.9.30]

제14조(처분결과의 통지) ① 특허청장이 국유특허권을 처분하였을 때에는 그 내용과 제17조에 따른 처분보상금의 지급에 관한 사항을 발명기관의 장에게 통지하여야 한다.

② 제1항의 통지를 받은 발명기관의 장은 그 내용을 발명자 또는 그 상속인에게 통지하여야 한다.

③ 제13조에 따라 발명기관의 장이 특허출원 중인 직무발명에 대하여 특허를 받을 수 있는 권리를 처분하거나 수탁기관의 장이 국유특허권을 처분하였을 때에는 그 내용을 특허청장에게 통지하고 그 처분에 따른 대금의 수납 및 보상금의 지급을 요청하여야 한다.

[전문개정 2010.7.26]

제15조(처분대금의 처리) 국유특허권 및 특허출원 중인 직무발명에 대하여 특허를 받을 수 있는 권리의 처분대금은 「책임운영기관의 설치·운영에 관한 법률 시행령」 제23조제1항 및 별표 4에 따른 책임운영기관특별회계의 특허청계정의 세입(歲入)으로 한다.

[전문개정 2010.7.26]

제16조(등록보상금) ① 특허청장은 국유특허권에 대하여 각 권리마다 50만원을 등록보상금으로 발명자에게 지급하여야 한다.

② 제1항에 따른 등록보상금은 동일한 직무발명에 대하여 한 번만 지급하여야 한다.

[전문개정 2010.7.26]

제17조(처분보상금) ① 특허청장은 국유특허권 또는 특허출원 중인 직무발명에 대하여 특허를 받을 수 있는 권리를 유상으로 처분한 경우에는 그 처분수입금의 100분의 50에 해당하는 처분보상금을 발명자에게 지급하여야 한다.

② 특허청장은 국유특허권 또는 특허출원 중인 직무발명에 대하여 특허를 받을 수 있는 권리를 무상으로 처분한 경우에는 이를 유상으로 처분할 경우의 처분수입금에 상당하는 금액의 100분의 50에 해당하는 금액을 처분보상금으로 발명자에게 지급하여야 한다.

[전문개정 2010.7.26]

제18조(기관포상금 등) ① 특허청장은 국유특허권 또는 특허출원 중인 직무발명에 대하여 특허를 받을 수 있는 권리를 유상으로 처분한 경우에는 그 처분수입금을 기준으로 하여 다음 각 호의 구분에 따른 기관포상금을 발명기관의 장에게 지급하여야 한다.

1. 처분수입금이 1천만 원 초과 5천만 원 이하인 경우: 100만 원

2. 처분수입금이 5천만 원 초과 1억 원 이하인 경우: 500만 원

3. 처분수입금이 1억 원을 초과하는 경우: 1천만 원

② 특허청장은 수탁기관의 장이 국유특허권을 유상으로 처분한 경우에는 그 처분수입금의 100분의 17.5에 해당하는 금액을 수탁기관의 장에게 지급하여야 한다.

[전문개정 2010.7.26]

제19조(보상금 등의 지급) ① 제16조부터 제18조까지의 규정에 따른 등록보상금, 처분보상금 및 기관포상금 등은 「책임운영기관의 설치·운영에 관한 법률 시행령」 제23조제1항 및 별표 4에 따른 책임운영기관특별회계의 특허청계정의 예산에서 지급하며, 그 지급 시기는 다음 각 호의 구분에 따른다.

1. 제16조에 따른 등록보상금: 국유특허권으로 등록한 연도 또는 그 다음 연도

2. 제17조제1항에 따른 처분보상금 및 제18조에 따른 기관포상금 등: 처분수입금이 납부된 연도 또는 그 다음 연도

3. 제17조제2항에 따른 처분보상금: 무상처분을 한 연도 또는 그 다음 연도

② 등록보상금 또는 처분보상금을 받을 수 있는 발명자가 2명 이상인 경우에는 그 지분에 따라 각각 분할하여 지급하여야 한다.

③ 직무발명이 발명자와 제3자가 공동으로 한 것으로서 제4조제2항에 따라 국가가 발명자의 지분을 승계한 이후에 다음 각 호의 어느 하나에 해당하는 경우에는 제17조에 따른 처분보상금은 국가가 승계할 당시의 발명자의 지분에 대해서만 지급한다. 〈신설 2011.9.30〉

1. 제3자가 지분을 포기하는 경우

2. 제3자가 지분을 국가에 무상으로 양도하는 경우

④ 등록보상금 및 처분보상금은 발명자가 전직하거나 퇴직한 경우에도 지급하여야 하며, 발명자가 사망한 경우에는 그 상속인에게 지급하여야 한다. 〈개정 2011.9.30〉

[전문개정 2010.7.26]

제20조(보상금 등의 반환) 발명자 또는 그 상속인이 받은 등록보상금 및 처분보상금과 발명기관의 장 또는 수탁기관의 장이 받은 기관포상금 등은 특허가 취소되거나 무효로 된 경우에도 반환하지 아니한다. 다만, 「특허법」 제133조제1항제2호에 따른 사유로 해당 특허가 무효로 된 경우에는 그러하지 아니하다.

[전문개정 2010.7.26]

제21조(발명자 등의 의무) ① 발명자 또는 발명기관의 장은 국유특허권 또는 특허출원 중인 직무발명에 대하여 특허를 받을 수 있는 권리를 처분한 경우 그 상대방이 그 발명의 실시를 위하여 필요로 하는 사항에 대해서는 특별한 사유가 없으면 협력하여야 한다.

② 발명자, 발명기관의 장 및 직무발명에 관계되는 일에 종사하는 사람은 해당 직무발명의 출원 시까지 그 발명의 내용에 대하여 비밀을 유지하여야 한다.

[전문개정 2010.7.26]

제22조(실용신안 및 디자인에 관한 준용) ① 직무에 관한 실용신안의 고안 및 디자인의 창작에 관하여는 이 영을 준용한다. 이 경우 "직무발명"은 "직무에 관한 실용신안의 고안 및 디자인의 창작"으로 본다. 〈개정 2011.9.30〉

② 제1항의 경우 제16조에 따른 등록보상금은 다음 각 호의 구분에 따른 금액으로 한다.

1. 실용신안권: 각 권리마다 30만원

2. 디자인권: 각 권리마다 20만원

[전문개정 2010.7.26]

제23조(외국에서 취득한 특허권 등에 관한 준용) 직무발명에 대하여 외국에서 취득한 특허권 및 외국에 특허출원 중인 직무발명에 대하여 특허를 받을 수 있는 권리의 처분·관리 및 그 보상 등에 관하여는 제10조부터 제20조까지의 규정을 준용한다. 이 경우 "국유특허권 또는 특허출원 중인 직무발명에 대하여 특허를 받을 수 있는 권리"는 "외국에서 취득한 특허권 및 외국에 특허출원 중인 직무발명에 대하여 특허를 받을 수 있는 권리"로 본다. 〈개정 2011.9.30〉

[전문개정 2010.7.26]

제24조(업무의 위탁) ① 특허청장은 「발명진흥법」 제56조에 따라 제3조제1항제3호의 국유특허권의 처분·관리 업무 중 다음 각 호의 업무를 발명기관의 장 또는 「기술의 이전 및 사업화 촉진에 관한 법률」 제10조에 따라 지정된 기술거래기관에 위탁할 수 있다. 이 경우 그 업무를 위탁받는 기관(이하 "수탁기관"이라 한다)이 「기술의 이전 및 사업화 촉진에 관한 법률」 제10조에 따라 지정된 기술거래기관인 경우에는 발명기관의 장과 협의하여야 한다.

1. 통상실시권의 허락
2. 국유특허권의 홍보 등 관리

② 특허청장은 제1항 각 호의 업무를 위탁한 경우에는 수탁기관의 명칭 및 위탁업무의 범위 등에 관한 사항을 관보 및 인터넷 홈페이지 등에 공고하여야 한다.

③ 특허청장은 제1항에 따른 위탁업무의 처리절차 및 구체적인 내용 등을 정하여 고시하여야 한다.

[본조신설 2011.9.30]

부칙 〈대통령령 제16451호, 1999.6.30〉

제1조 (시행일) 이 영은 1999년 7월 1일부터 시행한다.

제2조 (다른 법령의 폐지) 국유 특허권의 처분·관리규정은 이를 폐지한다.

제3조 (처분보상금에 관한 적용례) 제17조의 개정규정은 이 영 시행 후 최초로 처분하는 국유특허권 또는 특허출원중인 직무발명에 대하여 특허를 받을 수 있는 권리에 대한 처분보상금의 지급분 부터 적용한다.

제4조 (가승계출원의 국가승계에 관한 경과조치) 이 영 시행당시 종전의 규정에 의하여 발명기관의 장이 가승계하여 출원한 공무원직무발명에 대하여 발명기관의 장은 국가승계여부를 결정하여 제9조제1항의 개정규정에 의하여 국가명의로 특허청장에게 특허권의 등록을 요청하여야 한다.

제5조 (등록보상금지급에 관한 경과조치) 이 영 시행당시 종전의 규정에 의하여 출원된 공무원직무발명에 대한 등록보상금의 지급에 관하여는 종전의 규정에 의한다. 다만, 법률 제5577호 실용신안법개정법률 부칙 제5조제1항의 규정에 의하여 동 개정법률이 적용되는 경우에는 실용신안법 제25조제2항의 규정에 의한 유지결정을 받은 경우에 한하여 지급한다.

제6조 (다른 법령과의 관계) 이 영 시행당시 다른 법령에서 종전의 공무원 직무발명 보상 규정 및 국유 특허권의 처분·관리규정을 인용하고 있는 경우 이 영중 그에 해당하는 규정이

있는 때에는 이 영중 해당 규정을 인용한 것으로 본다.

부칙 〈대통령령 제17657호, 2002.6.29〉
이 영은 2002년 7월 1일부터 시행한다.

부칙 〈대통령령 제18493호, 2004.7.29〉 (공공기관의 정보공개에 관한 법률 시행령)
제1조 (시행일) 이 영은 2004년 7월 30일부터 시행한다. 〈단서 생략〉
제2조 및 제3조 생략
제4조 (다른 법령의 개정) ①공무원 직무발명의 처분·관리 및 보상 등에 관한 규정 중 다음과 같이 개정한다.
제11조제2항제2호중 "공공기관의 정보공개에 관한 법률 제7조제1항제1호 및 제2호"를 "공공기관의 정보공개에 관한 법률 제9조제1항제1호 및 제2호"로 한다.
② 내지 ⑤생략

부칙 〈대통령령 제18604호, 2004.12.18〉
①(시행일) 이 영은 2005년 1월 1일부터 시행한다.
②(처분보상금에 관한 적용례) 제17조의 개정규정은 이 영 시행 후 최초로 처분하는 국유특허권 또는 특허출원중인 직무발명에 대하여 특허를 받을 수 있는 권리에 대한 처분보상금의 지급분부터 적용한다.

부칙 〈대통령령 제18903호, 2005.6.30〉 (디자인보호법 시행령)
제1조 (시행일) 이 영은 2005년 7월 1일부터 시행한다.
제2조 (다른 법령의 개정) ①공무원 직무발명의 처분·관리 및 보상 등에 관한 규정 일부를 다음과 같이 개정한다.
제22조의 제목 및 동조 제1항 중 "의장"을 각각 "디자인"으로 하고, 동조제2항중 "의장권"을 "디자인권"으로 한다.
② 내지 〈20〉생략

부칙 〈대통령령 제19672호, 2006.9.4〉 (발명진흥법 시행령 일부개정령)

제1조 (시행일) 이 영은 공포한 날부터 시행한다.

제2조 및 제3조 생략

제4조 (다른 법령의 개정) ①공무원 직무발명의 처분·관리 및 보상 등에 관한 규정 일부를 다음과 같이 개정한다.

제1조중 "특허법 제39조 및 동법 제40조"를 "「발명진흥법」 제8조 및 동법 제13조"로 한다.

제2조제4호 나목중 "특허법(이하 "법"이라 한다) 제100조"를 "「특허법」 제100조"로, "법 제102조"를 "동법 제102조"로 한다.

제4조제1항 본문중 "법 제39조제2항"을 "「발명진흥법」 제8조제2항"으로 한다.

제20조 단서 중 "법 제133조제1항제2호"를 "「특허법」 제133조제1항제2호"로 한다.

②생략

부칙 〈대통령령 제20137호, 2007.6.29〉 (기술의 이전 및 사업화 촉진에 관한 법률 시행령)

제1조 (시행일) 이 영은 공포한 날부터 시행한다.

제2조 및 제3조 생략

제4조 (다른 법령의 개정) ①공무원 직무발명의 처분·관리 및 보상 등에 관한 규정 일부를 다음과 같이 개정한다.

제2조의2 중 "기술이전촉진법 제1조제1항 후단의 규정에 의한"을 "「기술의 이전 및 사업화 촉진에 관한 법률」 제11조제1항 후단에 따른"으로 한다.

②부터 ⑫까지 생략

제5조 생략

부칙 〈대통령령 제20264호, 2007.9.10〉 (발명진흥법 시행령)

제1조 (시행일) 이 영은 공포한 날부터 시행한다.

제2조 (다른 법령의 개정) ①공무원 직무발명의 처분·관리 및 보상 등에 관한 규정 일부를 다음과 같이 개정한다.

제1조 중 "「발명진흥법」 제8조 및 동법 제13조의 규정에 의한"을 "「발명진흥법」 제10조 및 제15조에 따른"으로 한다.

제4조 중 "「발명진흥법」 제8조제2항 본문의 규정에 의하여"를 "「발명진흥법」 제10조제2

항 본문에 따라"로 한다.

② 및 ③ 생략

제3조 생략

　부칙 〈대통령령 제20729호, 2008.2.29〉　(특허청과 그 소속기관 직제)

제1조(시행일) 이 영은 공포한 날부터 시행한다.

제2조 생략

제3조(다른 법령의 개정) ① 공무원 직무발명의 처분·관리 및 보상 등에 관한 규정 일부를 다음과 같이 개정한다.

제5조, 제9조제1항, 제10조제3항 및 제11조제3항 중 "산업자원부령"을 각각 "지식경제부령"으로 한다.

②부터 ⑩까지 생략

　부칙 〈대통령령 제22307호, 2010.7.26〉

제1조(시행일) 이 영은 2010년 7월 28일부터 시행한다.

제2조(국유 실용신안권에 대한 등록보상금에 관한 경과조치) 법률 제7872호 실용신안법 전부개정법률의 시행일(2006년 10월 1일) 전에 종전의 「실용신안법」(법률 제7872호로 전부개정되기 전의 것을 말한다)에 따라 실용신안등록출원을 하여 설정등록을 한 실용신안권에 관하여는 제22조제2항의 개정규정에도 불구하고 종전의 규정에 따른다.

　부칙 〈대통령령 제22493호, 2010.11.15〉　(은행법 시행령)

제1조(시행일) 이 영은 2010년 11월 18일부터 시행한다.

제2조 및 제3조 생략

제4조(다른 법령의 개정) ①부터 ⑪까지 생략

⑫ 공무원 직무발명의 처분·관리 및 보상 등에 관한 규정 일부를 다음과 같이 개정한다.

제11조제2항제6호단서 중 "금융기관"을 "은행"으로 한다.

⑬부터 〈115〉까지 생략

제5조 생략

부칙 〈대통령령 제23182호, 2011.9.30〉

제1조(시행일) 이 영은 공포한 날부터 시행한다.

제2조(처분보상금 지급에 관한 적용례) 제19조제3항의 개정규정은 이 영 시행 후 최초로 처분을 하는 것부터 적용한다.

1. 공무원 직무발명의 처분·관리 및 보상 등에 관한 규정 시행규칙

[시행 2011.10. 7] [지식경제부령 제205호, 2011.10. 7, 일부개정]

제1조(목적) 이 규칙은 「공무원 직무발명의 처분·관리 및 보상 등에 관한 규정」에서 위임된 사항과 그 시행에 필요한 사항을 규정함을 목적으로 한다.

[전문개정 2011.10.7]

제2조(직무발명의 신고) ① 「공무원 직무발명의 처분·관리 및 보상 등에 관한 규정」(이하 "영"이라 한다) 제5조 및 제8조제2항에 따른 신고를 하려는 사람은 별지 제1호서식의 직무발명신고서에 다음 각 호의 서류를 첨부하여 발명기관의 장에게 제출하여야 한다.

1. 직무발명의 성질에 대한 설명서

2. 직무발명 요약서

② 제1항제1호의 직무발명의 성질에 대한 설명서에는 다음 각 호의 사항을 적고 발명자가 기명날인하여야 한다.

1. 소속 기관의 업무: 직무발명과 관련된 업무를 수행할 당시 발명자가 소속한 기관(이하 이 조에서 "소속 기관"이라 한다)의 업무 범위를 적되, 특히 해당 직무발명과 관련되는 조사·연구·시험 등에 관한 기능의 유무에 대하여 적을 것

2. 발명자의 직무: 소속 기관에서의 해당 발명자의 직무 내용을 적을 것

3. 직무발명의 성질: 해당 직무발명이 소속 기관의 업무 범위에 속하는지 여부와 그 직무발명을 하게 된 행위가 발명자의 직무에 속하는지 여부에 대한 의견을 적을 것

③ 제1항제2호의 직무발명 요약서는 「특허법 시행규칙」 제21조제2항에 따른 요약서에 준하여 작성한다.

[전문개정 2011.10.7]

    제3조(직무발명의 승계결정) 발명기관의 장은 영 제6조에 따라 직무발명에 대하여 특허를 받을 수 있는 권리 및 특허권에 대한 국가승계 결정을 하려는 경우에는 해당 직무발명의 현재 또는 장래의 실용적 가치 및 산업상 이용가능성 등을 고려하여야 한다.

[전문개정 2011.10.7]

    제4조(국유특허권의 등록 요청) 발명기관의 장은 영 제9조제1항에 따라 국유특허권의 등록을 요청할 때에는 별지 제2호서식의 국유특허권 등록요청서에 다음 각 호의 서류를 첨부하여 특허청장에게 제출하여야 한다.

1. 직무발명에 대한 의견서

2. 특허결정서 사본 또는 특허증 사본

3. 그 밖에 보상금 지급에 관한 사항을 적은 서류

[전문개정 2011.10.7]

    제5조(국가기관의 무상실시) ① 영 제10조제3항에 따른 무상실시 승인신청서는 별지 제3호서식과 같다.

② 제1항에 따른 승인신청서에는 다음 각 호의 서류를 첨부하여야 한다.

1. 해당 국유특허권의 실시에 관한 사업계획서

2. 무상실시를 하려는 사유서

[전문개정 2011.10.7]

    제6조(전용실시권 등의 계약기간) 특허청장이 국유특허권에 대하여 「특허법」 제100조에 따른 전용실시권을 설정하거나 특허청장 또는 영 제24조제1항 각 호 외의 부분 후단에 따른 수탁기관(이하 "수탁기관"이라 한다)의 장이 같은 법 제102조에 따른 통상실시권을 허락하는 처분을 하는 경우 그 계약기간은 계약일부터 3년 이내로 한다. 다만, 다음 각 호의 어느 하나에 해당하는 경우에는 해당 기간만큼 연장하여 계약할 수 있다.

1. 해당 국유특허권을 실시하는 데에 필요한 준비기간이 1년 이상 걸리는 경우에는 그 준비기간

2. 해당 국유특허권의 존속기간이 계약일부터 4년 이내에 만료되는 경우에는 그 존속기간 만료 시까지의 남은 기간

[전문개정 2011.10.7]

    제7조(처분의 공고) 특허청장은 영 제11조제2항 각 호 외의 부분 본문에 따라 국유특허권

을 경쟁입찰의 방법으로 처분하려는 경우에는 그 입찰일 30일 전까지 해당 국유특허권의 명칭, 처분의 종류, 입찰의 일시와 장소 및 입찰참가의 자격 등 입찰에 필요한 사항을 관보나 일간신문에 공고하여야 한다.

[전문개정 2011.10.7]

제8조(수의계약의 신청) ① 영 제11조제1항 및 같은 조 제2항 단서에 따라 수의계약으로 국유특허권의 처분을 받으려는 자는 별지 제4호서식의 수의계약신청서에 다음 각 호의 서류를 첨부하여 특허청장 또는 수탁기관의 장에게 제출하여야 한다.

1. 해당 국유특허권의 실시에 관한 사업계획서

2. 매수대금 또는 실시료에 대한 견적서

3. 무상실시를 하려는 사유서(영 제10조제2항제1호에 따라 무상으로 실시하려는 경우만 해당한다)

② 제1항제1호에 따른 사업계획서에는 다음 각 호의 사항을 적어야 한다.

1. 사업계획의 개요

2. 시설 규모

3. 수량과 금액을 적은 연도별 생산 및 판매 계획

[전문개정 2011.10.7]

제9조(계약서의 작성) ① 특허청장 또는 수탁기관의 장은 영 제11조에 따라 국유특허권을 처분하려는 경우에는 그 처분에 관한 계약서를 작성하여야 한다.

② 제1항에 따른 계약서에는 처분하려는 국유특허권의 표시, 전용실시권 및 통상실시권의 경우 그 실시권의 범위, 처분금액 및 그 지급방법 등에 관한 사항을 적어야 한다.

[전문개정 2011.10.7]

제10조(예정가격의 결정) ① 특허청장 또는 수탁기관의 장은 국유특허권을 유상으로 처분하려는 경우에는 영 제12조에 따라 발명기관의 장이 제출한 자료를 참작하여 예정가격을 결정하여야 한다.

② 특허청장은 필요하다고 인정되는 경우에는 특허권의 평가에 관한 전문기관에 평가를 의뢰하고 그 평가결과를 고려하여 예정가격을 결정할 수 있다.

[전문개정 2011.10.7]

제11조(예정가격의 산정기준 등) ① 국유특허권의 매각을 위한 예정가격은 다음 각 호의 어느 하나에 해당하는 금액을 기준으로 하여 정한다.

1. 국유특허권 존속기간의 실시료 추정총액

2. 제1호에 따라 예정가격을 정할 수 없는 경우에는 유사 특허권의 매매실례가격

② 국유특허권에 대하여 유상으로 전용실시권을 설정하거나 통상실시권을 허락하는 경우 그 실시료의 예정가격은 다음 계산식에 따라 정한다.

실시료 예정가격 = 국유특허권을 이용한 제품의 총판매예정수량 × 제품의 판매단가 × 점유율 × 기본율

③ 제2항의 계산식에서 총판매예정수량, 제품의 판매단가, 점유율 및 기본율은 다음 각 호와 같다.

1. 총판매예정수량: 실시기간 중 매 연도별 판매예정수량을 합한 것

2. 제품의 판매단가: 실시기간 중 매 연도별 공장도가격의 평균가격

3. 점유율: 단위 제품을 생산하는 데에 해당 국유특허권이 이용되는 비율

4. 기본율: 3퍼센트. 다만, 해당 국유특허권의 실용적 가치 및 산업상 이용가능성 등을 고려하여 2퍼센트 이상 4퍼센트 이하로 할 수 있다.

④ 제1항부터 제3항까지의 규정에 따라 예정가격을 정할 수 없는 경우의 예정가격은 따로 특허청장이 정하는 기준에 따른다.

⑤ 제1항부터 제4항까지의 규정에 따른 예정가격은 실시기간의 총액으로 한다. 다만, 전용실시권을 설정하거나 통상실시권을 허락하는 경우 총판매예정수량을 미리 예측할 수 없을 때에는 다음 계산식에 따라 제품 단위당 실시료 예정가격을 정할 수 있다.

제품 단위당 실시료 예정가격 = 제품의 판매단가 × 점유율 × 기본율

[전문개정 2011.10.7]

제12조(처분결과의 통지) 영 제14조제3항에 따라 발명기관의 장이 특허출원 중인 직무발명에 대하여 특허를 받을 수 있는 권리를 처분하거나 수탁기관의 장이 국유특허권을 처분한 결과를 특허청장에게 통지할 때에는 계약서 사본과 다음 각 호의 사항을 적은 서면을 함께 제출하여야 한다.

1. 출원 중인 직무발명의 내용 또는 국유특허권의 내용

2. 처분에 따른 대금(貸金)의 수납에 관한 사항

3. 처분보상금의 지급에 관한 사항

[전문개정 2011.10.7]

제13조(대장의 작성·비치) ① 특허청장은 국유특허권의 처분 및 관리에 관한 대장(臺帳)을 작성하여 갖추어 두어야 한다.

② 수탁기관의 장은 제1항에 따른 대장을 작성하여 갖추어 두어야 하며, 분기별로 특허청장에게 이를 통지하여야 한다.

[전문개정 2011.10.7]

제14조(실용신안 및 디자인에 관한 준용) 이 규칙은 실용신안의 고안 및 디자인의 창작에 관하여 이를 준용한다. 이 경우 "직무발명"은 "실용신안의 고안 및 디자인의 창작"으로 본다.

[전문개정 2011.10.7]

부칙 〈산업자원부령 제72호, 1999.7.1〉

①(시행일) 이 규칙은 1999년 7월 1일부터 시행한다.

②(다른 법령의 폐지) 국유 특허권의 처분·관리규정시행규칙은 이를 폐지한다.

③(다른 법령과의 관계) 이 규칙 시행당시 다른 법령에서 종전의 공무원 직무발명 보상규정시행규칙 및 국유 특허권의 처분·관리규정시행규칙을 인용하고 있는 경우 이 규칙중 그에 해당하는 규정이 있는 때에는 이 규칙의 해당규정을 인용한 것으로 본다.

부칙 〈산업자원부령 제285호, 2005.7.1〉 (디자인보호법 시행규칙)

제1조 (시행일) 이 규칙은 2005년 7월 1일부터 시행한다. 〈단서 생략〉

제2조　생략

제3조 (다른 법령의 개정) ①공무원 직무발명의 처분·관리 및 보상 등에 관한 규정시행규칙 일부를 다음과 같이 개정한다.

제14조의 제목 및 동조 중 "의장"을 각각 "디자인"으로 한다.

② 및 ③생략

부칙 〈지식경제부령 제205호, 2011.10.7〉

제1조(시행일) 이 규칙은 공포한 날부터 시행한다.

제2조(국유특허권의 실시료 예정가격에 관한 적용례) 제11조제3항제2호의 개정규정은 이 규칙 시행 후 최초로 국유특허권에 대하여 유상으로 전용실시권을 설정하거나 통상 실시권을 허락하는 것부터 적용한다.(*)

◆참고자료 : 왕연중의 발명특허 자료 글이 올려져있는 사이트 주소

http://invent.patyellow.com/in_wang/index.asp 특허포탈 옐로우(=왕연중의 발명교실=)
http://iecteen.ipacademy.net/특허청 발명교육센터
       (=발명이야기, 발명칼럼, 왕 연중의 발명사전=)
http://www.kipo.go.kr/wiz/user/iec/index.html/특허청 발명교육연구회
       (자료실= 발명특허 기네스 외 다수)
http://www.kipa.org/ 한국발명진흥회(발명정보 =발명이야기, 발명사전, 발명칼럼=)
http://kipo.korea.kr/gonews/특허청 뉴스 (발명과 특허 : =생활 속 발명=)
http://www.buyinvention.com/nfront/main.jsp 한국발명진흥회 바이인벤션
       (발명광장 : =발명이야기=)
http://www.kasi.org/한국학교발명협회(발명교육자료 =발명교육정보=)
http://www.koci.or.kr/한국사이버발명교육센터
       (발명학습 =재미있는 발명이야기=)
http://www.invent21.com /한국대학발명협회(교수광장=왕연중교수=강의자료=)
http://xn--9d0by7jo5frvbcxpdjh.kr/서울동작발명교실(교수・학습도움센터=발명이야기=)
http://www.sangkwan.es.kr/상관초등학교 (발명시범학교=유레카 발명교실=)
http://idea.dalseo.daegu.kr/invent_column.html/지식재산도시(대구 달서구청) 발명마당
    =발명이야기, 발견이야기, 발명사전, 발명칼럼, 발명특허 기네스
http://dea.gwangsan.go.kr/home/sub090500.php(지식재산도시 광산) 발명마당
    = 발명칼럼, 발명사전, 특허기네스, 발명만화

다음 카페 '전국중학생발명동아리연합회' 등 57개 사이트 연재 중

스마트 폰(m.kipo.go.kr)에도 발명 글 및 애니메이션 연재 중

                    감사합니다.

발명특허 성공비결

초판발행 2013년 2월 20일

저자 / 왕 연 중 · **감수** / 김 인 석

펴 낸 이 / 유 광 종
펴 낸 곳 / 한국이공학사
출판등록 / 제9-92호 1977.2.1.
　　　　　임프린트 / 과학사랑
　　　　　주　　소 / 서울특별시 영등포구 당산동 2가 58
　　　　　대표전화 / (02) 2676-2062 팩스 (02) 2676-2015
　　　　　전자우편 / hankuk204@naver.com
ISBN / 978-89-7095-127-0 93500

값 15,000원

※ 과학사랑은 도서출판 한국이공학사의 교양서적 브랜드입니다.